Stefan Scherer/Simone Finkele
Germanistik studieren

Stefan Scherer/Simone Finkele

# Germanistik studieren

## Eine praxisorientierte Einführung

Unter Mitarbeit von Stefanie Albert, Germaine Götzelmann,
Boris Bausch, Andreas Hirsch-Weber und Daniel Lutz

Die Deutsche Nationalbibliothek verzeichnet diese Publikation
in der Deutschen Nationalbibliografie;
detaillierte bibliografische Daten sind im Internet über
http://dnb.d-nb.de abrufbar.


Die Herausgabe dieses Werkes wurde durch
die Vereinsmitglieder der WBG ermöglicht.
Satz: Lichtsatz Michael Glaese GmbH, Hemsbach
Einbandgestaltung: schreiberVIS, Seeheim
Printed in Germany

**Besuchen Sie uns im Internet: www.wbg-wissenverbindet.de**

ISBN 978-3-534-23891-0

Elektronisch sind folgende Ausgaben erhältlich:
eBook (PDF): 978-3-534-71299-1
eBook (epub): 978-3-534-71301-1

# Inhalt

– Gesine, würdest du mir raten zum Studieren?
– Wenn du lernen möchtest, eine Sache anzusehen auf alle ihre Ecken und Kanten, und wie sie mit anderen zusammenhängt, oder auch nur einen Gedanken, damit du es gleichzeitig und auswendig verknoten und sortieren kannst in deinem Kopf. Wenn du dein Gedächtnis erziehen willst, bis es die Gewalt an sich nimmt über was du denkst und erinnerst und vergessen wünschtest. Wenn dir gelegen ist, eine Empfindlichkeit gegen Schmerz zu vermehren. Wenn du arbeiten magst mit dem Kopf.

(Uwe Johnson: Jahrestage. Aus dem Leben von Gesine Cresspahl, Frankfurt am Main 2000, S. 1643f.)

# Germanistik studieren in praxisorientierter Perspektive

Was heißt Germanistik studieren?

Die Germanistik setzt sich auf wissenschaftliche Weise mit sämtlichen Fragen der deutschen Sprache, Literatur und Kultur von ihren Anfängen bis in die Gegenwart auseinander. Wie man schnell sieht, ist das ein großer Zeitraum, der Differenzierungen und Schwerpunktbildungen erfordert: So beschäftigt sich die Mediävistik mit der deutschen Sprache, Literatur und Kultur vom 8. Jahrhundert bis etwa zum 16. Jahrhundert. Von da an, mit gewissen Überschneidungen in der Zeit zwischen 1500 und 1600, erklärt sich die Neuere deutsche Literaturwissenschaft für zuständig. Deren Untersuchungsfeld reicht bis in die deutschsprachige Literatur und Kultur der Gegenwart hinein, wozu dann auch die Literaturen Österreichs und der Schweiz gehören. Als eigenständiger Teilbereich hat sich an der Universität seit den 1960er Jahren die Sprachwissenschaft etabliert, indem sie sich verstärkt mit der Gegenwartssprache auseinandersetzt (synchrone Linguistik), während die Sprachgeschichte (diachrone Linguistik) von Beginn an zum Aufgabengebiet der Mediävistik gehört.

Studienziele

In der Germanistik werden literarische und nichtliterarische Zeugnisse der deutschen Sprache im kulturgeschichtlichen Zusammenhang untersucht. Dies geschieht mit unterschiedlichen methodischen Zugängen, die sich in der Geschichte des Fachs im Laufe der Zeit herausgebildet haben. Im Vordergrund der germanistischen Arbeit steht die methodengeleitete Analyse und Interpretation von Texten und sprachlichen Phänomenen, die darüber hinaus in literatur-, sprach-, sozial-, medien- und kulturgeschichtliche Kontexte, in denen sie entstanden sind, eingeordnet werden. Die Germanistik erfasst diese Gegenstände unter verschiedenen Perspektiven: der Philologie, der Literatur- und Sprachgeschichte und nicht zuletzt der Literatur-, Sprach-, Medien- und Kulturtheorie.

Philologie vs. Kulturwissenschaft

Der philologische Zugang beschäftigt sich mit der Literatur u.a. nach folgenden Gesichtspunkten: Die Editionsphilologie betreibt Textkritik und gibt Texte von Autoren in Werkausgaben heraus. Die Arbeit am so gesicherten Text erfolgt dann methodengeleitet in Form einer Analyse oder Interpretation. Das Feld der entweder bereits historisch gewordenen oder noch koexistierenden Zugriffsweisen reicht dabei von der Hermeneutik über den Positivismus, die Geistesgeschichte, die werkimmanente Literaturbetrachtung und den Strukturalismus bis hin zu poststrukturalistischen Annäherungen. Seit den 1980er Jahren wächst die Tendenz zu kulturwissenschaftlichen Auseinandersetzungen. Interessiert sich der im engeren Sinn philologische Zugang in erster Linie für den Text selbst, also seine literarische bzw. ästhetische Verfasstheit, dient in kulturwissenschaftlich orientierten Forschungen das sprachliche Phänomen eher als Beleg für einen allgemeinen Befund im Rahmen der Kulturgeschichte oder einer kulturtheoretischen Fragestellung. In diesem Zusammenhang behandelt die Germanistik auch die Geschichte und Theorie von Bereichen, die an die Literatur angrenzen und sich selbst zu eigenen Disziplinen ausdifferenziert haben: etwa die Theaterwissenschaft, die Medienwissenschaft oder die Film- und Fernsehwissenschaft. Seit einigen Jahren wandelt sich die Germanistik, insofern sie dabei auch zunehmend andere Medien und Kulturen beobachtet, zu einer Kulturwissenschaft oder gar umfassenden Medienkulturwissenschaft, die Limitierungen einer traditionellen Geisteswissenschaft überwinden will.

Zur Konzeption dieses Bandes

Das Studium der Germanistik befindet sich auch in institutioneller Hinsicht im Wandel. Wer sich für ein Studium dieses Fachs interessiert oder es studiert, sieht sich neuen Anforderungen und Erwartungen gegenüber: Module, *Credit Points*, Bachelor und Master heißen die Taktgeber. Aus der Umsetzung des sog. Bologna-Prozesses seit 1999 haben sich neue Rahmenbedingungen der Studiengestaltung ergeben, die neben der fachlichen Qualifikation ein in stärkerem Maße strukturiertes Lernen und Arbeiten erfordern. Im Studium kommt es darauf an, sowohl die nötige Disziplin aufzubringen als auch die immer noch vorhandenen Freiräume intelligent zu nutzen. Um Studierenden in dieser Hinsicht Orientierung zu bieten, ist eine Beratung erforderlich, die Basiswissen zu Eigenarten und zur Organisation des Germanistik-Studiums, grundlegende Kompetenzen wissenschaftlichen Arbeitens und Perspektiven der Studiengestaltung mit praktischem Erfahrungswissen zusammenführt. In diesem Kontext steht das Konzept, aufbereitete Informationen für Germanistik-Studierende anzubieten, die einen Überblick hinsichtlich der Anforderungen und Implikationen des Studienalltags gewinnen wollen.

Perspektive der Studierenden

Der vorliegende Band *Germanistik studieren* setzt auf dieser Grundlage an der Schnittstelle zwischen Studierenden und Lehrenden an: Er wurde von Studierenden der Germanistik, genauer von Mitgliedern des Mentorenprogramms Germanistik in Zusammenarbeit mit Dozenten der Neueren deutschen Literaturwissenschaft und Mediävistik am Institut für Literaturwissenschaft des Karlsruher Instituts für Technologie (KIT) auf der Basis der eigenen Beratungstätigkeit erarbeitet und in verschiedenen Workshops und Seminaren reflektiert sowie praktisch erprobt. Erstmals kombiniert damit ein Ratgeber die Erfahrungen von Lehrenden *und* Studierenden in einer praxisorientierten Handreichung, die darüber hinaus die Neuere deutsche Literaturwissenschaft mit der Mediävistik verbindet und so die Einheit des Fachs betont.

All dies scheint uns deshalb bemerkenswert, weil zu den Grundfragen und Techniken des Germanistik-Studiums bislang meist Wissenschaftler publizierten, die von ihrer eigenen fachlichen und handwerklichen Kompetenz ausgehen, sich aber nur bedingt in die Situation der gegenwärtig Studierenden hineinversetzen können. Studentischen Mentoren sind dagegen die Perspektiven von Lehrenden und Lernenden gleichermaßen vertraut. In Ergänzung zur Beratung durch Tutoren, die den Stoff von Einführungskursen zu erschließen helfen, unterstützen sie die Einübung in das wissenschaftliche Arbeiten und die Lösung konkret anstehender Probleme. Mentoren gewinnen so einen eigenen Blick auf die Erläuterungsbedürftigkeit von Studieninhalten und Praktiken des Germanistik-Studiums. Im Zentrum unseres Buchs stehen daher Fragen nach der Bewältigung unübersichtlicher, bisweilen chaotisch erscheinender Zustände im Blick auf die konkrete Organisation wissenschaftlichen Arbeitens: Was erwartet mich fachlich und organisatorisch im Germanistik-Studium? Wie läuft ein Seminar ab? Wie erstelle und bewältige ich ein Lesepensum? Wo finde und wie filtere ich Informationen? Wann ist es an der Zeit, mit einem Arbeitsprojekt anzufangen? Wie vertrete ich eine wissenschaftliche Position?

Im Unterschied zu bereits vorhandenen Publikationen, die sich meist ausführlich mit einzelnen Problemfeldern wie etwa dem Zeit- und Projektmanagement oder dem Erstellen einer wissenschaftlichen Hausarbeit auseinandersetzen, deckt *Germanistik studieren* alle wichtigen Felder des Beratungsbedarfs bei Studieninteressierten und Studierenden ab. Im Vordergrund stehen Lösungsstrategien für Orientierungsprobleme, die uns in der Beratungstätigkeit begegnet sind. Als zusätzlichen Service bietet der Band mit der Rubrik *Weiterführende Ratgeberliteratur* am Ende einzelner Kapitel Orientierung im inzwischen überbordenden Markt der Spezialratgeber und damit die Möglichkeit, das in unserem Buch kompakt Vermittelte gezielt zu vertiefen oder zu ergänzen.

Wenn sich in den einzelnen Kapiteln, die nachfolgend vorgestellt werden, je eigene Schwerpunktsetzungen und stilistische Prägungen bemerkbar machen, dann geht das auch auf die Perspektiven der jeweiligen Beiträger und Beiträgerinnen zurück. Auch wenn wir eine möglichst homogene Gesamtdarstellung angestrebt haben, die in intensiver gemeinsamer Textarbeit entstanden ist, blieben darstellungstechnische und stilistische Unterschiede zwischen den einzelnen Kapiteln bewusst gewahrt. Damit sollen Germanistik-Studierende nicht zuletzt auf mögliche Varianten in den Darstellungsformen selbst aufmerksam gemacht werden. Zu den Gestaltungsoptionen einer Arbeit und zu den Positionierungsstrategien im Germanistik-Studium gehört es, dass man sie auch im Blick auf stilistische Eigenheiten selbstbewusst zu vertreten weiß. Wie dies im Fach sehr wohl möglich ist, soweit die Äußerungen wissenschaftlich gedeckt bleiben, wird in verschiedenen Kapiteln genauer ausgeführt: Der Stil ist die Frau oder der Mann selbst, um einen berühmten Satz des französischen Naturforschers Buffon politisch korrekt zu übersetzen („Le style c'est l'homme même"). Im Folgenden sind daher die jeweiligen Verfasser und Verfasserinnen der einzelnen Kapitel in Klammern aufgeführt.

## I. Von der Schule zur Universität (*Stefan Scherer*)

Inhalt der Kapitel

Studieren ist eine zeitlich begrenzte Lebensform in einem institutionellen Raum, der sich von der Schule in vielerlei Hinsicht unterscheidet. Der Schritt von der Schule zur Universität ist gewöhnungsbedürftig, weil er stärker als bisher Eigeninitiative und Selbsttätigkeit erzwingt. Solche Erfordernisse unterscheiden das Germanistik-Studium wiederum ebenso deutlich von vielen anderen Studienfächern, die im Spektrum der drei Kulturen angesiedelt sind: der Kultur der Natur- und Technikwissenschaften, der Kultur der Sozialwissenschaften und der Kultur der Geisteswissenschaften. Innerhalb der Geistes- bzw. Kulturwissenschaften ist wiederum der spezifische Ort der Germanistik zu erkennen, bevor Konsequenzen dieser Situation für den Studienalltag und die daraus erwachsenden Vorzüge des Studiums für spätere Berufstätigkeiten ausgeführt werden. Die Unterschiede zwischen dem Schulfach Deutsch und dem Studienfach Germanistik leiten dann über zu Hinweisen darauf, was der Interessierte vom Germanistik-Studium erwarten kann: nämlich das wissenschaftliche Lesen und Verstehen unterschiedlichster Textsorten und Zeichensysteme und die sprachliche Verarbeitung und Präsentation der Ergebnisse solcher Verstehenskompetenzen, die im Laufe des Studiums ausgebildet werden.

## II. Germanistik studieren (*Simone Finkele*)

Das Fach Germanistik ist keine monolithische Größe, sondern es präsentiert sich in ausdifferenzierten Varianten, die eine enorme Zahl an Wahlmöglichkeiten hinsichtlich der Entscheidungen für einen Studiengang oder eine Universität eröffnen. In dieser Vielfalt besteht allerdings auch die Gefahr der Überforderung, da es darauf ankommt, Faktoren für eine Wahl überhaupt zu erkennen. Deshalb wird zunächst in einem allgemeinen Überblick die Struktur der Disziplin Germanistik (Teilbereiche, Gegenstände, Fragestellungen) erläutert. Es wird gezeigt, auf was es im Studienalltag im Einzelnen organisatorisch ankommt, bevor auf der Grundlage der Struktur der BA/MA- und Lehramts-Studiengänge und der Frage nach Vorteilen für die berufliche Qualifikation mögliche Schwerpunktbildungen und Wahloptionen vorgestellt werden. Die jeweiligen Implikationen von Entscheidungen werden aufgezeigt. Das Germanistik-Studium unterscheidet sich nicht zuletzt von Universität zu Universität, was Studiengänge, Fächerkombinationen, Studienorganisation, Schwerpunktbildungen und methodische Ausrichtungen zwischen philologischen und kulturwissenschaftlichen Orientierungen, aber auch, was das kulturelle Umfeld betrifft. Auch hier gilt es, eine Wahl zu treffen. Ein Studienführer zu den Studiengängen einzelner Universitäten wird damit nicht angestrebt. Am Ende des Studiums stehen erneut Entscheidungen an: für oder gegen das Weitermachen über die Promotion hin zur Germanistik als Beruf und damit für oder gegen den Weg in außerschulische und außeruniversitäre Tätigkeitsfelder.

## III. Vom Suchen und Finden – Recherche (*Stefanie Albert/Germaine Götzelmann*)

Sich mit Forschungsliteratur auseinanderzusetzen, ist fester Teil des Studienalltags in der Germanistik. Dabei bietet das Internet zahlreiche Möglichkeiten, nach entsprechenden Beiträgen zu recherchieren. Bei all dem Komfort, der sich daraus ergibt, sollte man jedoch nicht dem Eindruck erliegen, dass mit einer Suchanfrage ein Thema bereits vollständig recherchiert ist, auch wenn die Anzahl an Suchergebnissen oft eindrucksvoll hoch ausfällt. Auch ersetzt die Suchanfrage in elektronischen Katalogen nicht ‚traditionelle' Instrumente der Recherche. Um fundierte Rechercheergebnisse zu erhalten, ist zunächst die Kenntnis der unterschiedlichen Publikationsformen in der Germanistik erforderlich. Die Veröffentlichungsformen germanistischer Forschungsliteratur und die damit verbundenen Spezifika der jeweiligen Textsorte werden im ersten Teil des Kapitels vorgestellt. Ist man im Rahmen seiner Recherchetätigkeit fündig geworden, steht man vor der nächsten Herausforderung: zu entscheiden, welcher Beitrag relevant ist. Das Kapitel zeigt Recherchetechniken auf und bietet darüber hinaus Vorschläge, wie sich Studierende Kriterien der Relevanz erarbeiten können. Im letzten Abschnitt werden anhand von vier konkreten Beispielen aus dem Studienalltag Recherchewege in den Teilbereichen der Germanistik vorgeführt.

## IV. Vom Lesen und Ordnen – Strukturierter Umgang mit Quellen (*Boris Bausch*)

Die Menge der Quellen, von denen sich ein Germanistik-Studierender umgeben sieht, kann durchaus überfordernd wirken. Literarische und wissenschaftliche Texte wollen für verschiedene Seminare, für dort zu erbringende Leistungen und für den allgemeinen Horizont gelesen und sinnvoll verarbeitet sein. Die eigene Tätigkeit produziert umfangreiches, z.T. auch unförmiges Rohmaterial. Diese Situation wird durch die schulische Praxis in der Regel nicht vorbereitet, muss aber effektiv bewältigt werden. Dazu gehört das aktive und reflektierte Lesen einzelner Texte (Inhalte erfassen, exzerpieren, visualisieren), aber auch das Organisieren der eigenen Notizen mittels analoger und digitaler Hilfsmittel. Da mittelalterliche Texte eine besondere Herausforderung darstellen, ist ihnen ein eigener Abschnitt gewidmet (*Simone Finkele*). Auf die Organisation zunächst unübersichtlicher Textmengen beziehen sich zwei weitere Unterkapitel: Wer sich in eine Epoche, ein Œuvre oder ein anderes ihm noch fremdes Gebiet der Literatur und Kultur einarbeiten möchte, wird kaum gleich alle relevanten Texte lesen können. Deshalb wird ein sinnvolles Einarbeiten in größere Themengebiete angeregt. Abschließend wird die Frage gestellt, welche Rolle aktuelle literarische Neuerscheinungen im Studium spielen und wie man sich zu deren enormer Menge verhalten kann.

## V. Präsentieren (*Andreas Hirsch-Weber*)

Das Studieren unter BA/MA-Bedingungen erfordert Selbstdisziplin. Und doch gibt es Freiräume, die es zu nutzen gilt. Eine Regelstudienzeit von sechs Semestern und das Erreichen der erforderlichen *Credit Points* lassen Studierenden kaum Zeit, sich intelligent zu positionieren. Dieses Kapitel zeigt, was es bedeutet, am Universitätsbetrieb teilzunehmen. Davon ausgehend wird der wichtigste Veranstaltungstypus in unserem Fach, das Seminar, erläutert. Bereits im ersten Semester wird zumindest für die Dauer eines Referats verlangt, Wissen zu vermitteln, Diskussionen anzustoßen, zu leiten und dabei spezielle Themen problembewusst in ein Oberthema einzuordnen. Es ist kein Geheimnis, dass die Gestaltung der Seminare je nach Dozentin oder Dozent stark variiert; der Grund ist die individualistisch geprägte Arbeitsweise in unserem Fach. Die Studierenden sind gefordert, in ihrem eigenen Interesse den größten Gewinn aus dem Seminarbetrieb zu ziehen. Folgende Ideen leiten die Ausführungen dieses Kapitels: Anpassungsbereitschaft und Flexibilität im Umgang mit Seminarstrukturen und Lehrenden, Bereitschaft zur individuellen Angleichung von Präsentationsmethoden bei Referaten, selbständiges Entwickeln von Aufmerksamkeitsstrategien bei Vorträgen und im Seminarbetrieb, Diskussionsteilnahme als Erlernen von Schlüsselqualifikationen und als Voraussetzung für spätere mündliche Prüfungen. Darüber hinaus diskutiert ein Abschnitt zum Einsatz von *PowerPoint* die Vor- und Nachteile dieser Präsentationstechnik.

## VI. Schriftliches Arbeiten (*Daniel Lutz*)

Zu den Selbstverständlichkeiten des literaturwissenschaftlichen Studiums gehört das Verfassen schriftlicher Haus- und Qualifikationsarbeiten. Das Anforderungsprofil ist dabei alles andere als trivial: Fachterminologie, Wissenschaftlichkeit, Verständlichkeit und Nachvollziehbarkeit liegen oft im Konflikt miteinander. Gegenüber schriftlichen Arbeiten im Deutschunterricht ist im Germanistik-Studium die Fähigkeit zur selbständigen Erarbeitung und argumentativen Absicherung von Problemstellungen weitaus stärker gefordert. Die Umstellung auf einen nicht-alltäglichen Sprachgebrauch, der sich an wissenschaftlichen Standards und Konventionen orientiert, erschwert gerade zu Beginn des Studiums die Textproduktion. Eingegangen wird in diesem Kapitel auf die Stellung der Hausarbeit im akademischen Kontext, auf die Suche nach geeigneten schriftlichen Vorbildern und auf den grundsätzlichen Aufbau einer Arbeit. Zusätzlich wird mit dem Fortschreiten des Studiums die Positionierung und argumentative Beglaubigung der eigenen Darstellung immer wichtiger. Eine falsch verstandene Form von Objektivität verleitet Studierende allzu oft zu selbstverordneter Meinungslosigkeit bzw. Neutralität angesichts wissenschaftlicher Streitfragen. Vorgestellt werden deshalb abschließend Möglichkeiten des Positionsbezugs.

## VII. Das Ende vom Anfang – Aufschieben (*Daniel Lutz*)

Dieses Kapitel widmet sich dem Aufschieben. Den fachlichen Herausforderungen sind in reformierten Studiengängen mehr Fristen als bisher gesetzt. Was als zeitliche Begrenzung die Bewältigung von Aufgaben befördern soll, ist jedoch zugleich Animation für die Prokrastination: Die Erledigung studienrelevanter Arbeiten wird stetig aufgeschoben, bis entweder der Abgabetermin bedrohlich nahe rückt oder das Vorhaben sogar ganz aufgegeben wird. Zahlreiche Ratgeber versuchen, dem Handlungsaufschub mit gut gemeinten Anregungen zum persönlichen Zeit- und Arbeitsmanagement entgegenzutreten. Das Aufschieben ist in dieser Sicht ein höchst bedenkliches Verhalten, dem man rechtzeitig entgegentreten sollte. Demgegenüber sind in letzter Zeit Bemühungen um eine Rehabilitation solch prekärer Zustände erkennbar, die gerade die positiven Seiten der Prokrastination betonen.

Warum ein weiterer Ratgeber?

Mit Karl Valentin könnte man angesichts der großen Menge an Ratgebern rund um das Studium fragen, ob denn nicht schon alles gesagt ist, nur eben noch nicht von allen. Wirklich von allen?

Bei unserer Handreichung stellen die studentischen Autorinnen und Autoren mit ihren spezifischen Erfahrungen und Kompetenzen nicht nur ein äußerliches Alleinstellungsmerkmal dar. Vielmehr ist dieser Umstand bei unserer Aufbereitung für den studentischen Leser selbst von Bedeutung: Durch die eigene Erfahrung in der Organisation des Studiums und die Vermittlung der entsprechenden Grundlagen im Rahmen der Mentorentätigkeit sind die jeweiligen Probleme und Bedürfnisse bekannt, die in der Praxis tatsächlich aufkommen. Die Erfahrungen mit der vorhandenen Ratgeberliteratur haben uns wiederum gezeigt, was dort nicht berücksichtigt ist oder einer anderen Erklärung bedarf. Die Inhalte und ihre Darstellung in unserem Buch entstanden auf dieser Basis aus einem interaktiven Kontext der Beratung und Projektarbeit.

Zu den offenen Fragen, die in unserem Band vor diesem Hintergrund beantwortet werden, gehören u.a.: Wie finde ich heraus, was von der recherchierten Literatur auch relevant ist? Gehe ich mit mittelalterlichen Texten genau so um wie mit den anderen? Wie verhalte ich mich im Seminar? Wie kann ich der Forderung nach Wissenschaftlichkeit gerecht werden? Wird meine Hausarbeit nur gut, wenn der Schreibprozess wie auf Schienen vorankommt? Mit stetem Blick auf die bereits vorhandene Ratgeberliteratur orientiert sich unsere Publikation also gezielt an diesen und weiteren Bedürfnissen, die wir im Rahmen unserer Projektseminare *Grundfragen und Organisationsformen des Germanistik-Studiums* und unserer Übung *Wissenschaftliches Schreiben* (als Modul ‚Schlüsselqualifikationen') eingehend reflektiert haben.

Hinweis zu den bibliographischen Angaben

Bibliographische Angaben und die Rubrik *Weiterführende Ratgeberliteratur* stehen jeweils am Ende eines Kapitels. In dieser Rubrik kommentieren wir, inwieweit diese Beiträge die Perspektiven in unserer Darstellung ergänzen.

Für das kritische Lesen unseres Buchs danken wir sehr herzlich Karin Siemers M.A. und Evelin Kessel.

# I. Von der Schule zur Universität

## 1. Eine neue Welt: Die Uni als Lebensform – Was heißt Studieren?

Abschied von der Schule

Der Übergang von der Schule zur Universität fällt vielen nicht leicht. Er ist sogar schwer, denn man hat es mit zwei völlig unterschiedlich organisierten Institutionen, genauer gesagt mit verschiedenen gesellschaftlichen Funktionssystemen zu tun. Während die Regeln der Schule leicht eingehen, weil sie vom Lehrer direkt vorgegeben werden, ist die Universität zunächst nur schwer zu durchschauen. Jenseits von Studien- und Prüfungsordnungen gibt es hier keine strikten Vorschriften mehr, sondern bestenfalls Einrichtungen, die Rat erteilen; aber auch das nur dann, wenn man diese Angebote in Anspruch nimmt. Rat muss hier also tatsächlich eingeholt werden, während er von Lehrern in vielen Fällen auch unerbeten kommt.

Fast alle Entscheidungen, die jenseits eines festgeschriebenen (Wahl-) Pflichtpensums zu treffen sind, müssen daher von Studierenden selbst verantwortet werden, während Schülern diese Eigeninitiative gerade abgenommen wird. Unterliegt die Schule einem Erziehungs- und Bildungsauftrag, den ein Lehrer zu erfüllen hat, wird der Studierende zur Selbsttätigkeit verpflichtet: sowohl was seine Erkenntnisinteressen betrifft, die er möglicherweise erst herausfinden muss, als auch im Blick darauf, wie er sein Studium gestaltet. Niemand macht ihm Vorschriften jenseits der Studienpläne seines Fachs; und selbst darin sind die Spielräume auch in Zeiten der recht verschulten BA-Studiengänge gerade in der Germanistik durchaus groß. Ebenso groß ist aber auch die Gefahr des Scheiterns, wenn man es nicht versteht, sich rechtzeitig selbst zu organisieren. Zu Beginn des Studiums werden die Freiheiten von manchen sogar als Problem empfunden.

Seitens der Politik wird seit geraumer Zeit gefordert, dass die Studienabbrecherquote zu senken sei: ein einigermaßen paradoxes Unterfangen, weil die Universität anders funktioniert als die Schule. Ist dort das Scheitern eher Folge fehlenden Gehorsams oder mangelnden Fleißes, führt das Studium zu Überforderungen anderer Art. Im Großen und Ganzen gehen diese darauf zurück, dass man verstehen lernen muss, die Uni als neue Lebensform zu begreifen und diese Lebensform dann auch selbständig auszugestalten.

Idee der Wissenschaft

Viele Studierende gehen bei Studienbeginn noch von ihren Erfahrungen mit der Schule aus. Selbstverständlich gibt es Kontinuitäten, gerade was Inhalte des Germanistik-Studiums betrifft, zumal Stoffe des Schulunterrichts auch in der Universität wiederkehren. Spätestens nach den ersten Semesterwochen wird sich aber der Eindruck einstellen, dass die Unterschiede doch beträchtlich sind, sowohl was die Umgangsformen im Lehrbetrieb als auch die Behandlung von möglicherweise bereits bekannten Gegenständen angeht (z.B. Goethes *Iphigenie auf Tauris*, Dürrenmatts absurde Tragikomödien oder Bölls Trümmerliteratur). Ist die Schule eine Lehranstalt, die kraft Schulpflicht absolviert werden muss, betritt man die Universität aus freien Stücken. Geht es in der Schule um die Heranziehung der Schüler zu funktions- bzw. berufsausbildungsfähigen Mitgliedern der Gesellschaft, verfolgt die Universität anders gelagerte Ziele und Interessen, die auf die Idee der Wissenschaft zurückgehen.

Diese Idee bestimmt das Verhalten *aller* Beteiligten jenseits der Verwaltung: von den Studierenden über den sog. Mittelbau (bestehend aus akademischen Mitarbeitern bzw. Assistenten) bis hin zur Professorenschaft, die wiederum die Hierarchie der Organisationseinheiten vom Institut über die Fakultät bzw. den Fachbereich und den Senat bis zum Rektorat bzw. Präsidium trägt. Auch von den Studierenden wird Wissenschaft an der Universität eigenständig verfolgt; ein Sachverhalt, den man nicht ernst genug nehmen kann, weil er vieles erklärt, was von außen betrachtet möglicherweise merkwürdig erscheint. Soweit sie wissenschaftliche Erkenntnisinteressen verfolgen, werden Studierende vom universitären Lehrpersonal bereits bei Studienbeginn als gleichrangige Gesprächspartner anerkannt.

Eine Position gewinnen

Das Leben in der Universität ist also in vielerlei Hinsicht anders strukturiert, als man es vom Durchgang durch den ebenso kontrollierten wie behüteten Raum der Schule her kennt. Für eine entscheidende Phase in der Biographie zwischen 18 und 25 Jahren wird es sogar zu einer eigenen Lebensform, die man so nur in diesem institutionellen Gefüge erleben kann: mit Chancen und Risiken. In diesem sozialen Raum haben alle, die sich hineinbegeben, selbst eine Position zu gewinnen, ohne dass sie sich dabei auf externe Vorgaben jenseits von Studien- und Prüfungsordnungen berufen können. Studien- und Prüfungsordnungen bilden nur einen Rahmen, der den Ablauf und die zu erbringenden Studienleistungen regelt. Sein Studium individuell zu gestalten, ist deshalb eine weitere Herausforderung. Im Großen und Ganzen haben die ersten Schwierigkeiten an der Universität damit zu tun, dass man lernen muss, diese Institution als eigene Organisationsform zu begreifen.

Das fällt nicht allen leicht: Lehrende werden gerade bei Erstsemestern früh damit konfrontiert, dass diese die Vorgaben, die sie von der Schule her kennen, geradezu vermissen: Was soll und was darf ich tun? Welche konkreten Aufgaben muss ich erfüllen? Mit welchen Sanktionen muss ich rechnen, wenn mir dies nicht gelingt? Die Universität kann und will derartige Wünsche aber gar nicht bedienen, denn sie versteht sich in erster Linie als Dienstleistung; mit anderen Worten als ein Angebot für Erkenntnisinteressen und damit in letzter Konsequenz auch weniger als eine Einrichtung, die am persönlichen Wohle ihrer Adressaten interessiert ist. Wer hier scheitert (und warum das passiert), ist ihr im Grunde genommen fast gleichgültig. Das Studium ist nicht die einzige Option, während die Schule noch absolviert werden muss; und auch die Wahl des Fachs ist eine Möglichkeit unter vielen, so dass ein Hochschul-, Fach- oder Studiengangwechsel während des Studiums möglich und manchmal auch notwendig ist: wenn einem der Studiengang nicht liegt oder wenn er den eigenen Erwartungen nicht entspricht.

Interessant sind für die Universität vor allem Personen, die durch ihr Interesse und ihre Leistungen im Rahmen einer wissenschaftlichen Auseinandersetzung auf sich aufmerksam machen. Diese Selbstdarstellung prägt das gesamte Wissenschaftssystem auf allen Ebenen. Dessen Leitwährung ist die Reputation, also der Ruf bzw. das Renommee, das man in einem Fach erwirbt. Bereits die Studierenden werden dazu verpflichtet, durch ihre Leistungen ein entsprechend symbolisches Kapital (Bourdieu) zu erwerben. Dazu gehört eine gewisse Stärke, dem offenen Raum der Möglichkeiten so zu begegnen, dass man eine eigene Position darin auch wirklich findet und vertreten kann.

Selbstverpflichtung

Konnte dieser soziale Raum in früheren Zeiten bis in das vierte Lebensjahrzehnt hinein bewohnt werden, regeln seit geraumer Zeit Befristungen in Studien- und Prüfungsordnungen (vgl. II) die Aufenthaltsdauer. Ein Studienplatz kostet die Steuerzahler Geld, so dass sich der Druck, ein Studium zügig zu absolvieren, spürbar erhöht hat. Das kann im Hinblick auf den Studienerfolg durchaus kontraproduktiv sein, denn Umwege erhöhen bekanntlich die Ortskenntnis (vgl. VII). Andererseits geht diesem Druck ein mittlerweile breit ausgreifendes Angebot an Orientierungen einher: Studienfachberater, Tutoren- und Mentorenprogramme, Informationszentren, psychologische Betreuungen und eine Flut an Ratgeberliteratur zur erfolgreichen Bewältigung eines Studiums. All diese Einrichtungen müssen aber ebenfalls auf ihren Wert für die eigenen Interessen hin abgefragt werden. Sie können den Studierenden ihre Entscheidungen letztlich genauso wenig abnehmen wie die Verpflichtung auf eigenständige Organisation. Die ganze Verantwortung liegt bei ihnen – auch im Fall des Scheiterns. Eine der größten Schwierigkeiten im Studium besteht demnach darin, mit wenig definierten Vorgaben zurande zu kommen, mithin ein soziales Feld mit großen Freiheiten auszugestalten und diese ‚Zumutung' mit Erlangung eines Universitätsabschlusses zu bestehen. Bestätigt wird damit neben der fachlichen Qualifikation im Kern, derart komplexe Anforderungen erfolgreich bewältigen zu können.

Die Universität

Die Universität ist Teil eines sozialen Systems, das der Wissenschaft dient. Genauer gesagt ist sie ein Funktionszusammenhang aus sehr vielen und vor allem sehr unterschiedlichen Disziplinen. Wissenschaft wird hier in der Einheit von Forschung und Lehre betrieben: zum einen durch die wissenschaftliche Erschließung neuer Erkenntnisse, zum anderen durch Vermittlung dieser Forschung in der Lehre. Die Vermittlung wissenschaftlicher Einsichten erfolgt wiederum auf unterschiedliche Weisen: Während die Vorlesung das zusammenhängende Stoffgebiet eines Teilbereichs in Form fortlaufender Vorträge durch einen Lehrbefugten (mit Besitz der *venia legendi*) präsentiert, dient das Seminar der gemeinsamen Einübung in das wissenschaftliche Arbeiten anhand konkreter Themen. Hier gibt der Lehrende, der auch zum weisungsgebundenen Nachwuchs ohne bereits erlangte Lehrbefugnis gehören kann (Doktoranden, Habilitanden), eher nur Anleitungen zur eigenständigen Auseinandersetzung mit einer Problemstellung (vgl. II). Die Exkursion oder die praktische Übung schließlich spielt im Germanistik-Studium nur eine ergänzende Rolle.

Die Art und Weise, wie man zu wissenschaftlichen Erkenntnissen gelangt, unterscheidet sich von Fach zu Fach nach Maßgabe seiner jeweiligen Fragestellungen. Diese gehen aus der Eigenlogik der betreffenden Gegenstände hervor. Bis heute haben universitäre Fächer und Fachbereiche höchst vielfältige Teilbereiche ausgebildet, wobei man grob zwischen natur- und technikwissenschaftlichen, sozialwissenschaftlichen und kulturwissenschaftlichen Orientierungen unterscheiden kann. Die Germanistik ist im Kern eine kultur- oder gar eine geisteswissenschaftliche Disziplin (legt man die ältere Terminologie zugrunde), auch wenn sie sich von Fall zu Fall den anderen Ausrichtungen annähert. Je nach Schwerpunktsetzungen verfolgt sie literatur- und sprachwissenschaftliche, sprach- und literarhistorische oder eher kulturwissenschaftliche Fragen. Dabei berücksichtigt sie in ihren Forschungen stets auch Einsichten anderer Disziplinen wie Philosophie, Soziologie, Psychologie, Rechtswissenschaft, Medizin, Theologie, Wirtschaftswissenschaften, Kognitionsforschung und viele andere mehr.

Wissenschaftliche Erkenntnis

Grundlegend für das gesamte Tun an der Universität ist die Selbstverpflichtung auf wissenschaftliche Erkenntnis. Diese Erkenntnis soll im Idealfall wahr sein, auch wenn das nicht in jeder Disziplin in gleichem Maße möglich ist, weil es gerade in einer Geisteswissenschaft wie der Germanistik größere Spielräume bei der Einschätzung ihrer Ergebnisse gibt (vgl. II). Zumindest aber soll auch hier die wissenschaftliche Einsicht gegenüber dem bloß subjektiven Meinen (Hegel) intersubjektiv überprüfbar sein, so dass sie unter den gleichen Bedingungen wiederholt und damit auf dieselbe Weise anderen einsichtig gemacht werden kann. Sie überschreitet damit in jedem Fall beliebige Aussagen, weil sie argumentativ begründet und entfaltet wird. Wissenschaftliche Erkenntnisse sollten deshalb stets so weit nachvollziehbar sein, dass eine Wiederholung der Argumentation diese Ergebnisse bestätigt.

*universitas*

Der Erkenntnistrieb der Wissenschaft, der an der Universität erfüllt wird, kann sich an jedem Gegenstand entzünden. Daher rührt auch das Wort Universität, abgeleitet aus dem lat. Wort *universitas*, das deren Zuständigkeit für das ‚Ganze', die ‚Gesamtheit' des zu Wissenden und zu Lehrenden markiert. In diesem Rahmen hat die Universität völlige Freiheit in der Wahl ihrer Aufmerksamkeiten. Alles kann für sie interessant sein, insofern das jeweilige Problem zu wissenschaftlichen, d.h. überprüfbaren Einsichten führt, die der Allgemeinheit dann als Wissen verfügbar gemacht werden. Mit anderen Worten handelt es sich um Ergebnisse, die durch den Einsatz bestimmter Methoden erworben wurden. Deren Anwendung trägt zum Erkenntnisfortschritt oder zumindest zu neuen Einsichten bei, für die man sich aus welchen Gründen auch immer interessiert.

Die Universität, repräsentiert durch eine längst unüberschaubar gewordene Vielzahl an Disziplinen, reagiert demnach nicht in erster Linie auf Aufträge oder anderweitige Vorgaben. Ihre Impulse kommen nicht von außen (was im Sinne von Auftragsforschung natürlich nicht ausgeschlossen ist), sondern sie ergeben sich vielmehr aus den Erkenntnisinteressen selbst, die sich in der Forschungsgeschichte eines Fachs entwickelt haben: sei es durch neue methodische Perspektiven, sei es durch neue technische bzw. apparative Möglichkeiten, sei es schließlich durch Einsichten anderer, angrenzender oder gar weiter entfernter Disziplinen, von denen neue Impulse kommen. Ihre Problemstellungen sind auf jeden Fall intrinsisch gewonnen, aus der Logik einer Sache also und eines damit verbundenen Fragehorizonts, ohne dass irgendwelche Vorgaben zu befolgen wären. Daraus resultiert der Eigensinn ihrer Aktivitäten sowohl in wissenschaftlicher als auch in institutioneller Hinsicht, so dass man es einmal mehr mit dem Prinzip der Selbstorganisation von Erkenntnis und Interesse mit der Absicht auf Übereinkunft in der Wissenschaftsgemeinschaft zu tun hat.

Übereinkunft und wissenschaftlicher Fortschritt

Die Ausrichtung auf einen Konsens ist auch das erkenntnisleitende Interesse der Literaturwissenschaft, nicht aber z. B. der Literaturkritik. Zwar verfolgt diese in der Auseinandersetzung mit Literatur, indem sie literarische Neuerscheinungen bespricht, durchaus angrenzende Fragestellungen. Die Literaturkritik formuliert aber in erster Linie Geschmacksurteile und gibt Leseempfehlungen; die dabei formulierten Ausführungen über denselben Gegenstand können stark differieren, insbesondere in ihrer Wertung als Verriss oder als laudatorische Besprechung. Allerdings wird damit nicht behauptet, es gebe keine unterschiedlichen Beurteilungen in der Literaturwissenschaft. Hier steht aber der Versuch der argumentativen Vermittlung im Interesse eines wissenschaftlichen Fortschritts im Vordergrund: Neues Wissen basiert dabei auf den Ergebnissen der älteren Forschung. Markiert ist damit nicht zuletzt die historische Bedingtheit wissenschaftlicher Erkenntnis, wenn neues Wissen den bisherigen Stand revidiert, modifiziert oder überwindet, weil die alte Einsicht für falsch oder problematisch erklärt werden kann. Zu unterschiedlichen Ergebnissen und damit zu Revisionen der überlieferten Wissensbestände kommt die literaturwissenschaftliche Forschung durch Anwendung anderer oder neuer Methoden und Herangehensweisen, die es erlauben, dieselben Texte mit neuen Fragestellungen anzugehen.

Wertfreiheit und Zweckneutralität

Vor allem aber ist die wissenschaftliche Erkenntnis intentional zweck- und damit auch wertfrei, wie auch immer sie ökonomischen oder sonstigen Verwertungsinteressen unterworfen werden kann. Wissenschaft geht es – idealtypisch gesehen – rein um den Wissens- bzw. Erkenntnisfortschritt, angetrieben von der menschlichen Neugier. Ihre Fragen beziehen sich daher auf alles, was man sich nur ausdenken kann. In der Germanistik kann dies zu einigermaßen abseitig erscheinenden Überlegungen führen, wie etwa zu der Frage danach, welche Seite aus Lessings *Emilia Galotti* (1772) Goethes Hauptfigur in *Die Leiden des jungen Werthers* (1774) kurz vor seinem Selbstmord auf dem Tisch wohl aufgeschlagen haben mag und warum er dabei gerade Lessings Bürgerliches Trauerspiel liest.

Ein Beispiel: Werthers *Galotti*-Lektüre

Dies scheint zunächst eine fast schon absurde, zumindest unnötige, auf jeden Fall aber vorderhand unbrauchbare Reflexion über eine ohnedies fiktive, d. h. bloß erfundene Figur zu sein: über eine Figur also, die es nur in Goethes Roman gibt, die folglich nur in der Lektüre selbst existiert. Dennoch ist eine solche Frage im disziplinären Fragehorizont der germanistischen Literaturwissenschaft sehr wohl interessant: zum einen, weil man im Laufe der Auseinandersetzung mit literarischen Texten im historischen Kontext schlicht auf solche Überlegungen stößt; zum anderen, weil sich daran Aspekte erkunden lassen, für die sich ein Germanist plötzlich interessiert, wenn er sich lange genug mit der Literatur des 18. Jahrhunderts, genauer mit der Empfindsamkeit oder mit dem Bürgerlichen Trauerspiel auseinandergesetzt hat.

So kann an der Frage nach Werthers Lektüre von Lessings *Emilia Galotti* ein epochaler Umbruch erschlossen werden, der eine auf neue Weise wirkungsmächtige Literatur hervorbringt, mit der einer jungen Leserschaft ein bislang unbekanntes Identifikationsangebot gemacht wird – sogar mit der Konsequenz, dass eine ganze Reihe junger Männer Selbstmord beging, um Werther (oder Emilia Galotti) nachzueifern. Ein internationaler Bestseller hatte hier erstmals direkte soziale Konsequenzen, indem er regelrechte Modeerscheinungen auslöste. Damit führt die zunächst so abseitig erscheinende Frage im Blick auf ein Detail des Texts (mit Bezug auf einen anderen wirkungsmächtigen Text) zu Aspekten, die sich auf die sozialen Wirkungen einer neuartigen Literatur beziehen. An den angedeuteten Folgen von Goethes *Werther* zeigt sich ein einschneidender Wandel gesellschaftlicher Formationen an: die Entstehung eines durch ästhetische Phänomene rührbaren Lesepublikums, der ein neues soziales Konzept einhergeht, das man seitdem ‚Jugend' nennt.

Orientierungsleistungen der Germanistik

Für solche gesellschaftlichen Umbrüche interessieren sich auch andere Disziplinen wie die Soziologie, die Mentalitätsgeschichte, die philosophische und historische Anthropologie oder die Sozial- bzw. Gesellschaftsgeschichte als Teilbereich der Geschichtsschreibung. All diese Disziplinen diagnostizieren in der zweiten Hälfte des 18. Jahrhunderts eine rasante gesellschaftliche Dynamik, die 1789 die Französische Revolution auslöste. So verstanden kann die Germanistik auch zu Erkenntnisinteressen anderer Disziplinen beitragen, indem sie erforscht, wie literarische Texte im sozialen und historischen Zusammenhang funktionieren. Insofern kommt auch der Frage nach Werthers *Galotti*-Lektüre ein bestimmter Erkenntniswert zu, den man Disziplinen wie der Soziologie oder der Geschichte als Orientierungswissenschaften über soziale oder historische Phänomene in der öffentlichen Diskussion sehr viel lieber zuschreibt als der vermeintlich nutzlosen Beschäftigung mit Literatur.

Auch die Untersuchung literarischer Texte im historischen Zusammenhang erbringt demnach Orientierungen. Und man kann sagen, dass derartige Orientierungsleistungen – wie auch immer vermittelt über Institutionen wie die Schule, die Volkshochschule, die Literarische Gesellschaft, das Feuilleton und sogar die populären Massenmedien – bis heute nachgefragt sind. Erst solche Nachfragen machen gesellschaftliche Einrichtungen wie die genannten überhaupt lebensfähig: Ohne den entsprechenden Bedarf nach historischer und aktueller Orientierung gäbe es auch keine Germanistik, wie sie seit dem frühen 19. Jahrhundert an Universitäten institutionalisiert worden ist. Anders gesagt: Würde man über die Orientierungsleistungen einer Geisteswissenschaft wie der Germanistik von heute auf morgen nicht mehr verfügen, gäbe es öffentlichen Aufruhr. Der Bedarf an derartigen Fächern besteht nämlich sehr wohl, ohne dass man dies in der öffentlichen Diskussion über ihren Wert oder Unwert direkt zu spüren bekommt. Auch die vermeintlich unnütze Literaturwissenschaft erbringt letztlich einen lebenspraktischen Nutzen, obwohl das keineswegs ihr ursprünglicher Impuls ist, wenn sie sich für die Frage nach Werthers *Galotti*-Lektüre interessiert.

Eigensinn von Erkenntnisinteressen

In der Germanistik gibt es verschiedene Formen der Auseinandersetzung: etwa mit einem literarischen Text des 18. Jahrhunderts, mit einem historischen Aspekt der deutschen Sprache wie dem Lautstand des Deutschen im 13. Jahrhundert im schwäbischen Raum, mit dem Leihbibliothekswesen im 19. Jahrhundert oder mit Wahrnehmungsmustern des Films in Musils *Triëdere!* (1926/27). Derartige Fragen sind in der Germanistik naturgemäß andere als etwa bei der Erforschung der Reklamationskompetenz beim Internetkauf in der Soziologie, der Funktion von Spiegelneuronen in der Kognitionswissenschaft oder der Prognose des Wirtschaftswachstums in der Volkswirtschaft. Die Beispiele sind rein zufällig gewählt. Man könnte übrigens aus anderen Disziplinen, die in der Öffentlichkeit sehr viel stärker als die Germanistik anerkannt sind, problemlos Forschungsfelder benennen, die Laien auf den ersten Blick abstrus oder dem Steuerzahler zu teuer erscheinen müssen: Kostenintensiv ist beispielsweise die Erforschung von Grundlagen der Materie in der Quantenphysik. Riesige Teilchenbeschleuniger verschlingen sehr große Summen für Einsichten in den Aufbau der Materie, die möglicherweise niemals irgendeinen gesellschaftlichen Nutzen abwerfen.

Studium als Beruf(ung)

Nur in einem ist eine universitäre Disziplin also tatsächlich begründungspflichtig: dass ihre Erkenntnisse wissenschaftlich, d.h. unter gleichen Bedingungen wiederholbar und insofern wahr sind – nicht aber im Blick auf ihren sozialen oder gar ökonomischen Gebrauchswert, aber auch nicht in Hinsicht darauf, dass ein Studium für einen Beruf ausbilden soll. Im strikten Sinn ist das Studium keine berufsvorbereitende Maßnahme, obwohl man es als Berufung empfinden kann, wenn sich darin entsprechende Erkenntnisinteressen erfüllen. Selbstverständlich erwirbt man im Studium auch Fähigkeiten, die für eine berufliche Tätigkeit außerhalb der Wissenschaft nützlich sein können. In der Germanistik kann man u.a. lernen, wie man Informationen schnell beschafft, weil man weiß, wo sie herzuholen sind. Darüber hinaus lernt man, wie dieses Wissen unter Zeitdruck sprachlich zu gestalten ist, um definierten Zielen zwischen Information, Aufklärung, Argumentation, Überredung oder Werbung nachzukommen.

Kompetenzen – Schlüsselqualifikationen

In dieser Hinsicht lassen sich gerade im Germanistik-Studium die mittlerweile oft beschworenen *Soft Skills* erwerben, die seit geraumer Zeit politisch erwünscht sind und auch von Unternehmerseite gefordert werden. Dazu gehört die Fähigkeit zur Informationsbeschaffung und -verarbeitung sowie zur zielbewussten sprachlichen Gestaltung der gewonnenen Daten (vgl. Nünning 2008). Dies impliziert, dass man die Ergebnisse mündlich und schriftlich präsentieren kann. Darin besteht wiederum eine Voraussetzung für ganz unterschiedliche Berufsfelder, die in den meisten Fällen nur selten mit den eigentlichen Gegenständen der Germanistik zu tun haben. Derartige Kompetenzen zu erwerben, liegt jedoch keinesfalls in der primären Absicht des Studiums selbst, zumal die Germanistik, wie angedeutet, zum Teil eben auch ziemlich abseitigen Fragestellungen nachgeht. Trotzdem fallen die genannten Schlüsselqualifikationen, die als solche gefragt sind, auch dann ab, wenn das Fach unnütz erscheinende Probleme verfolgt.

Eine Germanistin ist daher für sehr verschiedene Berufsfelder geeignet, denn sie beherrscht etwas, was man nur auf diese (durchaus umwegige) Weise erwerben konnte – im Grunde genommen gerade deshalb, weil sie jenseits der Ausbildung für die (Hoch-)Schule und den Literaturbetrieb keine dezidiert berufsbezogenen Qualifikationen anstrebt. Sie kann z.B. Pressetexte für Software-Firmen schreiben, ohne die Programme tatsächlich verstehen zu müssen, denn sie weiß, wie diese Textsorte gestaltet sein muss, weil sie Kenntnisse darüber erworben hat, wie Texte überhaupt funktionieren. In der wissenschaftlichen Auseinandersetzung mit den kommunikativen Funktionen der Sprache hat sie nämlich gelernt (und in der eigenen Schreibpraxis mühsam erprobt), wie Texte unter Einsatz von Stilmitteln rhetorisch organisiert sein müssen, damit erwünschte Wirkungen eintreten.

Insofern ist das Germanistik-Studium mitnichten eine brotlose Kunst. Wie zahlreiche Absolventenstudien belegen, sind die hier erworbenen Fähigkeiten nachgefragt, auch wenn die potenziellen Arbeitgeber sich das nicht so viel kosten lassen wie den Fachmann für spezielle Problemlösungen. Wer reich werden möchte, sollte am besten nicht Germanistik studieren; wer einer abwechslungsreichen Tätigkeit nachgehen möchte, indes schon eher, wie schwierig auch immer der zuletzt dann doch gelingende Zugang zu einer angemessenen Berufstätigkeit erscheinen mag (vgl. Sill 2003, S. 75–118). Auf jeden Fall aber bildet die Universität im Rahmen eines Germanistik-Studiums neben den fachlichen Fähigkeiten zahllose Kompetenzen gewissermaßen nebenher aus, obwohl diese mit ihrem Kerngeschäft, dem Erkenntnis- und Wissensfortschritt zu dienen, *prima facie* nichts zu tun haben. Angesprochen fühlen sollte sich dabei gerade auch derjenige, der nach der Schule noch orientierungslos ‚etwas mit Medien' oder ‚etwas mit Kultur' machen möchte. Er ist im Germanistik-Studium tatsächlich besser aufgehoben als in stärker spezialisierten oder gar berufsorientierten Studiengängen.

Die Universität als Lebensform

Selbständigkeit und Selbstorganisation sind Anforderungen, die das ganze Leben an jeden Einzelnen stellt, nachdem die Schule vorüber ist. Jetzt muss jede Entscheidung sich selbst gegenüber wie nach außen hin vertreten werden – im Falle der Entscheidung für die Universität durch Interessen, die von einer Disziplin bedient werden: Man interessiert sich dafür, wie die Börse funktioniert (weil man reich werden will) und studiert Finanzwissenschaften; man interessiert sich dafür, welche Materie die Welt im Innersten zusammenhält und studiert Physik mit späterem Schwerpunkt Quantenphysik; man liest Goethes *Werther* in der Schule und möchte nun endlich wissen, was es mit der Effektivität dieses Briefromans (mit dem sich Goethe im Literaturbetrieb Mitte der 1770er Jahre durchsetzte) auf sich hat und warum es zu einer wahren Mode von Selbstmorden junger Männer kam; vielleicht möchte man sogar wissen, warum sich zu diesem Zeitpunkt eine derart neuartige Literatur etabliert, die als Sprache des Gefühls so unmittelbar plausibel erscheint, obwohl sie tatsächlich mit raffinierten rhetorischen Tricks und Kurzschlusseffekten arbeitet. Wer sich für ein Germanistik-Studium entscheidet, sollte schon wissen wollen, was es mit solchen Fragen auf sich hat, die ihm vielleicht bereits während seiner bisherigen Lektüren begegnet sind – was natürlich auch heißt, dass ihm beim Lesen literarischer Texte überhaupt etwas widerfährt. Ganz ohne Herzblut ist ein Studium kaum zu absolvieren, was wiederum bedeutet, dass es mit Haut und Haaren vereinnahmen kann: nicht als Pflicht oder Zwang, sondern als Erfüllung dessen, von dem man ohnehin umgetrieben wird.

Insofern kann man von der Universität als Lebensform sprechen: Sie nimmt für sich ein, sie nimmt vor allem eine wichtige Phase in der Biographie eines Menschen ein. Hier mausert man sich vom Jugendlichen zum Erwachsenen, indem man erstmals sein ganzes Tun und Lassen selbst zu verantworten hat. Im durchaus emphatischen Sinn bildet sich in diesem Tun eine Persönlichkeit aus, die das in dieser Lebensphase Erworbene selbstbewusst zu vertreten weiß, weil sie es selbsttätig erworben hat. Die Universität als Lebensform ermöglicht es daher auch, Selbstbewusstsein auszubilden, zumal hier Techniken der Selbstdarstellung noch ohne gravierende Konsequenzen erprobt werden können (vgl. V).

Nach dem Studium wird man berufstätig, und eine neue Lebensform beginnt, die ebenfalls nicht leicht zu bewältigen ist, weil nun der Raum der Freiheit, an den man sich an der Universität gewöhnt hatte, durch rigidere Zwänge und Unterwerfungen empfindlich beschränkt wird. Nicht wenige holt daher schnell die Sehnsucht nach der Universität ein. Man kann ihr in Form einer Promotion begegnen. Die wissenschaftliche Karriere selbst ist dann aber ein hochgradig riskantes Unterfangen und letztlich nur dem anzuraten, der gute Nerven und berufliche Alternativen hat (vgl. II). Wer aber bereits das Studium als Zumutung empfindet, hat das soziale Feld der Universität nicht verstanden. Die Universität als Lebensform zu begreifen, heißt letztlich, einen Raum der Möglichkeiten auf eigene Weise zu erobern und diese Optionen auch zu genießen. Eine Zeitsouveränität, wie sie von der Universität im Verfolgen eigenständig definierter Impulse noch immer eingeräumt wird, begegnet im weiteren Leben so nie wieder.

Was heißt Studieren?

Schon das Wort Studium markiert das Moment der Selbstverantwortlichkeit: Nicht nur steht ‚Studio' für das Studier- und Arbeitszimmer, sondern es signalisiert auch eine bestimmte Nähe zum Arbeitsbereich des Künstlers und damit die Möglichkeit, eigenen Leidenschaften zu folgen. Diese Leidenschaft schlägt sich in der Übersetzung des lat. *studium* nieder: Es steht für eifriges Streben, inneren Trieb, Eifer, Lust und Liebe, ja für Begierde. Die eifrige Teilnahme, die Anhänglichkeit und das Interesse verbinden sich mit dem Aspekt der Lieblingsbeschäftigung oder gar der Liebhaberei. Dies nähert das Studium der künstlerischen Tätigkeit an, auch wenn die Leidenschaft dann doch mit Augenmaß betrieben, genauer mit dem Versuch einer rationalen Kontrolle verbunden sein sollte. Aus eigenem Antrieb kann man demnach wissenschaftliche Interessen verfolgen und diese sogar ohne größeren Schaden gegen Autoritäten verteidigen, um die erwähnten Positionsgewinne zu erzielen. Sehr wohl geht es dabei auch um narzisstische Bedürfnisse, die von der Universität in den geregelten Bahnen der Wissenschaftlichkeit befriedigt werden.

Studieren heißt dabei aber auch, von den Gegenständen und Fragestellungen einer Disziplin grundsätzlich überfordert zu sein. Der Aspekte sind zu viele und vielfältige, als dass man ein Fach auch nur in Ansätzen beherrschen könnte. Auch das Germanistik-Studium überfordert im Blick auf die Vielzahl der Fragen und Gegenstände, die einen Zeitraum von an die 1500 Jahren umfassen, gefüllt mit zahllosen Werken und Autoren, die man nicht einmal vom Hörensagen her kennt. Dieser Überforderung ist nur durch dauerndes Lesen zu begegnen, auch in Form der wiederholten Lektüre, um so zumindest einzelne Zusammenhänge zu begreifen. Überforderung gehört grundsätzlich zu jedem Studium. Sie ist letztlich aber auch produktiv, weil sie einerseits antreibt und andererseits Lust verschaffen kann, soweit man sie in einer gelungenen Hausarbeit oder einer erfolgreichen Prüfung bewältigt. Man konnte sich damit nämlich beweisen, auch komplexe Zusammenhänge beherrschen zu können. Anstrengung und Vergnügen liegen dabei ebenso nahe beieinander wie Erfolg und Scheitern. Letzteres kann eintreten, wenn die Überforderung zu groß und durch Strategien im Umgang mit der komplexen Materie, wie sie im vorliegenden Ratgeber aufgezeigt werden, nicht in den Griff zu bekommen war.

# 2. Geisteswissenschaften studieren

Verschiedene Wissenschaften – ‚Die zwei Kulturen'

Was die Universität begründet, ist wie gesagt Wissenschaft. Dennoch sollte man besser von den zahllosen Wissenschaften reden, die dort erforscht und gelehrt werden. Diese verschiedenen Disziplinen unterscheiden sich so deutlich voneinander, was ihre Methoden und Erkenntnisinteressen betreffen, dass die Gräben zwischen ihnen kaum überbrückbar scheinen. Von den ‚zwei Kulturen' (*The Two Cultures*) sprach einst Charles Percy Snow in einem Artikel, den er am 6. Oktober 1956 im *New Statesman* publizierte. Snow, 1905 geboren, war bis 1940 Physiker, nach dem Krieg Romanautor, Publizist und Wissenschaftsberater unter Harold Wilson. Gemeint hatte er mit seiner Formel, die für die Selbstbeobachtung der Wissenschaften eine so prominente wie umstrittene Rolle spielte, das gegenseitige Nichtverstehen zwischen einer Kultur der literarischen Intelligenz, also der Kritiker und Philologen auf der einen, und einer Kultur der Techniker, Ingenieure und Naturwissenschaftler auf der anderen Seite.

Warum war diese These so erfolgreich? Vor allem wohl deshalb, weil Snows Diagnose jedem, der an der Universität arbeitet, aus eigener Erfahrung vertraut ist: Ein Geisteswissenschaftler macht sie an einer Technischen Universität praktisch jeden Tag. Aber auch die andere Seite bestätigt die Kluft und hält Untersuchungen der Germanistik, wie sie oben skizziert wurden, für nutzlose Kunstübungen. Schnell wird dabei klar, worin die Trennung zwischen den ‚zwei Kulturen' besteht – ganz abgesehen davon, dass die Kultur der Geisteswissenschaftler bereits Schwierigkeiten damit hat, die Seite der Techniker, Ingenieure und Naturwissenschaftler überhaupt als ‚Kultur' anzuerkennen. „One might have crossed an ocean", meinte Snow zu seinem Befund, obwohl man eigentlich nur ins andere Institut im Gebäude gegenüber gehen müsste. Trotz aller Beschwörungen von Inter- oder gar Transdisziplinarität (in einer Disziplinen übergreifenden Forschung und Vernetzung), die mittlerweile fast jeden kulturwissenschaftlichen oder germanistischen Sammelband begleiten, ist an Snows These soviel dran, dass sie sich im alltäglichen Geschäft der Fächer immer wieder aufs Neue bestätigt: Man kommt einfach zu wenig in Kontakt zueinander. So bekommen auch Studierende verschiedener Fächer früh zu spüren, wie groß die Vorbehalte tatsächlich sind.

‚Dritte Kultur'?

Auch eine ‚Dritte Kultur', die Wolf Lepenies mit seiner eigenen Disziplin, der Soziologie, 1985 ins Spiel brachte, löst das Problem nicht. Die Soziologie kann die Kluft im Rahmen ihrer disziplinären Kompetenz, Wissenschaftsforschung zu betreiben, eher nur beschreiben und nicht wirklich selbst überbrücken. Und das ist dann eben wiederum das Spezialgebiet einer Disziplin selbst. Fächer haben sich längst in einer solchen Weise aufgegliedert, dass sie sich sogar innerhalb ihrer Teilgebiete oft kaum mehr untereinander verständigen können. Ausgemacht ist von daher nicht einmal, wie viele Kulturen der Wissenschaft es überhaupt gibt, blickt man allein auf Disziplinen, die den von Snow aufgeführten Fraktionen gar nicht so ohne Weiteres zuzurechnen sind: Archäologie oder Informatik, Bauforschung oder Mathematik, Sportwissenschaft oder eben die Soziologie. So arbeiten die beiden letztgenannten Fächer sowohl quantitativ, also mit statistischem Zahlenmaterial und mathematischen Modellen, als auch qualitativ, d.h. hermeneutisch und damit so, wie in der Germanistik Texte gelesen werden. Bei der Sportwissenschaft kommen darüber hinaus natur-, technik- und medizinwissenschaftliche Aspekte hinzu. Es gibt Wissenschaftsforscher, die gezählt haben und behaupten, dass die Zahl der Spezialgebiete allein in den Naturwissenschaften bei weit über 8000 liege. Wieviele Kulturen müsste man also postulieren? „Two thousand and two cultures", lautet die nicht unwitzige Antwort Snows (Snow 1965, S. 73).

Die Germanistik zwischen den Kulturen

Ganz von der Hand zu weisen ist die Unterscheidung zwischen Natur- und Technikwissenschaften auf der einen, Geistes- und Kulturwissenschaften auf der anderen Seite und den Sozialwissenschaften gleichsam als „Weltkind in der Mitten" (Goethe) dennoch nicht. Die Germanistik ordnet sich üblicherweise den Geistes- und Kulturwissenschaften zu, obwohl sie immer wieder auch auf die anderen Kulturen ausgreift: etwa wenn sie sich für soziologische Aspekte interessiert, indem es um die sozialen und gesellschaftlichen Kontexte geht, in denen literarische Texte entstehen, oder für die Distributionssysteme, mit denen diese Texte publik gemacht werden (Leihbibliothekswesen, Zeitschriften, Buchmarkt und Verlagswesen, Feuilleton als Ort der Literaturkritik). Bedenkt man schließlich neuere Entwicklungen in der Linguistik, dann greifen ihre Fragestellungen sogar in die Informatik (etwa in den Forschungen zur Künstlichen Intelligenz) oder in die Kognitionswissenschaften aus, die selbst wiederum zwischen naturwissenschaftlich-experimentellen und eher hermeneutischen Zugängen angesiedelt sind: indem sie einerseits behavioristische Experimente durchführen und andererseits Texte der Philosophie (z.B. aus dem Bereich der Erkenntnistheorie oder der Sprachphilosophie) lesen. Diese können wiederum Grundlagen für Spracherkennungssysteme bilden, zu der entsprechend die Linguistik als Teilbereich der Germanistik beiträgt (vgl. II).

So weist die Germanistik nicht wenige Bezüge zu zahlreichen Fächern der anderen Kulturen auf, denkt man an Informationsverarbeitungssysteme, zu denen Linguistik und Semiotik mit ihren allgemeinen Theorien vom Zeichengebrauch Grundlagenforschung beisteuern; denkt man nicht zuletzt an eine jüngere Entwicklung im Bereich der Computerphilologie, die die Germanistik mit der Informatik verbindet, wenn es um die web-basierte Aufbereitung großer Textmengen und die informationelle Datenverarbeitung durch *Humanities Computing* auf der Basis von *Semantic-Web*-Technologien geht – all dies ganz abgesehen davon, dass sich die Germanistik seit jeher für die Forschung angrenzender Fächer von der Klassischen Philologie über die Anglistik, Romanistik und Slawistik bis hin zur Geschichte und Philosophie interessiert hat, soweit deren Erkenntnisse für die Untersuchung der deutschen Sprache und Literatur relevant sind.

Germanistik als Geistes- und Kulturwissenschaft

Trotz dieser Grenzüberschreitungen über die drei Kulturen hinweg versteht sich die Germanistik im Kern als Geistes- und Kulturwissenschaft, wenn es ihr um das Verstehen kultureller Prozesse und kultureller Handlungen geht. Sie ist dazu in der Lage, weil sie beschreiben kann, wie Texte in Gebrauchszusammenhängen und kulturellen Kontexten funktionieren. Im Germanistik-Studium hat man es daher meist mit dem Lesen und Schreiben von Texten zu tun, genauer mit dem wissenschaftlichen Lesen und Verstehen verschiedenster Textsorten und Zeichensysteme im historischen Wandel. Einsichten, die aus diesem Verstehen resultieren, werden sprachlich verarbeitet, also selbst in Textform gebracht und als Präsentationen (vgl. V), Seminararbeiten, Masterarbeiten (vgl. VI), Aufsätze oder Bücher zur Diskussion gestellt: sei es für das Seminar oder zur Begutachtung durch einen Dozenten, sei es für die *Scientific Community*, die den Erkenntnis- und damit Neuigkeitswert der publizierten Einsichten beurteilt und so deren Relevanz für den Erkenntnisfortschritt feststellt.

Verstehen und Erklären

Während die Natur- und Technikwissenschaften in erster Linie mit Apparaturen experimentieren, die Sozialwissenschaften u.a. empirische Umfragen statistisch auswerten, lesen Geistes- und Kulturwissenschaftler also meist Bücher, Zeitschriftenartikel oder Rezensionen. Was fangen sie damit an? Und zu welchem Zweck tun sie das? Germanisten versuchen, sprachliche und literarische Dokumente im Rahmen einer historischen Kultur zu verstehen, indem sie diese deuten und die Deutung in übergeordnete (meist kulturhistorische) Zusammenhänge einordnen. Dadurch soll das jeweils Spezifische und Signifikante einer Zeit und die entsprechende Relevanz von Texten in dieser Zeit erklärt werden. Insofern ist die Germanistik eine historische und hermeneutische Wissenschaft, wie auch immer sie im Laufe ihrer Geschichte antihermeneutische Methoden wie die Dekonstruktion ausgebildet hat (vgl. II). Das Verstehen und Erklären kultureller Phänomene im historischen Wandel erfolgt an Aspekten der deutschen Sprache und Literatur aus verschiedenen Zeiten, aber auch durch die Analyse aller anderen Zeichensysteme, die eine Epoche zu ihrer Selbstverständigung einsetzt. In der Moderne gehören dazu neben der Zeitung und verschiedenen Printmedienformaten auch der Rundfunk, der Film oder seit zwei Jahrzehnten das Internet als Forschungsgegenstand. Auch hierin organisieren sich öffentliche Kommunikationen, die zu beurteilen der Germanist gerade in mediengeschichtlicher Perspektive geschult ist.

Orientieren

Die Germanistik analysiert demnach Zeichenverwendungen als kulturelles Handeln im Alltag und in der Geschichte; dies auch im Rahmen der ‚visuellen Kultur', für die sich die gerade neu entstehende Bildwissenschaft interessiert. Sie hilft diese Zeichenverwendungen zu verstehen und liefert so Orientierungen darüber, wie Phänomene einer Kultur im historischen und sozialen Kontext funktionieren. Im Grunde genommen gibt sie damit Antworten darauf, wie ‚Welt' funktioniert und in welcher Weise sich eine Gesellschaft durch Sprache selbst beobachtet: Gerade Literatur kann als ein zentrales Reflexionsmedium der Kultur verstanden werden, so dass man über die Analyse und Interpretation eines literarischen Texts Aufschlüsse darüber gewinnen kann, wie kulturelle und soziale Zusammenhänge historisch einzuordnen sind.

## 3. Das Schulfach Deutsch und das Studienfach Germanistik

Schulunterricht

Die Schule unterliegt einem Erziehungs- und Bildungsauftrag, der diese Institution dazu zwingt, dass in ihr ein vorab definiertes Wissen vermittelt wird. Die zu erwerbenden Kenntnisse sind entsprechend in Stoff- und Lehrplänen festgehalten, die von den Kultusministerien ausgegeben werden.

Geprägt ist die Schule von einem eng getakteten Stundenplan, in dem dieser festgelegte Stoff abgearbeitet wird. Vom Lehrer vorstrukturiert, wird er dem Schüler mithilfe vorgegebener Unterrichtsmaterialien (etwa in Form von Schulbüchern) beigebracht. Die Rolle des Lehrers ist darüber hinaus dadurch bestimmt, Lernleistungen in regelmäßigen Leistungskontrollen zu überprüfen und den erworbenen Kenntnisstand zu benoten. Leistungskontrollen erfolgen auch regelmäßig in der Universität. Sie beziehen sich dort in der Regel aber auf ganze Lehreinheiten eines Semesters, werden also nicht wie in der Schule innerhalb eines Schulhalbjahres im regelmäßigen Turnus als Form der permanenten Kontrolle abverlangt.

Deutschunterricht vs. Germanistik-Studium

Auch die Texte und Gegenstände, die im Schulunterricht behandelt werden, sind festgelegt. Der Lehrer hat zwar Spielräume, eigene Impulse zu setzen; zugleich muss er aber einen Stoffplan erfüllen. Die Lernleistungen betreffen u.a. das Beherrschen der deutschen Sprache durch den Grammatikunterricht; daneben geht es um Kenntnisse der deutschen Kultur und Literatur, die an ausgewählten Stationen der deutschen Literaturgeschichte und an kanonischen Werken exemplarisch vorgeführt werden. Dies geschieht meist mit starker Inhalts- und Autororientierung, ohne dass damit Vollständigkeitsansprüche erhoben werden. Schon gar nicht geschieht die Auseinandersetzung mit dem Stoff in methodischer Perspektive.

Der Umgang mit Texten wird demnach jenseits didaktischer Maßnahmen, die vom Lehrer ergriffen werden, methodisch nicht reflektiert, sondern über definierte Vorgaben eingeübt. Germanistik-Studierende beklagen nicht selten im Rückblick, dass ihnen in der Schule eindeutige Schlussfolgerungen aus einem Text abverlangt worden seien. Abgewehrt werden damit alternative Interpretationen, ohne dass die normativen Voraussetzungen einer solchen Festlegung offengelegt werden. Genau dies ist an der Universität nicht der Fall, auch wenn hier wiederum bei Erstsemestern aufgrund der schulischen Vorprägung nicht selten zunächst der Eindruck entsteht, dass die literaturwissenschaftliche Herangehensweise in der Vielfalt der Perspektiven beliebig sei. Ist Selbständigkeit in der Schule nur in bedingtem Maße erwünscht, geht es im Germanistik-Studium gerade darum, begründbare Positionen gegenüber den selbst gewählten Gegenständen einzunehmen und in einer möglichst stringenten Argumentation plausibel zu machen. Es kann sich dabei sogar um Positionen handeln, die vorherrschenden Lehrmeinungen widersprechen, soweit sie wissenschaftlich sauber, d.h. auf der Basis des Forschungsstands und der systematischen Kenntnisse des Teilbereichs hergeleitet werden. Vor allem aber herrscht dabei das Prinzip der Freiheit der Wissenschaft, so dass diese Positionierung eben nicht an festgelegten Gegenständen erfolgen muss. Nur das methodische Vorgehen selbst ist transparent zu machen.

Methodenbewusstsein oder gar die theoretische Reflexion auf methodische Perspektiven im Umgang mit Phänomenen der deutschen Sprache und Literatur sind in der Schule dagegen kaum vorgesehen – aus nachvollziehbaren Gründen, soweit es um den Bildungsauftrag im Schul*unterricht* geht. Dieser unterwirft den Schüler einer asymmetrischen Kommunikation, während der Studierende in seinem wissenschaftlichen Anspruch eben als gleichberechtigt angesehen wird (wiewohl auch hier faktisch ein Machtgefälle besteht, soweit es um die Beurteilung von Prüfungsleistungen geht). So liegt auch die Wahl der behandelten Gegenstände nicht in der Hand des Schülers, während der Studierende bereits eingangs des Studiums damit überfordert wird, möglichst viele Texte und Aspekte für eine eigens definierte Problemstellung an selbst gewählten Gegenständen zu berücksichtigen.

Wahloptionen im Studienverlauf

Im Laufe eines Studiums, genauer in der Abfolge einzelner Studienabschnitte, nimmt die Freiheit, Themen eigenständig bestimmen und bearbeiten zu können, sogar weiter zu. Ein Studium gliedert sich nach Studienjahren, grob gesagt in das Grundstudium der ersten beiden Jahre und in das Hauptstudium bis zum ersten Abschluss (BA-Abschluss in der Regel nach sechs Semestern, MA-Abschluss oder Staatsexamen nach zehn Semestern Regelstudienzeit; vgl. II). In den ersten beiden Semestern wird man noch einigermaßen rigide dazu verpflichtet, sich die methodischen und terminologischen Grundlagen der Germanistik in Pflichtveranstaltungen der Einführungsmodule anzueignen und diese in Klausuren abprüfen zu lassen, ohne dass in ausgeprägtem Maße bereits eigene Schwerpunkte gesetzt werden können. Ab dem dritten Semester sind dann zunehmend Entscheidungen im Blick auf die angebotenen Themen in Seminaren und Vorlesungen als Wahlpflichtbereich möglich, ja erwünscht. Dem geht eine Verlagerung der Prüfungsleistungen von Klausuren zu selbständigen Hausarbeiten einher (vgl. VI).

Eine allzu frühzeitige Spezialisierung sollte aber vermieden werden, zumal in Abschlussprüfungen ein breites fachliches Spektrum verlangt wird. Dies kann durchaus eigenständig definiert werden (vgl. V.4). In jedem Fall aber sind die Wahlfreiheiten im Germanistik-Studium – sind einmal die terminologischen, systematischen und methodischen Grundlagen in Einführungsveranstaltungen gelegt – selbst an kleineren Instituten recht groß. Diese zunehmenden Freiheiten bedeuten natürlich auch, im Laufe der ersten Semester einen Sinn für Wahloptionen bzw. für mögliche Schwerpunktbildungen zwischen den verschiedenen Teilbereichen (vgl. II.1) und innerhalb ihrer je eigenen Spezialisierungen zu entwickeln. Diese haben sich im Laufe der Geschichte herausgebildet.

Germanistik als Universitätsdisziplin

Die Germanistik – zunächst Deutsche Philologie genannt – entsteht als Universitätsdisziplin in der ersten Hälfte des 19. Jahrhunderts. In dieser Zeit war das Fach Nationalphilologie, d.h. es ging in erster Linie um die Sicherung und Herausgabe von literarischen Texten der deutschen Sprache vom Mittelalter bis zur eigenen Gegenwart. Ende des 19. Jahrhunderts etablierte sich die seitdem bestehende Dreiteilung in die Teilbereiche Neuere deutsche Literaturwissenschaft, Ältere deutsche Literaturwissenschaft (Mediävistik) und Sprachwissenschaft (zunächst als Sprachgeschichte).

Über den Methodenpluralismus der 1920er Jahre hinweg, der im Rahmen der Geistesgeschichte nach dem Ersten Weltkrieg bereits unübersichtlich vielfältige Perspektiven wie etwa erste Ansätze der Literatursoziologie eröffnete, differenzierte sich das Fach seit den 1960er Jahren in höchst unterschiedliche Formen der Auseinandersetzung mit Sprache und Literatur im kulturgeschichtlichen Kontext aus. Daraus ergab sich eine Abfolge jüngerer methodischer Zugangsweisen, die hier nur aufgelistet werden können: Strukturalismus, Sozialgeschichte der Literatur, Poststrukturalismus (Dekonstruktion, Diskursanalyse), Medientheorie bzw. Medienwissenschaft, Systemtheorie, Gender Studies, New Historicism, Cultural Studies, Visual Studies, Area Studies und viele andere Orientierungen mehr, die sich seit geraumer Zeit über einen jeweils neu ausgerufenen ‚turn' nach dem Vorbild des *Linguistic Turn* Mitte der 1960er Jahre organisieren.

In dieser Zeit etablierte sich nämlich die Linguistik als eigenständiger Teilbereich, genauer als synchrone Sprachwissenschaft gegenüber der diachronen Ausrichtung in der Sprachgeschichte. Auch die Linguistik hat mittlerweile zahlreiche Untersuchungsfelder ausdifferenziert, die von der Grammatik über die Systemlinguistik, die Semantik, die Pragmatik bis hin zu experimentell und quantitativ verfahrenden Varianten wie Neurolinguistik, Psycho- oder Soziolinguistik reichen, um nur wenige neuere Entwicklungen zu benennen (vgl. II.1). Ihre Beobachtungen weiten sich dabei von Fall zu Fall bis zur Semiotik als einer allgemeinen Theorie von der Bedeutung und vom Gebrauch aller möglichen Zeichen aus.

Literaturwissenschaftliche Beobachtungsfelder

Die Literaturgeschichte untersucht literarische Texte in ihren historischen Zusammenhängen und Entwicklungen sowie die Wechselbeziehungen der deutschen Literatur zu anderen Nationalliteraturen im historischen Kontext. Sie fragt nach der historischen Abfolge von Texten und nach den Beziehungen zwischen Texten und den jeweiligen Zeitverhältnissen, indem sie Werke und Autoren nach verschiedenen, methodisch und historisch variablen Ordnungssystemen sammelt und inventarisiert. Im Kern geht es ihr darum, die unübersichtliche Menge an Material zu sichten und zu ordnen: z. B. nach Gattungen, Epochen und geschichtlichen Hintergründen, denkt man etwa an die Rolle der Französischen Revolution für die Entstehung der Weimarer Klassik und der Romantik. Literaturgeschichte ist eine wissenschaftliche Konstruktion und daher dynamisch, weil sie selbst historischen Veränderungen nach Maßgabe ihrer methodischen Ausrichtung (etwa zwischen einer sozialgeschichtlichen gegenüber einer werkorientierten Betrachtung) unterliegt. Dabei ist für sie auch relevant, in welcher Weise ein Text auf vorhergehende oder zeitgleiche Texte reagiert, indem er Motive, Stoffe, Formen und Strukturen aufgreift und abwandelt (Intertextualität, Gattungsgeschichte). Auch in diesem Zusammenhang werden die Texte nicht zuletzt in vergleichender Perspektive, also im Horizont der anderen Nationalliteraturen untersucht.

Die Literaturtheorie als weiteres Beobachtungsfeld reflektiert demgegenüber die Methoden der Deutung und Erfassung von Literatur, z. B. das grundlegende Problem im Verhältnis von Form und Inhalt oder von Stofforganisation und Stoffverarbeitung. Sie ist demzufolge ein Teilbereich, der sich nicht mit der Deutung von Texten beschäftigt, sondern damit, wie diese Deutung organisiert sein kann. Sie beobachtet stilistisch-formale Kategorien (Ausgestaltung nach Gattungen), erforscht Aspekte der Publikumsbezüge (Lesererwartung, Rezeptionsästhetik), der Intermedialität im Wechselspiel mit anderen Künsten und Medien und der sozialen Einbindung und Funktion von Literatur in ihrer Position im Bereich gesellschaftlicher, kulturgeschichtlicher und medialer Entwicklungen. Nicht zuletzt fragt sie danach, was Literatur überhaupt ist: Welche Rahmungen sind etwa gegeben, damit die Aufstellung einer Fußballmannschaft wie in Handkes kurzem Text *Die Aufstellung des 1. FC Nürnberg vom 27.1.1968* als Gedicht angesehen werden kann?

Studierenden des Fachs werden damit insgesamt Kenntnisse und methodische Fähigkeiten vermittelt, die sie in die Lage versetzen, die Leistungen der eigenen und die einer partiell fremd gewordenen Kultur (z. B. der des

Mittelalters) des zu verstehen. Sie können so ihre Denkweisen relativieren und zugleich objektivierende Verfahren anwenden, mit denen ästhetische Gegenstände angemessen erfasst und erklärt werden. Im Teilbereich Mediävistik treten neben den historischen Inhalten und Verfahren des Fachs die im engeren Sinn philologischen Aspekte wie das Übersetzen aus dem Deutsch des Früh-, Hoch- und Spätmittelalters hinzu, wobei auch Probleme der Übersetzungstheorie reflektiert werden.

## 4. Was erwartet mich im Germanistik-Studium?

Anforderungen und Voraussetzungen

Studierende der Germanistik sollen in ihrem Studium lernen, literaturwissenschaftliche Probleme zu erkennen, selbständige Interpretationen literarischer Texte vorzunehmen und wissenschaftliche Arbeiten kritisch zu beurteilen. Dazu gehören zum einen formal-methodische Fähigkeiten der begriffsgeleiteten Analyse, zum anderen Kenntnisse literarischer Texte vom 8. Jahrhundert bis zur Gegenwart in ihrem literaturgeschichtlichen und soziokulturellen Kontext. In diese wissenschaftliche Auseinandersetzung mit Literatur gehen zahlreiche weitere akademische Fächer wie Geschichte, Philosophie, Soziologie, Kunstgeschichte, Musikwissenschaften und andere Philologien (Klassische Philologie, Romanistik, Anglistik, Slawistik usw.) ein.

Lesenwollen

Für ein Studium der Literaturwissenschaft ist die erste Voraussetzung, dass man viel und gerne liest – übrigens auch fremdsprachige Texte. Das Interesse sollte sich dabei auch auf Texte richten, die zunächst fremd erscheinen wie etwa ältere und fremdsprachige Werke oder theoretische Abhandlungen aus anderen Disziplinen. Nicht immer ist das Lesen daher ein reines Vergnügen, wenn die behandelten Texte subjektiv nicht gefallen. Vor allem sind große Textumfänge zu bewältigen, um ein angemessenes Bild der deutschen Literaturgeschichte zu erhalten. Daher ist regelmäßige Lektüre notwendig. Dies betrifft in gleichem Maße auch die Lektüre von Sekundärliteratur (Monographien und Aufsätze, vgl. III.1) sowie von Zeitschriften und Zeitungen, um über die Debatten im Literaturbetrieb auch ein Verständnis für die Gegenwartsliteratur zu entwickeln.

Nur durch extensive Lektüren lassen sich Erfahrungen sammeln, die einen analytischen Zugang zu Textverhältnissen ermöglichen. Erst dadurch entwickelt man ein Gespür für Nuancen und historische Differenzen, durch die man im Laufe des Studiums die epochale Zugehörigkeit eines Texts einzuschätzen lernt. Hinzu kommt die historische und systematische Einordnung dieser Befunde, z.B. im Blick auf die Funktion der literarischen Gattungen, wenn man etwa bedenkt, dass der Roman und die Novelle zu den leitenden Genres in der realistischen Literatur des 19. Jahrhunderts aufsteigen. Gattungen kanalisieren die ästhetische Organisation literarischer Texte nach Maßgabe ihrer Darstellungsintentionen: zur Artikulation einer subjektiven Befindlichkeit etwa in der Lyrik, zur unmittelbaren Präsentation eines Geschehens auf der Bühne im Drama, zur ungebundenen Lektüre weit ausgreifender Sachverhalte schließlich im Roman.

Medieninteresse

Nicht zuletzt gehört zum Studium der Literaturwissenschaft das Interesse an anderen Medien (Rundfunk, Film, Fernsehen, Theater, Kunst, Werbung,

Internet, Computerspiel u.a.) und an Ereignissen der publizistischen Öffentlichkeit. Grundsätzlich sind daher auch kulturelle, politische, ökonomische, gesellschaftliche, naturwissenschaftliche und sonstige Auseinandersetzungen in der Zeitung, in Zeitschriften, im Radio, Fernsehen und im Internet auch im historischen Zusammenhang zu verfolgen und systematisch zu reflektieren, weil diese Aspekte in die literarische Gestaltung selbst eingehen.

Missverständnisse

Das Studium der Germanistik beinhaltet keine Ausbildung zum literarischen und feuilletonistischen Schreiben; es werden keine *Creative-Writing*-Kurse angeboten. Im Mittelpunkt steht die wissenschaftliche Auseinandersetzung mit Sprache, Literatur und Kultur. Es geht dabei stets um den methodengeleiteten und systematischen Umgang mit literarischen und kulturellen Sachverhalten. Ein typisches Missverständnis glaubt, das Studium der Germanistik sei leicht zu bewältigen, weil man als Muttersprachler über die deutsche Sprache ohnehin verfüge. Tatsächlich aber ist das Studium voraussetzungsreich, weil vielfältiges Wissen und ausgeprägtes Differenzierungsvermögen zur angemessenen Beurteilung sprachlicher und kultureller Phänomene notwendig ist. Dieses Wissen ist nicht leicht verfügbar, sondern es muss im Laufe des Studiums mühsam erarbeitet und im Erkenntnisprozess immer wieder modifiziert werden.

Arbeit am Schreibtisch und in der Bibliothek

Die Hauptbeschäftigung stellt die Arbeit am Schreibtisch zu Hause und in der Bibliothek dar (weil dort die jeweiligen Standardwerke greifbar sind). Der Besuch von Vorlesungen und Seminaren allein genügt nicht, denn hier können nur Impulse gesetzt werden, die in der Arbeit zu Hause oder in der Bibliothek umzusetzen sind. Wie ein literarischer Text im historischen Kontext funktioniert, indem er z.B. in Form eines Lyrischen Dramas um 1900 erscheint, kann in der universitären Lehre nur bedingt vermittelt werden. Die Organisationslogik eines Texts muss nämlich im Prozess der Lektüre erfahren werden, angeleitet durch die erworbenen Grundlagen (Gattungen, Terminologie, Systematik, Epochenzugehörigkeit). Mit anderen Worten liegt sie nicht einfach vor, denn sie wird erst im Lesen selbst aktualisiert und damit evident. Sie kann daher nur in der reflektierten Lektüre begriffen werden. Im Studium erfolgt dieses Lesen methodengeleitet nach Maßgabe einer bestimmten Fragestellung, um so zu Einsichten zu gelangen, die allgemein vermittelbar sein sollten.

Begabungen

Erforderlich sind daher ganz eigene Abstraktionsleistungen, die aufgrund der nötigen ästhetischen und kognitiven Kompetenzen ziemlich anspruchsvoll sind: Neben der Fähigkeit, einfache wie komplexe Texte verstehen zu lernen, gehört dazu ein Gespür für ästhetische Nuancen. Derartige Sensibilitäten sind nur schwer in der universitären Lehre beizubringen. Man kommt ihnen nur durch regelmäßiges Lesen, permanente Selbstreflexion dieses Lesens und nicht zuletzt durch die ebenso regelmäßige schriftliche Fixierung der gewonnenen Einsichten (Notizen, Exzerpte, Referate, Hausarbeiten) im Studienprozess bei (vgl. IV). Erst diese dauerhafte Auseinandersetzung mit literarischen Texten und ästhetischen Phänomenen schult die erforderlichen Fähigkeiten, die spätestens in abschließenden Prüfungen, aber auch bereits in Seminaren durch argumentative Rede auszuweisen sind. Seminare funktionieren in diesem Zusammenhang als Testläufe auf gewonnene Fertigkeiten, die dann in Abschlussprüfungen beherrscht werden sollten (vgl. V).

Positionierungs-vermögen

Gegenpositionen bzw. kritischen Einwänden gegen die vorgebrachten Argumente muss mit weiteren stichhaltigen Argumenten begegnet werden. So erwirbt man im Germanistik-Studium auch einen Sinn für Argumentationsprozesse, der dazu befähigt, eigenständige Positionen im Verlauf formulieren zu können. Auch diese Fähigkeit, Gegenargumente für die eigene Darstellung produktiv machen zu können, ist für spätere Berufstätigkeiten in Unternehmen jedweder Ausrichtung von Vorteil. Ein Gespür für relevante Fragestellungen erwirbt man in der Germanistik folglich nur durch die ständige Auseinandersetzung in der Einheit von Lesen, sprachlicher Verarbeitung und Präsentation dieser Verarbeitung, die in Seminaren oder Prüfungen beurteilt und möglicherweise auch angefochten wird (oder zumindest angefochten werden kann). Strikte Wahrheiten in Form von Beweisen gibt es in diesem Fach nicht, sondern im Kern nur mehr oder weniger einleuchtende Argumente, die in der jeweils gewählten Form der Präsentation (vgl. V) und schriftlichen Ausarbeitung (vgl. VI) plausibel zu machen sind.

Grundsätzlich schult man damit die Fähigkeit, die erworbenen Kompetenzen auch tatsächlich vertreten zu können, weil man sie eben selbständig erworben hat. Dass dies gelingt, setzt die verstehende Durchdringung einer Problemstellung voraus. Erst dann kann die erworbene Einsicht auch wirklich überzeugend ausgewiesen, genauer gesagt gegen Anfechtungen verteidigt werden. Das bloß Gelernte reicht dazu nicht aus, weil es durch Gegenargumente oder auch nur durch rhetorische Tricks leicht zu erschüttern ist. Solche Tricks lernt man übrigens ebenfalls durch das Studium einzuschätzen und anzuwenden, so dass man auch in dieser Hinsicht im späteren Beruf gewappnet ist.

Der Erfolg im Germanistik-Studium hängt also insgesamt davon ab, dass man das, was einen als Frage zur Literatur und Kultur ergriffen hat, tatsächlich begreifen lernt und dadurch in einer für alle Interessierten verstehbaren Form vermitteln kann. Genau dies verschafft einen Lustgewinn, den ein Germanistik-Studium bietet, wenn man die gewonnenen Einsichten leibhaftig zu vertreten weiß – weil man sie nur in der beschriebenen Form erlangen konnte und weil diese Fähigkeiten nicht zuletzt als persönliches Verdienst angerechnet werden.

*Zitierte Literatur:*

Nünning, Vera (Hg.): Schlüsselkompetenzen. Qualifikationen für Studium und Beruf, Stuttgart/Weimar 2008.

Sill, Oliver: Kein Ende und ein Anfang. Germanistische Literaturwissenschaft der sechziger und siebziger Jahre, Bielefeld 2003.
Das Buch von Oliver Sill diskutiert auch Absolventenstudien, denen zufolge Arbeitslosigkeit trotz prekärer Berufseingangsbedingungen und vergleichsweise niedriger Bezahlung bei Germanisten und Germanistinnen nicht in beunruhigender Größenordnung auftritt (S. 86–88). Aufgeführt wird dabei die „ungewöhnlich große Bandbreite ausgeübter Berufe" (S. 89–92).

Snow, Charles Percy: The Two Cultures: And A Second Look, Cambridge 1965.

# II. Germanistik studieren

## 1. Teilbereiche, Fragestellungen und Gegenstände der Germanistik

Universitäres Fach

Germanistik ist ein fast ausschließlich an Universitäten vertretenes Studienfach. Studiengänge zur Lehrerausbildung wie beispielsweise an den Pädagogischen Hochschulen in Baden-Württemberg sind die Ausnahme. In Deutschland kann Germanistik nur an wenigen Universitäten nicht studiert werden; diese gelten dann auch nicht als sog. Volluniversitäten. Neben den Universitäten in Deutschland, der Schweiz und Österreich verfügen auch Hochschulen im Ausland über germanistische Studiengänge.

Teilbereiche, Bezeichnungen

Die Gegenstände des Gesamtfachs stellen ganz allgemein die deutsche Sprache und die deutsche Literatur von ihren Anfängen bis in die Gegenwart dar. Das Studium der Germanistik bezieht sich auf insgesamt drei große Teilgebiete: auf die Ältere und die Neuere Germanistik als Literaturwissenschaften und die Linguistik als Sprachwissenschaft. Die Ausdifferenzierung in drei wissenschaftliche Teilbereiche – zum einen nach dem Gegenstand Sprache im Unterschied zum Gegenstand Literatur, zum anderen nach einer zeitlichen Grenze, die in etwa dem medialen Umbruch von der Handschrift zum gedruckten Buch entspricht – gehört zur Geschichte des Fachs. Die Bezeichnungen für die Teilgebiete weichen je nach Hochschule geringfügig ab, und auch die institutionellen Zuordnungen können im Einzelfall divergieren.

Überschneidungen

Die wissenschaftlichen Anfänge der Germanistik liegen in der ersten Hälfte des 19. Jahrhunderts. Die Auffächerung in Teilgebiete in der zweiten Hälfte des 20. Jahrhunderts hat zur Folge, dass die drei großen Fachteile zwar über ihre jeweils eigenen Gegenstandsbereiche, Theorien und Methoden verfügen. Diese können sich aber auch überschneiden und ergänzen. So profitierte beispielsweise die literaturwissenschaftliche Erzählforschung (Narratologie) erst in der Neueren, dann auch in der Älteren Literaturwissenschaft von der strukturalistischen Sprachwissenschaft. Hinsichtlich der Methoden und Theorien bestehen eher Affinitäten zwischen der Älteren und der Neueren Literaturwissenschaft. Die historische Sprachbetrachtung (Diachronie) gehört sowohl zur Linguistik als auch zur Mediävistik. Die Linguistik wiederum nähert sich in ihrem Teilgebiet Textlinguistik an die Literaturwissenschaften an. Für Studierende der Germanistik ist dabei insgesamt wichtig, zu erkennen, dass die drei Teilgebiete unterschiedliche Arbeitstechniken erfordern und ausbilden und daher auch über unterschiedliche Hilfsmittel verfügen (vgl. III, IV.2).

Fachdidaktik Deutsch

Für die Lehramts-Studiengänge ergänzt die Fachdidaktik Deutsch die genannten Teilfächer. Seine Entstehung verdankt dieser Zweig, der inzwischen noch vielerorts um die Mediendidaktik erweitert wurde, ebenfalls den Diskussionen um Nutzen und Ausrichtung der Germanistik seit den 1960er

Jahren. Die Fachdidaktik befindet sich im Überschneidungsbereich der pädagogischen Disziplin der Allgemeinen Didaktik und dem Studienfach Germanistik. Literaturdidaktik und Sprachdidaktik sind Gegenstände der Fachdidaktik, die sich als Theorie und Methodenreflexion über die Vermittlung sprachlichen und literarischen Wissens definiert.

Angrenzende Fächer

Theaterwissenschaft, Medienwissenschaft, Allgemeine und Vergleichende Literaturwissenschaft (Komparatistik), Rhetorik, aber auch praxisorientierte Studienkomponenten wie Angewandte Kulturwissenschaft – um nur einige Möglichkeiten zu nennen – finden sich als Anschlüsse und Ausdifferenzierungen im Spektrum germanistischer Einrichtungen. Das Studienangebot ist hier abhängig von der Größe der Hochschule sowie der fachlichen Ausrichtung der Fakultät und des Instituts.

Interkulturelle Germanistik

Einige Hochschulen weisen als Studiengang oder als Studienkomponente die Interkulturelle Germanistik aus. Sie findet mittlerweile ihre Position in einer erweiterten Debatte um Interkulturalität, interkulturelle Kommunikation und die inzwischen als Schlüsselqualifikation diskutierte interkulturelle Kompetenz. Man kann darin zwei Richtungen unterscheiden: Einerseits geht es traditionsgemäß um den Unterricht von Deutsch als Fremdsprache im engeren und um die Vermittlung der deutschen Kultur im weiteren Sinn, andererseits um die Erforschung und Diskursivierung der vielfältigen Beziehungen unterschiedlicher Kulturen überhaupt. Wer sich eine berufliche Zukunft in interkulturellem Umfeld und in der Vermittlung der deutschen Sprache im In- oder Ausland vorstellen kann, orientiert sich in dieser Fachrichtung.

Verortung an der Universität

Zusammen mit eng und weniger eng benachbarten Fächern ist die Germanistik in eine Fakultät oder einen Fachbereich integriert. Die Zuordnung und die fachliche Umgebung hängen von der Ausrichtung und Struktur der Hochschule ab, die auf deren Traditionen zurückgehen: sei es als traditionsreiche Volluniversität, sei es als eine der jüngeren Technischen Universitäten, die erst seit dem 19. Jahrhundert existieren, sei es als Neugründung im Rahmen der Bildungsdebatte in den 1960er Jahren. Deshalb kann die Germanistik in einer philosophischen oder gar rein philologischen Fakultät oder in einer breiter angelegten geistes- und sozialwissenschaftlichen Fakultät angesiedelt sein. Innerhalb der Fakultät bildet sie einen Fachbereich, meist unter dem Begriff Institut (für Germanistik) oder Seminar (für deutsche Philologie). Das Institut oder Seminar besteht meistenteils wiederum aus sog. Lehrstühlen, die eine Art Abteilungsstruktur nach sich ziehen.

Germanistische Tätigkeit

Der gemeinsame Nenner germanistischen Handelns, des Alltags an der Universität, besteht darin, dass man ständig mit sprachlichem Material umgeht. In der Sprachwissenschaft liegt der Fokus auf der Sprache selbst, ihren Strukturen und ihrer Anwendung. Die Herangehensweisen sind theoretisch und modellhaft, deskriptiv und schließlich auch empirisch. In den literaturwissenschaftlichen Fachteilen hingegen macht das permanente Lesen von Texten das Tagesgeschäft aus. Zunächst sucht man sie zu verstehen, beschreibt, analysiert und interpretiert sie und ordnet sie sodann in historische, literarische oder kulturelle Zusammenhänge, somit in Kontexte oder auch Diskurse ein. Hierzu bereitet man Forschungsliteratur (vgl. III), also bereits bestehende Analysen und Einordnungen des Gegenstandes, in argumentativer Weise auf (vgl. IV): entweder mündlich in Form von Referaten und Prüfungen (vgl. V) oder schriftlich in Haus- und Abschlussarbeiten (vgl. VI). Im besten Fall vertritt man eigene Hypothesen und reflektiert dabei, welche Herangehensweise(n) man praktiziert hat. Man erlernt und benutzt wissenschaftliche Fachterminologie und hört auf, lebensweltlich und selbstbezogen zu argumentieren. Man lernt auch, dass man zum Lesen und Bearbeiten von Texten verpflichtet wird, die einem nicht unbedingt gefallen, und dass für das Äußern von Geschmacksurteilen und subjektiven Leseeindrücken im Studium (sei es in der Lehrveranstaltung, sei es in einer schriftlichen Arbeit) kein Platz ist. Privat kann es sie weiterhin geben.

Theorien und Methoden

Für die germanistische Tätigkeit stehen erstens Theorien zur Verfügung, die dazu dienen, sich immer wieder der Möglichkeiten des Sprechens über ihre Gegenstände zu versichern. Zweitens existieren philologische und strukturalistische Methoden für die Analyse von Text oder Sprache, zuweilen in Abhängigkeit von der jeweiligen, nicht zwangsläufig genuin literatur- oder sprachwissenschaftlichen Theorie. Im Bereich der Literaturwissenschaft reichen die Varianten von der Hermeneutik über den Positivismus, die Geistesgeschichte und die sog. Werkimmanenz bis hin zum Strukturalismus (beispielsweise in der Narratologie), während im sog. Poststrukturalismus (Diskursanalyse, Dekonstruktion) eine kritische, vermeintlich feststehende Strukturen und Kontinuitäten hinterfragende Haltung eingenommen wird. Diese Theorie geht von der Fragilität und Gemachtheit aller ontologischen Annahmen und Strukturvorgaben aus. Nur bedingt ist eine exakte historische Abfolge in der Methodengültigkeit erkennbar, denn nicht jede Vorgehensweise wird von einer folgenden abgelöst: So setzt beispielsweise der Strukturalismus nicht die Hermeneutik außer Kraft, auch wenn die Lernabfolge in literaturwissenschaftlichen Einführungsveranstaltungen dies zu suggerieren scheint. Mittlerweile kann sogar von einer Koexistenz verschiedener Zugangsweisen im Zeichen eines methodischen Pluralismus gesprochen werden. Die Wahl der Zugänge ist von der jeweiligen Fragestellung abhängig. Nicht zuletzt sind auch die gesellschaftlichen und politischen Zeitläufe für die Hervorbringung und Vorherrschaft einer Methode, wie beispielsweise der Sozialgeschichte der Literatur in den 1970er Jahren, verantwortlich. Je nach Herangehensweise werden hinsichtlich des Untersuchungsgegenstandes Text noch weitere Faktoren fokussiert: die Autorin, das Publikum/der Leser (so in der Rezeptionsästhetik) und die Sprache selbst, wenn man die sprachliche Verfasstheit des Textes in den Vordergrund rückt.

Am Beginn des Studiums mag die grundsätzliche Ergebnisoffenheit, also das Fehlen einer Letztbegründbarkeit von Ausführungen über den Gegenstand Literatur, befremdlich erscheinen. Dies hat zur Folge, dass man häufig mit modifizierten und aktualisierten Aussagen über einen gleichen Text oder über Werkgruppen konfrontiert wird. Von Seiten des Fachs werden die Aktualisierungen häufig als ‚turn', als Wende unter veränderten methodischen Gesichtspunkten diskutiert. So hat beispielsweise der zunächst aus der Architektur herkommende *Spatial Turn* in den letzten Jahren dazu geführt, dass die Semantisierung von Räumen untersucht wurde. Grob zusammengefasst meint man damit die Konstituierung von Bedeutung über Raumkonzeptionen. Allerdings wurden Erzähltexte schon immer unter den Kategorien von Zeit-Raum-Konstituenten betrachtet. Solche Neuperspektivierungen betreffen häufig ganze Fächergruppen des kulturwissenschaftlichen Spektrums. Sie geschehen bei gleichzeitiger Verfügbarkeit gesicherter, als verbindlich erarbeiteter Wissensbestände. Während des Studiums reichert sich das Wissen über Theorie durch den Einblick in die relevanten theoretischen Texte immer weiter an, ohne je komplettiert werden zu können.

Studierende erfahren hierbei, dass Theorien und die mit ihnen im Zusammenhang stehenden Methoden nicht lediglich unterschiedlich, sondern auch gegensätzlich sein können, selbst wenn sie am gleichen Gegenstand arbeiten. Dazu sind die einen textferner, die anderen textnäher, so dass man es insgesamt mit einem vielfältigen Spektrum an Zugängen zu tun bekommt. Das Germanistik-Studium ist auch eine Einladung, die Leistungsfähigkeit der Herangehensweisen selbst auszuprobieren und einzuschätzen.

In literaturwissenschaftlichen Disziplinen ist also viel von Theorien und Methoden die Rede. Das geschieht nicht zum Selbstzweck: Das Verfügen über Theorien und Modelle und deren Diskussion und Weiterentwicklung ist integraler Bestandteil der Germanistik als Literatur- und Kulturwissenschaft und damit Bedingung für ihren Status als Wissenschaft überhaupt. Für Studierende verbirgt sich hierin der entscheidende Unterschied von Deutsch in der Schule zum universitären Fach. Konkret ist gemeint, dass es bei der Besprechung von literarischen Texten nicht genügt, die Verfasserin/den Verfasser vorzustellen, den Inhalt zu referieren, eine Beschreibung der Form abzuliefern sowie eine textimmanente Analyse zu geben.

Das Disparate und auch Ungleichgewichtige dessen, was zur wissenschaftlichen Auseinandersetzung mit der Literatur herangezogen werden kann, bemerkt man an folgender Zusammenstellung: Der amerikanische Literaturwissenschaftler Jonathan Culler listet in seinem Band *Literaturtheorie. Eine kurze Einführung* (*Literary Theory*, 1997/2002, S. 12f.) als beitragende Fächer für die Literaturtheorie „Anthropologie, Filmwissenschaft, Geschlechterdifferenz, Kunstgeschichte, Philosophie, Politikwissenschaft, Psychoanalyse, Sozial- und Geistesgeschichte, Soziologie, Sprachwissenschaft" und „Wissenschaftsgeschichte" auf.

Theoriebeispiel Gender Studies

Greift man etwa den Terminus ‚Geschlechterdifferenz' heraus, trifft man auf die Philosophin Judith Butler als Schlüsselautorin der entsprechenden Theoriebildung mit ihrem Text *Das Unbehagen der Geschlechter* (*Gender Trouble*, 1990/1991) und damit auf wissenschaftliche Fragestellungen der Politikwissenschaft und der Soziologie, der Psychoanalyse, der Rhetorik und der Filmwissenschaft. Übertragbar auf mittelalterliche wie auf moderne literarische Texte sind aus dieser komplexen Fokussierung nicht etwa unmittelbar literaturbezogene Beobachtungen Butlers, sondern Aspekte, Fragestellungen und Kategorien unterschiedlicher Ebenen, die an literarische Texte herangetragen werden können: Mode, Sprache, Fragen von Macht, Ordnung und Kategorisierung, Fragen von Körperlichkeit und Individualität, schließlich Fragen von Inszenierung und Performativität. Dieser Komplex kann dann zu Beobachtungen am Text selbst führen (Inhalt, Figuren, Stil etc.), aber auch zu Einsichten darüber, in welchen Zusammenhängen ein Text bei seiner Entstehung steht und in welche Zusammenhänge er später im Hinblick auf seine Rezeption immer wieder neu gestellt werden kann.

Klar wird dabei, dass daraus nicht unbedingt eine definitive Anleitung entsteht, wie Texte und Theorie und Methoden im Einzelnen aufeinander bezogen werden können.

Ältere Germanistik

Für das Teilgebiet, welches die deutsche Literatur und Sprache von ihren Anfängen im 8. Jahrhundert bis ins 16. Jahrhundert zum Gegenstand hat, existieren neben den Bezeichnungen Altgermanistik, Ältere Germanistik und Ältere deutsche Literaturwissenschaft, die die Grenzen zur Neueren Germanistik markieren, die Bezeichnungen Mediävistik oder germanistische Mediävistik (nach lateinisch *medium aevum* für Mittelalter). Der Begriff Mediävistik benennt allerdings streng genommen nur den Entstehungszeitraum der untersuchten Objekte und noch nicht deren Beschaffenheit: So könnte darunter auch beispielsweise mittelalterliche Geschichte verstanden werden. Um den vom Fach berücksichtigten Gegenständen und Zeiträumen selbst exakter Rechnung zu tragen, wird der Teilbereich mittlerweile häufig auch umfassender (germanistische) Mediävistik und Frühneuzeitforschung genannt. Die letztgenannte Variante spiegelt eine Interessensverschiebung innerhalb des Faches selbst wider, indem sie zeigt, dass in jüngerer Zeit verstärkt auch die Texte des ausgehenden Mittelalters und der Frühen Neuzeit in den Fokus der mediävistischen Forschung gerückt wurden.

Handschriftliche Überlieferung

Das Außergewöhnliche an der Mediävistik ist, dass die meisten ihrer Textexemplare, die vor der Erfindung des Buchdrucks immer handschriftlich fixiert wurden, durch diese spezielle Überlieferungssituation gewissermaßen einmalig sind. Im Studium wird zwar mit Textausgaben gearbeitet (vgl. IV.2), hinter den auf diese Weise leicht zugänglich gemachten Texten verbergen sich aber stets Unikate von Büchern, häufig Texte aus nur in einem Exemplar existierenden Sammelhandschriften von unschätzbarem Wert.

Erstellung von Textausgaben

Nach wie vor macht demnach die Edition, die philologische Bearbeitung vor allem des handschriftlich überlieferten Schrifttums mit Kommentaren und Übersetzungen in handhabbaren Ausgaben, einen wichtigen Teil der mediävistischen Arbeit aus; dies nicht zuletzt deshalb, weil die Textrekonstruktion, wie sie mit dem Namen Karl Lachmann verbunden ist, als überholt gilt: Hier haben Revisionen zu Neuerungen geführt, z. B., indem Überlegungen zur jeweiligen einzelnen Überlieferung, zur Medialität, zum Textbegriff und zum Paradigma von Mündlichkeit und Schriftlichkeit innerhalb der mittelalterlichen Kultur bei der Gestaltung von Ausgaben berücksichtigt werden. Auch die elektronische Publikation und die öffentliche Zugänglichkeit mittelalterlicher Texte, zum einen als Digitalisate von Handschriften, zum anderen als elektronische Textversionen, sind Gegenstand von Diskussionen.

Mediävistische Herangehensweisen

Die germanistische Mediävistik nimmt, philologisch und gleichzeitig umfassend kulturwissenschaftlich verstanden, eine mittlere Position zwischen Literaturwissenschaft und Teilbereichen benachbarter Disziplinen ein. Die in der Mediävistik praktizierten Vorgehensweisen können häufig keine rein literaturwissenschaftlichen sein. Dies ist ein Sachverhalt, der dem besonderen Status der mittelalterlichen Literatur geschuldet ist. Spielt hierbei auch die materielle Beschaffenheit des jeweiligen Gegenstandes eine Rolle, sind die Nachbar- bzw. Hilfsdisziplinen wie Handschriften-, Einband- und Buchkunde zu berücksichtigen.

Die Mediävistik profitiert zudem insbesondere von der Geschichtswissenschaft und ihren Orientierungen (wie Sozial- und Mentalitätsgeschichte), aber auch von ihren Hilfswissenschaften wie beispielsweise Archäologie oder Paläographie. Daneben spielen Ethnologie und Anthropologie, Theologie und Philosophie eine Rolle, nicht zuletzt die Kunstgeschichte, in jüngerer Zeit verstärkt diskutiert unter den Aspekten der neu entstehenden Disziplin der Bildwissenschaft. Ohne wissenschaftliche Kontextualisierung und damit ohne historische Einbettung können die Inhalte der mittelalterlichen Texte in der Volkssprache kaum verstanden und eingeordnet werden. Denn es handelt sich um eine tief im Christentum verwurzelte, klerikal getragene und gleichzeitig in weiten Teilen um eine dem elitären Raum des Hofes, später auch der Stadt verpflichtete Kultur einer Oberschicht. Kontakte zur Geschichte und zu benachbarten Philologien wie der Älteren Romanistik und Anglistik, aber auch zur Latinistik tragen der Tatsache Rechnung, dass es sich um im europäischen Raum über Jahrhunderte im Anschluss an Antike und Spätantike sich herauskristallisierende, ‚übernationale' Kulturphänomene handelt. Weitere Aspekte der Transkulturalität, die sich aus dem Kontakt und Austausch mit der arabischen und mit der byzantinischen Kultur im Mittelalter ergeben, können zu Bezügen zur Byzantinistik und Arabistik führen, um nur einige Möglichkeiten anzusprechen, den herausfordernden Verständnishorizont mittelalterlicher Texte zu umreißen.

In der Anwendung von Theorien und Methoden vom Positivismus über die Hermeneutik bis hin zu medien- und kulturwissenschaftlichen Ansätzen sind die Ältere und die Neuere deutsche Literaturwissenschaft durchaus vergleichbar. Dennoch ist ein Ungleichgewicht in der Anwendung moderner Paradigmen auf vormoderne Texte zu beachten. Eine theoretische Herangehensweise, die den chronologischen Unterschieden in besonderem Maße gerecht zu werden sucht, ist das Konzept von *Alterität und Modernität der mittelalterlichen Literatur*, das auf den Romanisten Hans Robert Jauß (1977) zurückgeht. Es erkennt die fundamentale Andersartigkeit der Epoche gegenüber der Neuzeit in allen Lebenszusammenhängen, speziell jedoch im Hinblick auf die Literatur und deren Verstehenshorizonte. Zugleich sind aber auch die Kontinuitäten zu erkennen, die sich in kulturellen Entwicklungslinien von der Antike und Spätantike über das Mittelalter bis zur Neuzeit abzeichnen. Spezifisch mediävistische Paradigmen sind häufig kulturwissenschaftlicher oder kulturhistorischer Prägung, weil sie von der Materialität ihrer Gegenstände ausgehen. Stets geht es nämlich auch um die Beziehung zwischen Mündlichkeit und Schriftlichkeit, die in Kategorien wie der semioralen (halbmündlichen) Kultur formuliert wird.

Fremdheit der Texte

Der Umgang mit den fremd anmutenden Textzeugen verlangt Studierenden zunächst das Beherrschen älterer Sprachstufen des Deutschen bis hin zum Frühneuhochdeutschen ab. Die meisten der im mediävistischen Studium zu behandelnden Texte gehört dem Mittelhochdeutschen an. Die gewissermaßen handwerklichen Fertigkeiten für den Umgang mit den Texten sind Voraussetzung für das Fortkommen im Teilfach (vgl. IV.2) und werden in eigenen Einführungsveranstaltungen vermittelt. Zur Notwendigkeit, Kenntnisse des Mittelhochdeutschen zu erwerben, kommt die Erfordernis, sich an die spezielle Form der mittelalterlichen Dichtung zu gewöhnen, die nicht nur ihre lyrischen, sondern auch die meisten ihrer epischen Texte in Versform übermittelt. Und auch wenn am Übergang zur Neuzeit die frühneuhochdeutschen Texte aus dem Buchdruck schließlich in Prosa verfasst werden, steht das Frühneuhochdeutsche der eigenen Sprache nicht automatisch näher. Die Werke dieser Sprachstufe stellen für Studierende in nicht minderem Maß eine neue sprachliche, aber auch thematisch neue Welt dar, die einigen Reiz zum Einlesen ausstrahlt.

Neuere Germanistik

Das Teilgebiet der Neueren germanistischen Literaturwissenschaft teilt sich mit der Mediävistik als Objekte die Texte des 16. Jahrhunderts. Der Zuständigkeitsbereich des Teilfachs erstreckt sich zeitlich auf literarische Werke von den Zeugnissen des frühen Buchdrucks bis in die Gegenwart. Um 1800 hat sich die Unterscheidung in die drei Gattungen Epik, Lyrik und Dramatik etabliert. Die Literaturgeschichte orientiert sich zumeist an ihr, um die unüberschaubare Masse an Werken zu gliedern. Lange Zeit befasste sich das Teilfach nur mit genuin literarischen Texten, die dem Kanon der Literaturgeschichte angehörten: also sog. Höhenkammtexten, an denen sich das Spezifische einer Epoche und formgeschichtliche Neuerungen aufzeigen lassen. Die Ausrichtung am Kanon hat seit den 1970er Jahren, bedingt auch durch politische Einflüsse, eine Erweiterung erfahren um Bereiche von Schriftgut und Kultur, die nicht nur vom sog. Bildungsbürgertum rezipiert wurden. Zu den Untersuchungsgegenständen gehören seitdem auch die Trivialliteratur sowie periodische Printmedien wie Zeitungen und Zeitschriften, daneben Textproduktionen, die durch Medien wie Radio und Fernsehen, in jüngster Zeit über das Internet in die Öffentlichkeit gelangen. Zu den neueren Beobachtungsfeldern zählen überdies noch das Kinder- und Jugendbuch als eine auf spezifische Rezeptionsgruppen bezogene Literatur sowie die Gegenwartsliteratur, für die sich die Germanistik erst seit den 1960er Jahren genauer interessiert. Da es sich hierbei um die jeweils aktuelle Produktion handelt, geht es also um Literatur, deren Stellung in der Literaturgeschichte noch nicht geklärt ist und gerade auch deswegen ein spannendes Themenfeld darstellen kann (vgl. IV.4). Hier liegen häufig Überschneidungen zur Literaturkritik vor, wobei nun auch verstärkt der Literaturbetrieb selbst in seinem Funktionieren von der Vergangenheit (seit dem 18. Jahrhundert) bis zur Gegenwart in den Blick genommen wird.

Seit den 1960er Jahren, die eine Ausweitung des Gegenstandsbereichs zur Folge hatten, erklären sich Literaturwissenschaftler in ihrem Selbstverständnis als Kultur- und Medienwissenschaftler auch zuständig für weitere ‚Text'-Zeugnisse: etwa für Filme oder Computerspiele als medienspezifischen Phänomenen, in denen im weitesten Sinn ‚erzählt' wird. Die diesen Textsorten eigenen audiovisuellen Merkmale sind allerdings auch in älteren literarischen Formen zu beobachten, wenn beispielsweise das Fastnachtsspiel aufgeführt oder das Hörspiel gesendet wird.

Die Neuere Germanistik setzt als Wissenschaft erst am Ausgang des 19. Jahrhunderts ein, deutlich später also als ihre mit den früheren Jahrhunderten beschäftigte Schwester, die sich bereits seit Beginn des 19. Jahrhunderts als akademische Disziplin in Form einer germanistischen Fachprofessur an der neu gegründeten Berliner Universität etabliert.

Auch zur Neugermanistik gehört neben den in I.3 angedeuteten Beobachtungsfeldern die editorische Arbeit als Teil philologischer Praxis, also die Herstellung von gültigen und kommentierten Ausgaben. Fragen der Periodisierung nach kleinteiligeren Epochen spielen ebenso eine Rolle wie Gattungsdiskussionen und autorbezogene Untersuchungen, weil die Materialbasis durch die Überlieferungsgeschichte derartige Differenzierungen im Prozess eines ungeheuren Wissenszuwachses erzwingt. Die Neugermanistik hat sich bereits seit den 1920er Jahren, verstärkt dann seit den 1960er Jahren neuen Theorien geöffnet, so dass hier vergleichsweise früh Fragen der Narratologie und weiterer Strukturbeobachtungen im historischen Kontext erprobt wurden. In den 1980er Jahren setzte sich Kritik am Strukturalismus auch in Deutschland durch, u.a. durch Infragestellung des Autors im Gefolge der Rezeption des französischen Poststrukturalismus (Barthes, Foucault). Diese Rede vom ‚Tod des Autors' wurde dann seit 2000 im Zeichen einer analytischen Literaturwissenschaft durch die ‚Rückkehr des Autors' wieder revidiert.

Vorher, in den 1970er Jahren, dominierten Fragen nach der sozialgeschichtlichen Kontextualisierung von Literatur: Dazu gehörte die Publikumsforschung und die Rezeptionsästhetik, daneben Fragen der Literatursoziologie (Buchmarkt und andere Distributionssysteme). Im Zeichen der Aufnahme strukturalistischer Modelle wurden die Theorien der Intertextualität und Intermedialität ausgearbeitet. Die erste nimmt die Bezugnahme literarischer Texte auf andere Texte in den Blick: Hier könnte man an Lessings Drama *Emilia Galotti* in Goethes *Werther*-Roman denken (vgl. I) oder an die Textstelle in Wirnts von Gravenberc *Wigalois,* an der aus der Trojageschichte vorgelesen wird. Die zweite Theorie fokussiert die Bezugnahme auf andere Medien (Rundfunk, Film, Bildende Kunst, z.B. in Form von Bildbeschreibungen innerhalb von Erzählungen). Der Prozess der Anreicherung in Gestalt neuer Fragestellungen durch neue Theorien und Erkenntnisse anderer Disziplinen, wie sie oben bereits für die Mediävistik skizziert wurde, ist längst nicht abgeschlossen, denkt man an die Rezeption der Systemtheorie (Luhmann) oder an den erwähnten *Spatial Turn* zur neu perspektivierten Auseinandersetzung mit literarischen Texten im kulturgeschichtlichen Zusammenhang. Der Prozess ist eigentlich unabschließbar, und dies ist es, was die Wissenschaft vorantreibt.

Die Theorie- und die Methodenreflexion, das Nachdenken über die Tragfähigkeit und Anwendbarkeit von Modellen und Ansätzen und gegebenenfalls auch die Revision von Zuordnungen, Systematisierungen und Vorgehensweisen sind als Methodologie ebenfalls Aufgaben der Germanistik. Dazu gehört auch die Geschichte der Disziplin im Blick auf die Ausdifferenzierung in Teilfächer und die im historischen Verlauf jeweils vorherrschenden methodischen Paradigmen.

Linguistik

Die Linguistik als Teilbereich des Studienfachs Germanistik stellt im engeren, d.h. traditionellen Sinn die germanistische, auf eine Einzelsprache ausgerichtete Sprachwissenschaft dar. In der Regel wird innerhalb des Studiums nochmals die historische Sprachwissenschaft abgetrennt, und zwar gemäß der durch den Sprachwissenschaftler Ferdinand de Saussure eingeführten Paradigmen als Diachronie im Unterschied zu synchronischer Sprachbetrachtung. Die diachronische Sprachbetrachtung beobachtet und beschreibt Veränderungen von Sprache und sprachlichen Phänomenen, also den Sprachwandel über Zeiträume hinweg und interessiert sich als Etymologie auch für die historische Bedeutung in der Verwendung sprachlicher Zeichen. Die Synchronie untersucht hingegen den Sprachstand innerhalb einer Sprachstufe.

Untersuchungsgegenstände

Die Ebenen der Fokussierung und die typologische sprachwissenschaftliche Betrachtung differenzieren objektwissenschaftlich. Dies gilt sowohl für Diachronie als auch für Synchronie: Die Semantik kümmert sich um die Bedeutungen sprachlicher Zeichen, die Lexik beziehungsweise Lexikologie ist für den Wortschatz und auf dieser Ebene ebenfalls für Bedeutungen zuständig. Syntax und Grammatik, die nicht auf einer Ebene anzusiedeln sind, beschäftigen sich mit dem Satzbau und den Funktionen der Wörter im System des Satzes, Morphologie mit den Formen und Flexionen von Wörtern im Sprachgebrauch, Phonologie mit den Lauten als Differenz- und Bedeutungskriterien und Phonetik mit der Materialität der Laute innerhalb mündlicher Artikulation von Sprache. Das Stichwort Pragmatik weist bereits auf die Beobachtung der kommunikativen Verwendung von Sprache im Akt des sprachlichen Handelns hin und damit auch bereits auf Aspekte der sozialen Interaktion, die in Richtung Sprachsoziologie einerseits und Kommunikationsforschung andererseits zielen.

Im Allgemeinen setzen die Untersuchungen der Sprachwissenschaft beim einzelnen Laut bzw. beim kleinsten isolierbaren Zeichen an. Das Wort stellt schon ein komplexes, weil zusammengesetztes Objekt dar. Die Grenze der Zuständigkeit, die in der sog. Systemlinguistik zuweilen mit der Einheit des einzelnen Satzes gesehen wird, wird durch linguistische Teilgebiete wie die Textlinguistik überschritten. Sie widmet sich der Frage nach der Kohärenz und Kohäsion (des logischen Zusammenhangs auf inhaltlicher und sprachlicher Ebene) aller Arten von Texten. Auch die Beschäftigung mit Gesprächssituationen in unterschiedlichen Zusammenhängen (mündlich, schriftlich, elektronisch; Alltag, Wirtschaft, Wissenschaft) hebt diese Grenze der Systemlinguistik im Zeichen von Kommunikationsforschung auf.

Angewandte Linguistik

Die Angewandte Linguistik kann sich im Anschluss an Kognitionswissenschaft, Neurowissenschaften und Psychologie Sprachverarbeitungsprozessen widmen, um beispielsweise Fragen des Spracherwerbs im Hinblick auf Erst-, Zweit- und Fremdsprachenlernen oder des Schrifterwerbs nachzugehen. Die sprachwissenschaftliche Annäherung an kognitionswissenschaftliche und neurobiologische Fragen weist auch in die Richtung der Computerlinguistik.

Allgemeine Linguistik

Im übergeordneten, ganz allgemeinen Sinn meint Linguistik jedoch noch Umfassenderes, indem sie sich als theoretische Wissenschaft, als Metawissenschaft und Grundlagenreflexion zur Logik, Funktions- und Leistungsfähigkeit der menschlichen Sprache überhaupt begreift und sich dabei mit der Semiotik (Zeichentheorie) überschneidet. Insofern ist die Linguistik Teilgebiet einer übergeordneten Disziplin, die als allgemeine Wissenschaft der Zeichen und ihres Gebrauchs verstanden werden kann, indem sie alle Arten von Zeichensystemen und deren Funktionsweisen untersucht. So grundlegend verstanden, ist die Linguistik auch an der Erstellung einer sog. Universalgrammatik interessiert, mit deren Hilfe sich einzelsprachenunabhängige grammatische Universalien, also allgemein gültige Aussagen über Strukturen der Sprache beschreiben und begründen lassen. Damit rückt sie in disziplinäre Nähe zur Sprachphilosophie bzw. zur Philosophie im erkenntnistheoretischen Horizont.

# 2. Studienalltag

Immatrikulation

Das Studium beginnt mit der Immatrikulation, der Einschreibung an der Universität, nachdem man für einen bestimmten Studiengang zugelassen wurde. An manchen Universitäten ist ein Studienbeginn nur zum Wintersemester möglich. Unabhängig davon, ob man sich um einen Studienplatz bewerben und ein Zulassungsverfahren durchlaufen muss oder sich einfach einschreiben kann, gibt es hier unverrückbare Fristen. Dies ist auch für die Rückmeldung zu jedem nächsten Semester so. Zunächst bekommt man es hierbei mit einer meist zentralen Studierendenverwaltung (als Anlaufstelle für alle Fragen der Zulassung) zu tun, lange bevor die erste Lehrveranstaltung beginnt.

Institutssekretariate

Auch in den Instituten trifft man, v.a. in den Sekretariaten, auf das sog. nichtwissenschaftliche Personal, das auf der Ebene der Verwaltung für Studierende zuständig ist. Meistens weiß man im Institutssekretariat über alle Sachverhalte Bescheid, die den laufenden Unterrichts-, Sprechstunden- und Prüfungsbetrieb im Fach betreffen. Dort erhält man als Studierender zu den jeweiligen Öffnungszeiten Auskunft. Bevor man aber wegen jeder Kleinigkeit die nette, immer hilfsbereite Sekretärin in Anspruch nimmt, sollte man abwägen, ob man das Problem nicht selbst einer Lösung zuführen kann. Bedenkt man, dass zum erfolgreichen Absolvieren eines Studiums auch das Überwinden organisatorischer und bürokratischer Hürden gehört, versucht man als Studierender zunächst, mithilfe vorhandener Hilfsmittel (Adressverzeichnisse, Studienführer, Studienpläne/-handbücher, Vorlesungsverzeichnisse, Sprechstundenlisten, Notenlisten, gedruckt, elektronisch, per Aushang) das Studium und alles, was dazu gehört (z.B. BAföG, Auslandssemester etc.) selbst in den Griff zu bekommen. An Instituten zirkulieren viele Gerüchte. Nicht hilfreich ist es, ihnen unkritisch zu folgen.

Beratungseinrichtungen

Für alles Mögliche gibt es an der Universität die spezielle Anlaufstelle und das entsprechende Beratungsangebot. Die jeweilige Fachschaft, die entweder fachbezogen oder fakultätsweit organisiert ist, nimmt die Vertretung der studentischen Interessen in den universitären Gremien wahr, bietet aber auch Betreuungs- und Kommunikationsangebote für Studierende an. Das Studentenwerk ist eine universitätsweite Einrichtung, die für Wohnheime, Mensaessen und Ähnliches zuständig ist; auch hier gibt es Beratung und Information insbesondere zu allem, was das studentische Dasein an der Universität außerhalb der Lehrveranstaltungen angeht (z.B. zur Finanzierung des Studiums, BAföG). Für psychische Probleme, z.B. bei Prüfungsangst oder anderen existentiellen Ausnahmesituationen, gibt es professionelle, überfachliche Beratungseinrichtungen.

Schließlich hilft das jeweilige Institut: Für studien- und fachbezogene Informationen und Betreuung sind, neben den Sekretariaten, das Lehrpersonal in persönlichen Sprechstunden (auch in Funktion eigens definierter Fachstudienberater) und in den Lehrbetrieb integrierte Studierende als Ansprechpartner zuständig (Mentorinnen, Tutoren). Tutorien finden als Begleitkurse oft zu den verpflichtenden Einführungsveranstaltungen statt. Hier wird in kleineren Gruppen der behandelte Stoff, häufig im Hinblick auf Klausuren, wiederholt und vertieft. Mentoren können, je nach Definition dieser Funktion, fachliche und organisatorische Einzelfallberatungen geben oder propädeutische Veranstaltungen abhalten, innerhalb derer wissenschaftliches Arbeiten geübt wird.

Organisation des Studiums

Auch wenn das Studium in den BA-Studiengängen einen hohen Organisationsgrad aufweist, ist hier Umgewöhnung von der Schule nötig: Man sitzt nicht von 8 bis 13 Uhr und dann am Nachmittag nochmals im Klassenzimmer. Stattdessen ist jede universitäre Veranstaltung eine organisatorische Einheit, die auch mal zu späten Abendstunden oder an Wochenenden in Blockveranstaltungen stattfinden kann. In den meisten Fällen findet sie einmal pro Woche statt und dauert meist 90 Minuten, gezählt als zwei Semesterwochenstunden (SWS). Das Semester dauert, je nach Universität, zwischen 13 und 16 Wochen. Man muss selbst herausfinden, welchen Studiengängen die einzelne Veranstaltung für welchen Leistungsnachweis zugeordnet ist, aber auch, wo sie stattfindet und wann sie abgehalten wird. Freie Zeit zwischen Lehrveranstaltungen, die übrigens häufig dringend nötig ist, sollte fürs Lesen, Recherchieren, aber eben auch zur Erholung genutzt werden. Es kann zermürbend sein, komplette Tage mit Lehrveranstaltungen zu füllen, da man jede Seminarteilnahme einzeln vor- und nachbereitet. Die eigentliche Arbeit findet gerade außerhalb der Sitzungen statt: am Schreibtisch, in der Bibliothek oder wo immer man sich einen Platz zum Lesen und Schreiben einrichtet. Studienanfänger neigen dazu, zu viele Veranstaltungen zu belegen, da ihnen das Pflichtprogramm als zu gering im Umfang erscheint, wenn der Stundenplan ‚Lücken' aufweist und der Vor- und Nachbereitungsbedarf unterschätzt werden.

Lehrveranstaltungstypen

Lehrveranstaltungen sind standardisiert. Man unterscheidet Vorlesungen, Seminare und Übungen. Die jeweilige Bezeichnung weist in einem gewissen Grad auf die in der Veranstaltung praktizierte Organisationsform hin, doch sind die Unterschiede bezüglich der Unterrichtsstile und Gestaltungsformen der Vorlesungen, Seminare, Übungen und Kolloquien von Dozentin zu Dozent immens, auch wenn es sich um dem Titel nach identische Lehrveranstaltungen handelt. Da die einzelnen Typen kompatibel sein müssen mit der jeweils geltenden Studien- und Prüfungsordnung und diese zudem unterschiedlichen Niveaus zugeordnet werden, sei hier lediglich auf den konsekutiven Ablauf des Studiums (vgl. II.3) mit den entsprechenden Veranstaltungsbezeichnungen für Studienabschnitte verwiesen: Proseminare besucht man im Grundstudium, Hauptseminare im Hauptstudium, also in der Regel ab dem fünften Semester. Anders Vorlesungen: Diese sind oft in den Pflicht- und Wahlpflichtveranstaltungskatalog der Studienordnung integriert, können aber als Veranstaltungstyp zu jedem Zeitpunkt im Studium besucht werden. Wenn, wie es sinnvoll ist, der Vorlesungsbesuch konsequent nachbereitet wird, ist zwar der Aufwand hoch, ebenso aber auch der Informationsgewinn. In Vorlesungen wird Überblickswissen über größere Zusammenhänge (z. B. eine Epoche, eine Gattung) vermittelt, im besten Fall auf neuestem Stand der Forschung.

Hierin besteht die basale Unterscheidung der Lehrveranstaltungen: Während Seminare grundsätzlich gemeinschaftlich zu organisierende und zu leistende, v. a. aber diskursive und hoffentlich auch interaktive Veranstaltungen sind, in denen Beiträge der Studierenden explizit eingefordert werden, wird in Vorlesungen in der Regel tatsächlich von einer Professorin oder einem Professor vorgetragen. Dies und die Tatsache, dass insbesondere hier über die Dauer von 90 Minuten Wissenschaftssprache gesprochen und kaum auf die Rezeptionskompetenzen der studentischen Zuhörer geachtet wird, markieren zu Studienbeginn ebenfalls einen deutlichen Unterschied zum Schulunterricht.

Pflicht und Wahlpflicht

Das Studium beginnt mit dem Belegen von sog. Einführungen, meist getrennt in den drei Teilgebieten und meist innerhalb des ersten Studienjahres zu absolvieren. Sie sind als Einführungsseminare oder Einführungsmodule bezeichnet (Einführung in die Linguistik etc.). Sie stellen absolute Pflichtveranstaltungen dar, zu deren Absolvieren es keine Alternativen gibt. Inhaltlich vermitteln sie die Grundlagen des Fachteils, die dann in den weiteren Veranstaltungen zur Anwendung kommen. Im literaturwissenschaftlichen Bereich wird hier neben Theorie und Methode auch ein historisch-chronologisch oder epochenexemplarisch angelegtes Pensum an Primärliteratur bewältigt. Von der Veranstaltungsleitung wird auf entsprechende einführende Literatur verwiesen (z. B. Jürgen H. Petersen/Martina Wagner-Egelhaaf: Einführung in die neuere deutsche Literaturwissenschaft. Ein Arbeitsbuch, 8., neu bearb. Aufl., Berlin 2009; Hilkert Weddige: Einführung in die germanistische Mediävistik, 7. Aufl., München 2008; Jörg Meibauer u. a.: Einführung in die germanistische Linguistik, 2. Aufl., Stuttgart 2007).

Wahlpflicht bedeutet hingegen, dass hier nur das Belegen des Typus der Veranstaltung Pflicht ist und man pro Semester aus einem Angebot themenorientierter Lehrveranstaltungen auswählen kann (z. B. ein mediävistisches Proseminar mit dem Titel *Hartmann von Aue: Iwein und Erec*, ein neugermanistisches Proseminar zum Thema *Pop-Literatur 1968/1995–2000*, ein linguistisches Proseminar *Probleme der Semantik*).

Studium Generale, Gastvorträge, Vorlesungsreihen

Über das eigentliche Lehrangebot hinaus bietet die Hochschule permanent weitere Veranstaltungen, zu deren Besuch man durch die Mitgliedschaft in der Universität eingeladen ist. Es gibt das Studium Generale, ein Allgemeinbildung vermittelndes Konzept mit großer Tradition, das aus Lehrveranstaltungen aller Fakultäten bestückt wird. Hier kann man, ohne Spezialist sein zu müssen, Einblicke in die unterschiedlichsten Fächer bekommen. Außerdem lädt die eigene Institution, die Fakultät oder ein Lehrstuhl zu einzelnen Veranstaltungen oder ganzen Serien in Form von Ringvorlesungen ein. Bei Gastvorträgen hat man Gelegenheit, Wissenschaftlerinnen und Wissenschaftler anderer Universitäten oder außeruniversitärer Einrichtungen mit ihren jeweiligen Forschungsperspektiven kennenzulernen und sieht so, den persönlichen Horizont erweiternd, über den Tellerrand der eigenen Hochschule hinaus.

Studien- und Prüfungsordnungen

Studien- und Prüfungsordnungen sind rechtzeitig zur Kenntnis zu nehmen: Sie informieren über Art und Zeitpunkt der im Studienverlauf zu belegenden Veranstaltungen sowie über zu erbringende Leistungsnachweise und Prüfungen. Die Ordnungen regeln verbindlich alle den Verlauf und den Abschluss eines ‚ordentlichen' Studiums betreffenden Details. Die darin festgelegten Ziele, Anforderungen, Bewertungen, aber auch die Regelstudienzeit und Fristen sind im Einzelnen so relevant, dass man am besten gleich zu Beginn des Studiums ein eigenes Exemplar der zu diesem Zeitpunkt geltenden Ordnung besitzt (meist über die Homepage des Instituts online verfügbar). An jeder Universität gelten eigene Studien- (StudO) und Prüfungsordnungen (PO) oder eine kombinierte Studien- und Prüfungsordnung (StudPO) für jedes Fach bzw. jeden Studiengang. Wo Studien- und Prüfungsordnung getrennt vorliegen, bildet die Prüfungsordnung die Grundlage für die Studienordnung.

Die Hochschulen in der Bundesrepublik geben sich die an ihnen geltenden Ordnungen jeweils autonom, während die Hochschulrektorenkonferenz (HRK) bundesländer- und hochschulübergreifend die Bedingungen, z.B. in Form sog. Rahmenprüfungsordnungen absteckt.

Universitäten fallen, wie Bildung im Allgemeinen, in die Zuständigkeit der Länder und sind dort dem für Forschung und Wissenschaft zuständigen Ministerium zugeordnet. Dennoch gibt es neben der HRK weitere länderübergreifende Gremien, die an der Hochschulentwicklung beteiligt sind. Dazu zählen die Kultusministerkonferenz (KMK), der Wissenschaftsrat und die Deutsche Forschungsgemeinschaft (DFG). Was die das Lehramt betreffenden Studien- und Prüfungsordnungen angeht, ist das Kultusministerium durch seine Verantwortung für das Schulwesen des jeweiligen Bundeslandes involviert, soweit dieses Studium noch mit dem Staatsexamen abgeschlossen wird. Ministerialverordnungen bezüglich der Lehramtsprüfungen wiederum ziehen universitäre Studien- und Prüfungsordnungen nach sich. Die unmittelbare Beteiligung staatlicher Stellen sowohl durch die Verordnungen über die Erste Staatsprüfung für das Lehramt als auch durch die Entsendung von Vertreterinnen aus dem Schuldienst als Repräsentantinnen des Staates in den Abschlussprüfungen resultiert aus dem Sachverhalt, dass Lehramts-Studierende in aller Regel ein Arbeitsverhältnis beim Staat anstreben: Die staatliche Gewalt prüft ihre zukünftigen Angestellten und Beamten.

Lehrveranstaltungen und akademische Grade

Die Bezeichnung und Veranstaltungsform ist meist verknüpft mit dem akademischen Rang des Personals. Während in der Regel nur eine Professorin oder ein Professor, genauer gesagt mit der Lehrbefugnis ausgestattetes Personal Vorlesungen, Hauptseminare, Oberseminare und Kandidatenkolloquien zur Betreuung von Studierenden kurz vor dem Studienabschluss durchführt, werden vom sog. Mittelbau meist nur Einführungs- und Proseminare abgehalten. Dem liegt eine einfache Logik zugrunde: Mit der Habilitation oder einer ähnlichen Qualifikation (z.B. der positiven Evaluation einer Juniorprofessur), die sich in Titeln wie Professor oder Privatdozent (PD) niederschlagen, erwirbt man die *venia legendi*, also die Befugnis zur selbständigen Lehre und die Berechtigung, Abschlussprüfungen in einem definierten Teilbereich abzunehmen. Dies wird für Studierende vor allem dann relevant, wenn man sich im Hinblick auf die Abschlussprüfung Gedanken über in Frage kommende Prüfer macht (vgl. V).

Universitäres Lehrpersonal

Das universitäre Lehrpersonal, auf das man bei Lehrveranstaltungen und in Prüfungen trifft, ist in dem Sinne spezialisiert, dass es jeweils einem der germanistischen Fachbereiche zugeordnet ist, die an den meisten Universitäten von getrennten Abteilungen mit klar definierten fachlichen und organisatorischen Zuständigkeiten betrieben werden. Das Fachpersonal verfügt, wie bereits angedeutet, über graduell unterschiedliche wissenschaftliche Qualifikationen, die eine Hierarchie in der Ausfüllung von Stellen und der Zuordnung von organisatorischen oder verwaltenden Aufgaben begründet. Professoren sind in der Germanistik meist habilitiert und üben in der Regel leitende Funktionen aus. Sie sind berechtigt, alle Arten von Lehrveranstaltungen durchzuführen.

Die Mitglieder des sog. Mittelbaus, auch akademischer oder wissenschaftlicher Dienst genannt, sind als Nachwuchswissenschaftler häufig promoviert und arbeiten an der nächsten Qualifikationsschrift, der Habilitation, um damit die Lehr- und Prüfungsbefugnis im Teilfach zu erlangen. Es kann aber auch sein, dass sie noch dabei sind, eine Dissertation zu verfassen, die zur Promotion gehört. Meistens haben Vertreterinnen des Mittelbaus neben Lehrverpflichtungen und der Forschungstätigkeit noch Aufgaben in Studienorganisation, Verwaltung, Beratung.

Nicht jede Person, die an der Universität Lehrveranstaltungen leitet, ist zwangsläufig dauerhaft an der Universität angestellt. Nachwuchswissenschaftler haben in der Regel nur Zeitverträge, die den genannten Qualifikationen dienen. Lehrbeauftragte schließlich werden z.B. lediglich für das Abhalten einzelner Lehrveranstaltungen herangezogen und sind häufig hauptberuflich in einem außeruniversitären Bereich oder an einer anderen Hochschule tätig.

Aufgaben des Lehrpersonals

Innerhalb seines jeweiligen Teilbereiches betreut das wissenschaftliche Fachpersonal Studierende und bietet Lehrveranstaltungen an, die es vorbereitet und nachbereitet (durch Lesen im Vorfeld, Erarbeiten eines Seminarplans, Zusammenstellung von Materialien, Betreuung der studentischen Beiträge, Prüfen, Korrigieren, Notenverwaltung); daneben ist es an der universitären Selbstverwaltung mit Gremienarbeit und an der Planung und Organisation von Studiengängen beteiligt. Gleichzeitig gehören aber auch die Teilnahme am Wissenschaftsbetrieb, also die Forschung, das Abfassen von Texten zur Darstellung von Forschungsergebnissen und die Teilnahme an Tagungen (zu beiden Aspekten vgl. III) zu den Aufgaben des wissenschaftlichen Personals. Es beherrscht demnach in jedem Fall die Grundlagen des Faches und verfügt dabei neben meist bekannten thematischen Orientierungen, die sich häufig am Lehrveranstaltungsangebot ablesen lassen, über eigene Forschungsschwerpunkte, an denen gerade allein oder in Forschungsverbünden gearbeitet wird. Das Verhältnis von Forschung und Lehre ist in den germanistischen Literaturwissenschaften relativ eng, Ergebnisse fließen schnell in die Lehrveranstaltungen ein. Jenseits der Einführungsveranstaltungen kann man daher bereits im Studium etwas über die Forschungsvorhaben erfahren, die an der Institution verfolgt werden.

Unterschiede der Lehrveranstaltungen zwischen den Universitäten

Das Lehrangebot im Fach Germanistik unterliegt trotz jeweils eigener Studien- und Prüfungsordnungen zumindest in den ersten Studienabschnitten, insbesondere in Form von Einführungen, einem gewissen Grad an inhaltlicher Übereinstimmung zwischen den einzelnen Universitäten. Dennoch können bereits die Gestaltung des grundsätzlich konsekutiv aufgebauten Studiums und die Zuordnung einzelner Veranstaltungen zu übergreifenden Modulen von Universität zu Universität einige Unterschiede aufweisen. Ähnlich verhält es sich mit den Inhalten von Lehrveranstaltungen: Auch hier liegt eine nur relative Vergleichbarkeit hinsichtlich der Themen und der Ausgestaltung an unterschiedlichen Universitäten vor. Denn die Lehre ist wie die Forschung durch ausgesprochen individuelle Stile von Dozenten geprägt. Die relative Nichtvergleichbarkeit ist eine Erfahrung, die Studierende bereits auf dem Niveau von Einführungen machen (müssen): Selbst wenn zwei Dozentinnen oder Dozenten ihre Veranstaltungen auf der identischen Textgrundlage fußen lassen, dasselbe Lehrwerk benutzen und denselben Semesterplan verwenden, werden das Behandelte und die Ergebnisse nie deckungsgleich sein. Was zunächst wie ein Problem klingt, weil man sich während des Studiums auf die verschiedenen Spezialthemen, Vermittlungs- und auch Prüfungsstile immer wieder einstellen muss (vgl. V.4), macht einen Teil der Herausforderung und des Reizes eines Hochschulstudiums aus. Zwar gibt es hier verallgemeinerbares, d.h. objektiviertes und verbindliches Wissen. Es unterliegt aber durch individuelle Schwerpunktsetzungen und unterschiedliche methodisch-theoretische wie auch didaktische Herangehensweisen und Veränderungen ständiger Reformulierung und Aufbereitung.

Semesterplanung

Veranstaltungen sind gemäß der Studien- und Prüfungsordnung zu belegen. In jedem Semester stellt man sich aufs Neue die Veranstaltungen, die man als Pflichtveranstaltung belegen muss und diejenigen, von denen man eine bestimmte Anzahl als Wahlpflicht zu belegen hat, aus dem Lehrveranstaltungsangebot zusammen. Dabei kommen auch die thematischen Interessen ins Spiel. Aus der Studienordnung ist herauszufiltern, welche Pflicht- und wie viele Wahlpflichtveranstaltungen welchen Typs in welchem Umfang zum jeweiligen Semester bzw. in welchem Zeitraum zu belegen sind. Diese Information gleicht man mit dem aktuellen Angebot ab: Aushänge und elektronische Vorankündigungen informieren sowohl über die Zuordnungen zur Studienordnung als auch über den Inhalt und das Ziel der Lehrveranstaltungen sowie über die Teilnahmemodalitäten. Gut ist es, wenn man sich die Veranstaltungen bereits am Ende des vorhergehenden Semesters zusammenstellt und sich gezielt während der vorlesungsfreien Zeit auf das kommende Semester vorbereitet.

Anmeldung für die einzelne Veranstaltung

Für fast alle Lehrveranstaltungen muss man sich einzeln anmelden. Hier ist auf die Gepflogenheiten der Institution bzw. auf die einzelne Veranstaltungsankündigung, aber auch auf die Regelungen zur Verbindlichkeit von Anmeldungen selbst zu achten: Trägt man sich im Vorfeld handschriftlich in Listen ein? Gibt es einen zentralen Tag für die Anmeldung? Findet eine Vorbesprechung vor der eigentlichen Vorlesungszeit statt und werden darin schon die Seminarthemen erläutert und vergeben? Muss man sich elektronisch in die einzelnen Veranstaltungen einwählen oder genügt es, einfach beim ersten Termin anwesend zu sein? Angekündigt werden die Veranstaltungen bereits gegen Ende des vorhergehenden Semesters. Dadurch besteht genügend Zeit für Vorüberlegungen und zur Anmeldung. Die in den Veranstaltungsankündigungen mitgeteilten Informationen betreffen einerseits Inhalte und damit genauere Angaben zu den im Seminar oder in einer Vorlesung behandelten Gegenständen. Andererseits teilen sie auch den durch die Studierenden zu leistenden Beitrag mit, etwa die Pflicht, ein Referat zu übernehmen. Dadurch ist es möglich, sich bereits in der vorlesungsfreien Zeit auf die Veranstaltung vorzubereiten, so dass Überraschungen ausbleiben sollten, wenn man sich in der ersten Sitzung zur Übernahme eines Referatthemas entschließt.

Erste Seminarsitzung

Wie auch immer die Anmeldung und Teilnahme an den Veranstaltungen in der jeweiligen Hochschule, dem Institut oder durch die Seminarleitung geregelt ist: Auf keinen Fall sollte man in Seminaren die erste Sitzung verpassen und informiert sein, wann die Seminarthemen bekannt gegeben werden. Je nach Struktur des Seminars, die von der Seminarleitung, manchmal aber auch vom Seminargegenstand abhängig ist, gestaltet sich die den Studierenden abverlangte Beteiligung (vgl. V). Diese wird in jedem Fall eingefordert und ist neben der häufig praktizierten Anwesenheitspflicht Voraussetzung für den Erhalt eines Leistungsnachweises (‚Schein').

Seminarplan

Das Seminar folgt in der Regel einem bestimmten Aufbau, der an der Abfolge von zu bearbeitenden Themen ablesbar ist. Diese Seminarpläne werden spätestens in der ersten Seminarsitzung vorgestellt. Spätestens dann werden auch die Themen an die Seminarteilnehmerinnen vergeben. Bei dieser Gelegenheit werden für gewöhnlich auch die Seminargepflogenheiten geklärt wie z.B. das Bearbeiten von Aufgaben während des Semesters, die Beteiligungsform am Seminar (vgl. V) und die Bedingungen (z.B. Umfang, Abgabefristen der Hausarbeiten, vgl. VI) für das erfolgreiche Absolvieren des Leistungsnachweises. In der Regel hat man sich, was die Themen der einzelnen Sitzungen angeht, in der ersten Sitzung für einen Termin zu entscheiden. Wer die Seminarankündigung genau gelesen hat, sollte sich im Vorfeld schon mit dem Gegenstand vertraut machen. Dann kann eine Entscheidung für die Übernahme eines Referats gezielt getroffen werden. Nicht selten gibt es Überraschungen für diejenigen, die sich ins Blaue hinein oder schlicht aus Termingründen für einen Text entschieden haben, von dem sie nichts wissen. Die Entscheidung für ein Thema sollte sofort als verbindlich aufgefasst werden, selbst wenn man vielleicht den Eindruck bekommt, dass das gewählte Thema schwieriger zu bearbeiten ist als andere. Die Bereitschaft, ein komplexeres Thema zu übernehmen, wirkt häufig positiv auf den Dozenten. Jene Studierende zeichnen sich besonders aus, die Gefallen an Unbekanntem finden. Und missrät mal ein Referat, weil der Referent das komplexe Thema nicht so leicht beherrschen kann, wird ihm dennoch die Bereitschaft, sich damit beschäftigen zu wollen, eher zugutegehalten.

Gelingt es während des Semesters aus triftigen Gründen nicht, den geforderten Beitrag zum Seminar zu leisten, ist es keine Lösung, einfach nicht zum Termin des Referats aufzutauchen. Bei langfristiger Planung ist ein Ausbüxen ohnehin unnötig. Bei plötzlicher Krankheit oder ähnlichen Fällen der Verhinderung sollte man so schnell wie möglich die Seminarleitung verständigen. Eine höfliche Abmeldung empfiehlt sich auch dann, wenn man aus irgendwelchen Gründen das Seminar verlassen möchte.

Selbständiges Arbeiten

Die Seminarleitung ist für die Planung des Seminars zuständig. Für das eigentliche Seminargeschehen tragen die Teilnehmer eine mindestens genau so große Verantwortung. Hierzu gehört, dass die übernommene Aufgabe selbständig ausgeführt und an bestimmten Punkten der Vorbereitung mit der Seminarleitung Kontakt aufgenommen wird (beispielsweise zum Besprechen eines Thesenblatts). Wenn Informationen durch die Seminarleitung bereitgestellt werden, die die Themen des Seminars mit einer Literaturliste, elektronischen Dokumenten, einer Kopiensammlung oder einem Seminarapparat stützen, ist die Verwendung dieses Angebots als verpflichtend anzusehen. (Ein Seminarapparat besteht aus einer überschaubaren Menge von relevanten Büchern zum Thema der Veranstaltung, die in der Seminar-, Fachbereichs- oder Universitätsbibliothek aufgestellt werden; die Bände sind für die Dauer des Seminars nicht ausleihbar und somit für alle Studierenden gleichermaßen zugänglich.) Die Dozentin sollte nach dem groben

Zuschnitt des Referats, aber nicht gleich nach Tipps oder einer Literaturliste zum eigenen Thema gefragt werden; und wenn doch genauere Hinweise erforderlich sind, legt man die Ergebnisse der themenbezogenen Recherche (vgl. III), die Teil der Eigenleistung sind, in einer Sprechstunde vor und bittet um Überprüfung.

Leistungsnachweis und Erfolg

Nach erbrachter Leistung kann diese in der Regel mit der Seminarleitung besprochen werden. Dies gilt sowohl für Referate und Vorträge als auch für bewertete Hausarbeiten. Eine Besprechung ist ein Angebot und sollte seitens der Studierenden auch unbedingt genutzt werden. Ohne dezidierte Nachfrage nach derartigen Rückkopplungen erhält man meist nur eine kurze schriftliche Begutachtung der Hausarbeit zur Begründung der Benotung.

Benotung und Leistungspunkte nach ECTS

Leistungen werden nicht nur nach Noten, sondern auch durch eine Gewichtung derselben nach dem sog. Arbeitsaufwand gemäß dem *European Credit Transfer System* (ECTS) zertifiziert und ausgewiesen. Für ein Kurzreferat im Seminar bekommt man weniger Punkte als für eine umfangreiche Hausarbeit. ECTS-Punkte sind also keine Noten, obgleich die Noten nach der erworbenen Anzahl von Leistungspunkten gewichtet werden. Pro Studienjahr orientiert sich der Aufwand am Richtwert von 1800 Zeitstunden. Dafür werden insgesamt 60 Leistungspunkte veranschlagt. Ein Leistungspunkt entspricht demnach etwa 30 Arbeitsstunden, die sich aus der Präsenzzeit in einer Lehrveranstaltung und der Zeit, die man außerhalb der Lehrveranstaltung im Selbststudium aufwendet, zusammensetzen. Dieser Wert wird auf den Aufwand für die einzelne Lehrveranstaltung umgerechnet. Man muss je Semester auf die angeforderte Punktezahl (in der Regel 20 im Hauptfach) kommen. Dies entspricht ungefähr 4–5 Lehrveranstaltungen.

## 3. Bachelor/Master oder Lehramt? Studiengänge und Fächerkombinationen

Bologna-Erklärung

An den deutschen Universitäten wurden alle Studiengänge im Zuge der Umsetzung der durch die europäischen Bildungsminister veranlassten Bologna-Erklärung (1999) bis zum Jahr 2010 reformiert. Die geistes- wie auch natur- und ingenieurwissenschaftlichen sowie wirtschafts- und sozialwissenschaftlichen Studiengänge wurden, was Aufbau und Abschlüsse angeht, weitgehend vereinheitlicht, dabei in vielen Fällen auch im Vergleich zu den älteren Studiengängen des Faches verschlankt. Nach der Reformierung folgen sie nun einem konsekutiven (d.h. gestuften), nach den beiden Abschlüssen Bachelor und Master gegliederten sowie modularen Aufbau. Zu den alten Magister- und Diplom-Studiengängen wird an den meisten Hochschulen nicht mehr zugelassen.

Konsekutiver Aufbau

Studiengänge sind seit der Reformierung in gewisser Weise mit Baukästen vergleichbar. Aus den Bausteinen (Modulen) eines kleinen Kastens, der Grundausstattung, kann der Bachelor-Abschluss zusammengebaut werden. Verfügt man über diesen, kann man anschließend eine Art Erweiterungssegment erwerben. Dabei hat man die Wahl zwischen thematisch unterschiedlichen Anschlüssen. Für Germanistik ist dabei nur eine relative Konsekution festzustellen. Das Fach verfügt zwar über Einführungen in Inhalte und Methodik, deren erfolgreiches Absolvieren die Voraussetzung für das Weiterstudieren darstellt. Auch die Anforderungen werden mit dem Fortschreiten im Studium höher. Die inhaltliche Abstimmung und Abfolge der Lehrveranstaltungen ist aber im Einzelnen weniger geregelt als z. B. in den Natur- und Ingenieurwissenschaften, so dass man es eher mit einer additiven, die Einsichten vermehrenden als strikt konsekutiven Abfolge der Studieneinheiten zu tun hat. Wahlmöglichkeiten bedeuten daher nicht zugleich Spezialisierungen und damit den Ausschluss anderer Optionen.

Module

Hinter dem Begriff des Moduls verbirgt sich eine begrenzte Anzahl von studiensystematisch zusammengehörenden Lehrveranstaltungen. Diese werden unter einem Modultitel zusammengefasst, so dass nach Absolvieren aller relevanten Veranstaltungen eine Modulnote erlangt wird. Die Inhalte der Veranstaltungen können, je nach Definition des Moduls, auch in einer Modulgesamtprüfung abgenommen werden. Ihre maximale Dauer ist unterschiedlich, aber innerhalb eines bestimmten variablen Rahmens (in der Regel zwei Semester) stets festgelegt. Über Ziele, Aufbau und Inhalt der Module informieren verbindlich sog. Modulbeschreibungen in Modulhandbüchern. Zu Beginn des Studiums sind die Lehrveranstaltungen innerhalb der einzelnen Module in starkem Maße festgelegt und verbindlich zu absolvieren. Im weiteren Verlauf des Studiums setzen sich die Module hingegen eher aus den erwähnten Wahlpflichtveranstaltungen zusammen, die aus einem themenorientierten Angebot ausgesucht und zu einer Modulleistung zusammengesetzt werden können.

Studienbegleitende Prüfungen

Nicht immer bedeutet der Begriff der Prüfung, dass eine Prüfung stattfindet. Zwischenschritte im Studium, z. B. nach Studienjahren oder nach einer bestimmten Semesterzahl, aber auch innerhalb eines Moduls können durch Bildung eines Durchschnitts oder eine nach einem bestimmten Verhältnis errechneten Note bewertet werden. Man spricht dann von studienbegleitenden Prüfungsleistungen, weil sie nicht mehr in einer eigenen Prüfung erfolgen.

BA-Abschluss

Der Bachelor-Abschluss ist, egal in welchem Fach, grundständig und berufsqualifizierend konzipiert und umfasst in den meisten Fällen eine dreijährige Regelstudienzeit. Aus welchen Noten sich der Abschluss zusammensetzt (studienbegleitende Prüfungen, mündliche und/oder schriftliche Abschlussprüfungen, Abschlussarbeit), regelt die jeweilige Studien- und/oder Prüfungsordnung.

In der Germanistik ist ein Abschluss mit dem Bachelor allerdings nicht berufsbezogen. Er wird in Anlehnung an das anglo-amerikanische Vorbild für diesen recht frühen, grundsätzlich als berufsqualifizierend gedachten universitären Abschluss *Bachelor of Arts* oder *Baccalaurea/Baccalaureus Artium* (kurz BA) genannt. Diese Qualifikation führt bei einer Beschäftigung im öffentlichen Dienst zur Eingruppierung in den gehobenen Dienst und entspricht damit etwa einem ‚alten' Fachhochschul-Abschluss. Sicher ist der frühe universitäre Abschluss für diejenigen Studierenden sinnvoll, die im Verlauf des Studiums weniger gut mit dem wissenschaftlichen Arbeiten zurecht kommen oder die sich unter Germanistik schlicht etwas anderes vorgestellt haben. Für diejenigen, die ihre germanistischen Kenntnisse vertiefen wollen, ist der BA-Abschluss die Voraussetzung für das Belegen eines – häufig zulassungsbeschränkten – Masterstudiengangs.

MA-Abschluss

Der Zugang zum Master-Studium wird in eigenen Eignungsfeststellungsverfahren der Institute kontrolliert. Ein erfolgreicher Master-Abschluss (*Mas-*

*ter of Arts*, kurz MA), der in der Regel zu großen Anteilen durch das Anfertigen einer Masterarbeit und mündliche und/oder schriftliche Abschlussprüfungen erlangt wird, berechtigt (zumeist ab einer bestimmten Note) zur Promotion im Fach.

Fächerkombinationen

Für den Bachelor wie für den Master existieren sowohl Ein-Fach- als auch Zwei-Fach-Abschlüsse (z. B. Germanistik und Geschichte). Manche Universitäten bieten beide Varianten an, manche nur eine davon. Nicht unbedingt muss der Zwei-Fach-BA größere Chancen für einen nachfolgend angestrebten Master eröffnen, manchmal aber setzt ein bestimmter Master eine Zwei-Fach-Kombination voraus. Auch hier gilt, dass die Eignung für das Master-Studium in eigenen Verfahren überprüft wird, die gewährleisten sollen, dass die notwendigen Grundlagenkompetenzen vorhanden sind. Bei Ein-Fach-Bachelor-Studiengängen werden häufig als Neben- oder Ergänzungsfächer berufsbezogene oder praxisorientierte Studienfächer angeboten – eine Tatsache, die auch ein Entscheidungskriterium darstellen könnte. Grundsätzlich sind also auch dem zweiten oder einem dritten Fach oder Zusatzmodulen Überlegungen in der Hinsicht zu widmen, ob man sich für eine eher berufsbezogene Variante (z. B. mit den als qualifizierend erachteten Schlüsselkompetenzen) oder eher für eine weitere philologische oder geisteswissenschaftliche Disziplin entscheidet. Philologien wie Anglistik und Romanistik, aber auch Philosophie, Pädagogik, Soziologie oder Geschichte usw. gelten als affine Fächer, mit denen Studienordnungen im Bereich der Germanistik Kombinationen erlauben oder vorsehen.

Was die Germanistik selbst angeht, kann man sich an einigen Hochschulen bereits in den Bachelor-Studiengängen spezialisieren, indem beispielsweise ein Abschluss in einem Teilgebiet (Sprachwissenschaft oder Literaturwissenschaft) abgelegt wird. Im Hinblick auf den Übergang in einen Masterstudiengang muss nicht immer zwingend ein BA-Abschluss in exakt dem Fach vorliegen, in dem der Master-Abschluss angestrebt wird. Auch in dieser Hinsicht informiert die jeweilige, auf den Masterstudiengang bezogene Studien- und Prüfungsordnung oder eine eigene Zulassungsordnung, die alle Voraussetzungen für das Master-Studium benennt.

Masterstudiengänge

Um die Zulassung zu einem Masterstudiengang bewirbt man sich aufs Neue an einer Hochschule. Selbst wenn man an der Universität in dem Fach bleiben möchte, in dem man den BA-Abschluss gemacht hat, muss man die Hürde der Zulassungsbeschränkung hinsichtlich der meist zahlenmäßig begrenzten Plätze im gewünschten Studiengang nehmen. Die Auswahl der Studierenden geschieht in Verfahren, über die innerhalb der Hochschule und des Faches selbst bestimmt wird.

Spezialisierung im Master?

Die Landschaft der Masterstudiengänge weist Diversität auf; wiederum gibt es Ein-Fach- und Zwei-Fach-Studiengänge. Mit dem BA in der Tasche kann man sich sogar umorientieren und anwendungsbezogenen Studien, die an zahlreichen Fachhochschulen, aber auch an Universitäten etabliert wurden, zuwenden. So existieren z. B. Angebote, die mit Medienarbeit, Journalismus oder Kulturarbeit zu tun haben. Man kann aber auch in affine Fächer wechseln oder sich innerhalb der Germanistik spezialisieren: Masterstudiengänge wie Linguistik/Sprachwissenschaft, Mediävistik, Neuere deutsche Literaturwissenschaft, Medienwissenschaft, Literaturgeschichte, Literaturtheorie, um nur einige Varianten zu nennen, bieten ein breites

Spektrum solcher Spezialisierungen. Trotz der Tendenz zur teils noch stärkeren Differenzierung in den MA-Studiengängen bleibt ein allgemeiner MA-Abschluss Germanistik im Blick auf spätere Berufstätigkeiten kein Nachteil, gerade weil er ganz unterschiedliche Optionen und Tätigkeitsfelder eröffnet (vgl. I.2).

Lehramt Deutsch – Staatsexamen

Studierende, die einen BA- oder MA-Studiengang belegen und Studierende, die sich in einem Lehramts-Studiengang befinden, wählen die von ihnen belegten germanistischen Veranstaltungen oft aus dem gleichen Lehrangebot aus. Sie sitzen häufig in den gleichen Lehrveranstaltungen und absolvieren darin nicht selten die gleichen Prüfungsleistungen, weswegen ein Wechsel von einem Studiengang in den anderen im Fach Germanistik nicht sehr schwierig ist. Meist ist es nur wegen weiterer Fächer organisatorisch nicht ganz unproblematisch, zu wechseln, weil es Fächerkombinationen wie etwa Deutsch und Geographie oder Deutsch und Mathematik oft nur für das Lehramts-Studium gibt. Für die Lehrerausbildung reicht die Konzentration auf ein einziges universitäres Studienfach nicht aus, so dass es hier Fächerkombinationen gibt, die für die BA/MA-Studiengänge nicht vorgesehen sind. Im Fall von Studieninteressen für Bereiche, die fachlich wenig miteinander zu tun haben, z.B. Biologie und Germanistik, ist das von Vorteil. Dies heißt dann aber auch, dass man als Studierender für das Lehramt an zwei Fakultäten studiert. Die Staatsexamensarbeit, die die Zulassungsbedingung zum Examen ist, fertigt man in einem der beiden Fächer an. Die Studienordnungen für den Bachelor und Master und fürs Lehramt überschneiden sich oft im Hinblick auf die fachwissenschaftlichen Veranstaltungen, während beim Lehramt noch Fachdidaktik, das Schulpraxissemester und je nach Bundesland weitere Komponenten hinzukommen.

Die für den Lehrerberuf qualifizierenden Staatsexamensabschlüsse sind im Begriff, mit den BA/MA-Abschlüssen zu konvergieren. An einigen Universitäten ist schon ein doppelter Abschluss als MA und als Erstes Staatsexamen ohne großen fachlichen Mehraufwand möglich. Im Zuge der Modularisierung der Lehramts-Studiengänge geht die Tendenz in die Richtung, auch hier mit dem BA einen frühen Abschluss einzuführen, der allerdings noch nicht für das Referendariat des Lehramts an Gymnasien qualifiziert. An einigen Hochschulen sind die Lehramts-Studiengänge bereits im BA/MA-Studiengang aufgegangen. Hier besteht allerdings noch Klärungsbedarf im Hinblick darauf, zu welchen Berufstätigkeiten in der Schule der BA letztendlich berechtigt oder qualifiziert.

Der Föderalismus hat eine unübersichtliche Gemengelage von Varianten hervorgebracht, auf die die Lehramtsausbildung einer Universität je nach zugehörigem Bundesland eingestellt sein muss. Bislang war der erste Abschluss in einem Lehramts-Studiengang das Erste Staatsexamen. Einige Bundesländer, wie etwa Baden-Württemberg, halten nach wie vor daran fest. Die entsprechende Prüfung wird an der Universität absolviert, d.h. von den Fachvertretern dieser Institution abgenommen. Allerdings wird die Prüfung in Zusammenarbeit mit der zuständigen Schulbehörde organisiert, die die Studierenden zum Staatsexamen zulässt. Der Abschluss ist mit diesem Begriff belegt, weil der Staat als potenzieller Arbeitgeber fungiert. Das Erste und das Zweite Staatsexamen sind Voraussetzung für eine Einstellung in den Schuldienst, der, unterrichtet man nicht an einer Schule in privater Trägerschaft, auch Staatsdienst ist. Daher ist der Staat vertretungsweise bei den Prüfungen zugegen, indem er abgeordnete Lehrer entsendet.

Das Erste Staatsexamen ist indes nicht nur die Regelvoraussetzung für den späteren Schuldienst. Der eigenständige Universitätsabschluss ist äquivalent zum MA-Abschluss (allerdings ohne eigenen Titel) zu bewerten, so dass er zu vergleichbaren Berufstätigkeiten führen kann. Entsprechend qualifiziert der erfolgreiche Abschluss des Ersten Staatsexamens wie der Master-Abschluss zur Promotion im Fach. Aus dieser Perspektive ist das Staatsexamen gegenüber dem MA-Abschluss sogar von Vorteil, weil es die Berufsaussichten mit der Möglichkeit, in den staatlichen Schuldienst einzutreten, erhöht.

## 4. Von Universität zu Universität anders

Ortswahl und Studienfachwahl

Geht man von einer intrinsischen, nicht nur auf der Grundlage passabler Deutschnoten in der gymnasialen Oberstufe getroffenen Entscheidung für das Studienfach Germanistik aus und sieht man von einer Fach- und Studienortwahl aus rein privaten Gründen ab, bleibt eine sachgeleitete Wahl der Fächer und des Studienorts übrig. Abgesehen von günstigen Lebenshaltungskosten (z.B. nicht in Großstädten wie München), Jobangeboten und Studiengebührenfreiheit (derzeit nicht in Baden-Württemberg, Bayern etc.), die ebenfalls ins persönliche Kalkül fallen könnten, kann demnach Unterschiedliches wichtig und interessant werden: die finanzielle Ausstattung einer Hochschule, die Rolle geisteswissenschaftlicher Nachbarfächer an einer Universität, der Stellenwert historischer Nachbarfächer oder eben die Praxisorientierung auf der BA-Ebene in entsprechend wählbaren Nebenfächern hinsichtlich möglicher Fächerkombinationen. Die fachliche Landschaft ist bereits auf dieser Ebene sehr heterogen. Diese richtet sich am Traditionsbewusstsein einer Universität aus: als Voll- oder Gründungsuniversität, als Technische Universität mit jeweils eher philologischen oder kulturwissenschaftlichen Orientierungen, als Forschungsuniversität mit starker Theorieorientierung oder als für Lehramts-Studiengänge bekannte Universitäten. Hinzu kommt, dass die föderale Struktur des Bildungswesens auch die Verteilung entsprechender Universitäten in einem Bundesland prägt.

Formale Unterschiede trotz der Bologna-Beschlüsse

Auch wenn mit der Bologna-Erklärung eine größtmögliche Vereinheitlichung der Studienabschlüsse in Europa beabsichtigt war und das *European Credit Transfer System* einen Studienortwechsel in Europa hätte problemlos ermöglichen sollen, zeigt die universitäre Praxis, dass zumindest derzeit noch nicht einmal unter den deutschen Universitäten eine Vereinheitlichung erreicht ist und die stärkere Formalisierung mit Modulen und Punkten sogar eher restriktive Wirkung zeitigt. So ist die Einschätzung des Arbeitsaufwands mit Punkten nach dem ECTS vielfach doch noch divergierend. Auch der Aufbau der Studienmodule erscheint zwar häufig ähnlich, ist aber eben nicht wirklich gleich, so dass Leistungsnachweise beim Studienplatzwechsel von Universität zu Universität nach wie vor individuell für einzelne Veranstaltungen je eigens anerkannt werden müssen. Es ist jedoch möglich, sich beispielsweise den Leistungsnachweis aus einem Proseminar zu *Storms Novellen* oder zum *Nibelungenlied* anerkennen zu lassen.

Inhaltliche und methodische Unterschiede

Jenseits der formalen Unterschiede in der Bewertung und Anrechnung von Studienleistungen und diesseits von Studienführern gibt es gleichsam gewachsene und damit traditionelle, aber auch teilweise personengebundene Unterschiede zwischen den germanistischen Fachbereichen unterschiedlicher Hochschulen. Bedenkt man, dass bereits bei zwei Dozentinnen an einer Hochschule in einem thematisch gleichen Parallelkurs nie etwas Identisches herauskommen wird, weil die Lehre im geisteswissenschaftlichen Bereich in starkem Maße von der Veranstaltungsleitung abhängig und auch bis zu einem gewissen Grad methoden- und ergebnisoffen ist, so kann es zwischen der Ausrichtung germanistischer Fachbereiche an unterschiedlichen Hochschulen noch deutlichere Divergenzen geben.

Profilbildung und Ausdifferenzierung

Mit dem Wissen um diese Tatsache ist es möglich, sich über die Profilbildungen und die Ausdifferenzierung eines einzelnen Fachbereiches innerhalb des gesamten Faches in Deutschland zu informieren, damit die eigenen Schwerpunkte zu definieren und sich so die Studienorte und damit die Universitäten, Institute, Hochschullehrerinnen und -lehrer auszusuchen. Dies zu erkennen, glückt vielleicht nicht gleich zu Beginn des Studiums, aber es gibt Hilfen wie Netzauftritte und Broschüren oder Studienführer, aber auch persönliche Gespräche bei dafür zuständigen Fachberaterinnen oder -beratern, die erhellend sein können.

Eine Reihe von deutschen Universitäten verfügt über lange philologische Traditionen. Sie sind nach wie vor in aller Munde und stehen schon aufgrund dieser Traditionen in gutem Ruf. Neben der Tradition gehört die Ausrichtung in Forschung und Lehre, die mittlerweile unter den Zwängen der Profilschärfung und der Bildung sog. Alleinstellungsmerkmale starke Beachtung findet, zur Ausstrahlung der Institution Universität als solcher und ihrer Fakultäten und Institute oder Seminare im Besonderen. Die Germanistik kann darin eher traditionell-philologisch oder eher kulturhistorisch bzw. medien-kulturwissenschaftlich in der Ausrichtung auf neueste Theoriebildungen orientiert sein. Das kann an sog. ‚Schulen' liegen, die auf das Wirken bekannter und im Fach einflussreicher Professorinnen und Professoren zurückgehen, soweit diese die Disziplin auf eigene Weise in Forschung und Lehre prägen. Sie ziehen wissenschaftliche Mitarbeiterinnen und Mitarbeiter und nicht zuletzt Studierende selbst an, deren Forschungsinteressen in diese Richtung gehen. Fakultäten und Fachbereiche kooptieren auf der Professorenebene ihre Mitglieder: Wenn eine Professorenstelle besetzt wird, wird dies auch in starkem Maße mit der fachlichen Ausrichtung und der gewünschten Profilbildung der gesamten Einrichtung zu tun haben. Der Einfluss einzelner Personen oder Institutionen auf Entwicklungen im Fach zeigt sich an Tagungen und Publikationen oder an Herausgeberschaften von Zeitschriften und Reihen (vgl. III).

Größe der Einrichtung

Die schiere Größe einer Einrichtung, die häufig nicht unabhängig von ihrem Traditionsbewusstsein ist, kann ein Argument für oder gegen die Wahl einer bestimmten Universität sein. Die Auswahl an Lehrveranstaltungen, Lehrenden und potenziell als Prüferinnen und Prüfer in Frage Kommenden ist definitiv größer, allein was die inhaltliche und methodische Streuung angeht. Die Größe einer Einrichtung kann aber auch umgekehrt proportional zur Erreichbarkeit in konkreten Betreuungssituationen sein. An einer kleinen Einrichtung sind die Wege zum Lehrpersonal häufig sehr viel unkomplizierter, so dass man auch sehr viel leichter am Betrieb teilhaben und beispielsweise etwa auch leichter Hilfskraftstellen bekommen kann (vgl. II.5). Generell gelten derzeit die Studienbedingungen in den östlichen Bundesländern im Hinblick auf eine Reihe von Faktoren wie eben Betreuungsrelationen, Ausstattung der Bibliotheken, aber auch Lebenshaltungskosten als gut. Die Tatsache, dass weniger traditionsreiche Institute unter höherem Legitimationsdruck stehen, kann auch dazu führen, dass sie insbesondere in der Lehre innovativer agieren (müssen) als die Flaggschiffe.

Studentische Kultur

Neben dem kulturellen Umfeld und der infrastrukturellen Ausstattung mit Einrichtungen für Literatur und Kultur, die eine Groß- oder eine kleinere Stadt je unterschiedlich zu bieten hat, sollte auch die spezifische universitäre Kultur von Interesse sein. Sie macht sich in Veranstaltungen und Gastvorträgen oder Poetikdozenturen, in Lesungen, Konzerten oder Theateraufführungen und nicht zuletzt auch im Selbstverständnis der geistes- und kulturwissenschaftlichen Studierendenschaft bemerkbar.

## 5. Promovieren – Weg zur Wissenschaft

Wenn man es nicht beim BA-Abschluss belassen hat, gehört der Abschnitt des nächsten Studienabschlusses (MA, Staatsexamen) zu den Phasen des Studiums, in der sich die Frage nach dem Weitermachen stellt, soweit sich spezielle Forschungsinteressen verdichtet haben. Dies geschieht im Zusammenhang mit dem Anfertigen der ersten umfangreichen Abschlussarbeit als Master- oder Staatsexamensarbeit (wo nicht eigens eine BA-Arbeit vorzulegen ist) und dem Erarbeiten mehrerer komplexer Prüfungsthemen für die universitäre Abschlussprüfung. Gewöhnlich handelt es sich eher um einen Zeitraum der Entscheidung, weniger um einen Zeitpunkt. Ob man in der Lage ist, während der intensiven Abschlussphase berufsbezogene Entscheidungen zu treffen, ist gewiss eine Typfrage; sicher stellt sich in vielen Fällen früh der Wunsch ein, sich außerhalb des Feldes von Forschung und Lehre ein Betätigungsfeld zu suchen. In einigen Fällen wird das Studium bereits unter der Prämisse begonnen, dass der BA-Abschluss ein grundsätzlich für die Erwerbstätigkeit qualifizierendes Zertifikat ist.

Die im Anschluss an die Masterprüfung oder das Erste Staatsexamen gegebene wissenschaftliche Weiterqualifikation durch die Promotion ist der einzige Zugang zur wissenschaftlichen Karriere in der universitären Lehre und Forschung. Hier stellt man die Weichen für oder gegen das Weitermachen: über die Promotion hin zu einer wissenschaftlichen Tätigkeit in einem der genannten Teilbereiche der Germanistik. Dies bedeutet vorerst, aber nicht unbedingt für alle Zeiten, eine Absage an den Weg in außerschulische und außeruniversitäre Tätigkeitsfelder. Es muss nicht zwangsläufig so sein, dass man sich damit auf den universitären Bereich als Berufsfeld festlegt. Auch für eine Beschäftigung in der freien Wirtschaft kann der Erwerb der Doktorwürde die Bedingung, eine Bereicherung oder Verbesserung von Karriereoptionen darstellen. So dient die Promotion der ambitionierten Karriere in der Hochschule ebenso wie als Doktortitel, der in außeruniversitären Feldern wie z. B. dem Verlagswesen nützlich ist, und sei es, weil man in einer gehobenen Position damit auch mehr verdienen kann.

Betreuungsverhältnis

In den meisten Studienverläufen hat sich bereits vor dem eigentlichen Abschluss auf der Grundlage fachlichen Interesses und einer entsprechenden Schwerpunktsetzung ein gutes Betreuungsverhältnis mit einer Prüferin bzw. einem Hochschullehrer ergeben. Das kann den Wunsch zur Folge haben, sich weiterhin und mit noch größerer Intensität literatur- oder sprachwissenschaftlichen Fragestellungen zu widmen. Aus diesem Betreuungsverhältnis erwachsen nicht selten Themenfelder und Themenformulierungen für anschließende Untersuchungen, die der Promotion würdig sind.

Dissertation

Dabei gilt, dass das Thema der schriftlich anzufertigenden Arbeit zur Erlangung der Doktorwürde eine komplett eigenständig zu erarbeitende wissenschaftliche Leistung sein muss. Die Themenformulierung und der Untersuchungsgegenstand einer Dissertation müssen nachweisbar ein bislang nicht vorhandenes sprach- oder literaturwissenschaftliches Vorhaben betreffen und als Ergebnis schließlich neue wissenschaftliche Erkenntnisse zeitigen. Dies ist auch dann der Fall, wenn das Thema an bisherige Forschungsinteressen anknüpft. Es muss also geprüft und vorab nachgewiesen werden, ob es sich lohnt, ein bestimmtes Feld zu bearbeiten und welche Fragestellungen und Herangehensweisen praktiziert werden und schließlich auch, ob dies in einem überschaubaren Zeitraum geschehen kann.

Bedenkt man, dass die Promotion einen Zeitraum von einigen (mindestens zwei bis drei) Jahren intensiver Beschäftigung mit germanistischen Gegenständen umfasst, muss man für diese Entscheidung Verschiedenes einkalkulieren: den Anspruch, den man selbst an sich stellt, die Ausdauer, derer es bedarf, ein Thema, ein Forschungsprojekt in allen Konsequenzen mit Interesse und Freude zu verfolgen, die Finanzierung (Mitarbeiterstelle, Stipendium, Job) sowie das persönliche und private Umfeld, dem man eine solche Belastung zumutet.

Studentische Beschäftigungsverhältnisse

Erwägungen und Entscheidungen, sich der Wissenschaft beruflich zu widmen, werden parallel zur fachlichen Ausbildung und Entwicklung in vielen Fällen auch durch Beschäftigungsverhältnisse angebahnt, die es Studierenden ermöglichen, bereits früh am wissenschaftlichen Betrieb als ‚Hiwi' zu partizipieren: z. B. als Tutorin für Lehrveranstaltungen, als Mentor oder auch als Hilfskraft für unterschiedliche Aufgaben am eigenen oder an einem fremden Lehrstuhl, in einem Forschungsprojekt oder in einer hochschuleigenen Serviceeinrichtung wie einer Bibliothek, dem akademischen Auslandsamt, der Presseabteilung oder dem Sprachenzentrum. Letztere können auch zu einem Dienstverhältnis in einer dieser Abteilungen nach dem MA-Abschluss führen. Wenn man direkt einer Professorin für zuarbeitende Aufgaben oder Ähnliches zugeteilt ist, ist es möglich, ‚von klein auf' zu erfahren, wie der wissenschaftliche Betrieb funktioniert. Positives Auffallen durch fachliche Leistung und fachliches Interesse qualifiziert Studierende für diese studentischen Stellen, die häufig gar nicht ausgeschrieben sind.

Formale Voraussetzungen für die Annahme als Doktorandin/Doktorand

Über die formalen Voraussetzungen für die Annahme als Doktorandin informiert die gültige Promotionsordnung (PromO) der jeweiligen Fakultät oder des Fachbereichs. In der Regel stellt der Master-Abschluss oder das Erste Staatsexamen im Fach mit bestimmter Note und die Erklärung über ein Betreuungsverhältnis, also die Bereitschaft eines Professors, die Arbeit zu begleiten und abschließend zu begutachten, die Voraussetzung zur Zulassung bei der jeweiligen Fakultät dar. Promotionsordnungen benennen die

Modalitäten zur Annahme als Doktorandin: zu den Anforderungen an die geplante Dissertation, zu den Fristen, zu den Anträgen, die im Laufe des Verfahrens gestellt werden müssen, zu den von Universität zu Universität unterschiedlich vorgesehenen mündlichen Prüfungen (Disputation, Rigorosum), die an die positiven Gutachten anschließen, schließlich zur Veröffentlichung der Dissertation, die dann den Abschluss eines Promotionsverfahrens mit dem Erhalt der Urkunde und Führen des Doktortitels bildet.

Graduiertenschulen

Seit ungefähr zwei Jahrzehnten gibt es in Deutschland sog. Graduiertenschulen bzw. -kollegs. Diese bieten den darin aufgenommenen Promovenden, größtenteils eigens hierfür zugelassenen Stipendiatinnen, zur Teilnahme verpflichtende Programme. Auf diesem Weg soll ihnen ermöglicht werden, zum einen durch eine intensive Betreuungssituation mit regelmäßigen Fortschrittskontrollen rasch ihre Qualifikation zu absolvieren. Zum anderen werden sie in ein rahmenthematisches Forschungsumfeld integriert, das häufig transdisziplinär, also fächerübergreifend, und von mehreren Hochschullehrern aus einer oder mehreren Fakultäten organisiert ist. Die Gepflogenheiten des Wissenschaftsbetriebs wie beispielsweise Tagungsorganisation und -teilnahme sowie Forschungsreisen (auch ins Ausland) stehen auf der Tagesordnung. Die Existenz eines Graduiertenkollegs, das von der DFG gefördert wird und international ausgerichtet ist, ist zeitlich begrenzt. Um die Aufnahme in eine Graduiertenschule muss man sich, ähnlich wie um einen Studienplatz, bewerben. Dazu sind umfangreiche Vorarbeiten (Recherche, ausführliches Exposé, begleitende Gutachten) und sehr gute vorangehende Studienleistungen nötig.

Integration in den Wissenschaftsbetrieb

Zur Qualifikationsphase der Promotion zählt schon lange nicht mehr nur das Abliefern einer wissenschaftlichen Leistung. Eine immer größere Rolle wird der raschen Eingliederung in den Wissenschaftsbetrieb zugewiesen. Für die Netzwerkbildung, das Knüpfen von professionellen Kontakten, das Einüben der zum Betrieb gehörenden Gepflogenheiten z.B. durch eigeninitiierte Organisation von Veranstaltungen unter Doktoranden, den Besuch von Tagungen, die Reisen zu Gesprächen mit externen Expertinnen oder Experten sind vielerorts bereits hochschuleigene Abteilungen als Betreuungsangebote etabliert. Eine klassische und dabei auf die eigene Betreuerin oder das eigene Institut zugeschnittene Form der Beteiligung der Promovenden ist die Einbindung in Oberseminare und Kandidatenkolloquien, innerhalb derer man Gelegenheit hat, zum eigenen Thema und zum Stand der eigenen Forschung zu sprechen, um so eine Diskussion in Gang zu bringen und die eigenen Perspektiven anzureichern.

Finanzierung der Promotion

Wenige Studierende haben keine Sorgen, wie sie ihre Qualifikation finanzieren können, einige haben bereits mehrere Studienjahre mit Studiengebühren (abhängig vom Bundesland) hinter sich (zur Finanzierung der Promotion vgl. ausführlich Nünning/Sommer 2007, S. 53–153). Ideal sind Beschäftigungsverhältnisse an der eigenen Institution, die entweder in Lehre und Verwaltung oder in Forschungsprojekten bestehen. Allerdings gibt es davon in der Germanistik nicht übermäßig viele, und eine Tendenz zur Teilung dieser Stellen bzw. zur Vergabe von halben Stellen ist ersichtlich. Dennoch entstehen hier in jedem Fall Synergien durch Teilhabe am institutionellen Betrieb. Zuweilen bringt dieser aber auch Phasen mit sich, innerhalb derer wenig Zeit für die eigene Forschung bleibt.

Graduiertenstipendien werden eine ganze Reihe vergeben, hier sind allerdings umfangreiche Vorarbeiten für Bewerbungen und Anträge nötig, ähnlich wie für die Bewerbung um Aufnahme in eine Graduiertenschule. Der Erhalt eines Stipendiums allerdings zählt auch als eine Art Qualifikation.

Für das ambitionierte Vorwärtskommen im universitären Betrieb am wenigsten günstig ist ein (Neben-)Job, der mit dem Fach nichts zu tun hat, zumal man sich immer wieder aufs Neue in seinen Forschungsgegenstand einarbeiten muss. Hierbei kursiert auch die entgegengesetzte Ansicht, dass es ‚erfrischend' für die Forschungsarbeit sein kann, Abstand durch fachfremde Tätigkeiten zu gewinnen. Das Verfassen einer Doktorarbeit ‚nebenher', also parallel zu (voll-)beruflicher Tätigkeit beispielsweise als Lehrerin, ist ebenfalls möglich, führt aber kaum mehr zu einer späteren Karriere in der Wissenschaft.

*Zitierte Literatur:*

Butler, Judith: Das Unbehagen der Geschlechter, Frankfurt am Main 2006.

Culler, Jonathan: Literaturtheorie. Eine kurze Einführung, Stuttgart 2002.

Jauß, Hans R.: Alterität und Modernität der mittelalterlichen Literatur. In: ders.: Alterität und Modernität der mittelalterlichen Literatur. Gesammelte Aufsätze 1956–1976, München 1977, S. 9–47.

Nünning, Ansgar/Sommer, Roy (Hg.): Handbuch Promotion. Forschung – Förderung – Finanzierung, Stuttgart/Weimar 2007.

# III. Vom Suchen und Finden – Recherche

Literaturwissenschaftliche Recherche

„Ich habe mir das Paradies immer als eine Art Bibliothek vorgestellt", so Jorge Luis Borges in seinem Beitrag *Blindheit* (Borges 1992, S. 188). Betritt man als Studentin oder als Student der Germanistik eine Bibliothek, weil man im Rahmen des Studiums Literatur zu einem Thema recherchieren muss, so kann man tatsächlich leicht vom Gefühl befallen werden, dass man hier alles zur Fragestellung findet, die es zu bewältigen gilt – als Wissenschaftler ist man hier im Wissensparadies. Dieser Eindruck soll im Folgenden keinesfalls entzaubert, sondern vielmehr bekräftigt werden. Dennoch ist Recherche gerade aufgrund der zunächst unüberschaubar vielfältig erscheinenden Informationen eine spezifische Herausforderung im Germanistik-Studium. Die Recherche nach Forschungsbeiträgen bedeutet mehr als Quellen aufzutun und für die eigene Arbeit auszuschöpfen. Mithin hat literaturwissenschaftliche Recherche zwei Ziele: erstens möglichst vollständig die bereits von anderen geleistete Forschungsarbeit zu dem zu untersuchenden Gegenstand auffinden zu können und diese zweitens bereits während der Recherche nach zu erwartender Qualität, Komplexität und spezieller Passgenauigkeit zum eigenen Thema zu ordnen.

## 1. Sicheres Bewegen in der Landschaft der Forschungsliteratur

Primär- und Sekundärliteratur

Neben der Beschäftigung mit literarischen und nicht-literarischen Texten vom 8. Jahrhundert bis zur Gegenwart (Primärliteratur) gehört die Auseinandersetzung mit wissenschaftlichen Forschungsbeiträgen (Sekundärliteratur) zum Alltag des Germanistik-Studiums. Begleitend zur eigenständigen Lektüre literarischer Texte erfolgt daher die Aufarbeitung derjenigen Forschungsbeiträge, die zu einem Gegenstand erschienen sind. Durch diese Auseinandersetzung mit der Forschung werden literaturwissenschaftliche Fragestellungen und Probleme vertieft. Forschungsbeiträge kritisch zu beleuchten, was Umfang, Qualität und Publikationsort betrifft, ist ein wichtiger Schritt auf dem Weg zum eigenständigen Erkennen literaturwissenschaftlicher Probleme und zu selbständiger, aber methodengeleiteter Interpretation. Es gehört also zur alltäglichen Arbeit eines Germanisten, sich mit dem zu beschäftigen, was in der literaturwissenschaftlichen Forschung bereits zu einem Gegenstand erschlossen wurde.

Forschungslandschaft

Die Forschungslandschaft in der Germanistik ist äußerst vielfältig und umfangreich, zumal die regelmäßige Präsentation von Forschungsarbeiten ein wichtiger Teil der akademischen Tätigkeit in den Kultur-, Geistes- und Sozialwissenschaften darstellt. Im aktuellen Wissenschaftsbetrieb, in dem das Internet und die damit verbundenen Möglichkeiten allgegenwärtig sind, kann der Eindruck entstehen, dass das Suchen und Finden von Beiträgen eigentlich keine große Hürde darstellen sollte. Dies ist teilweise zutreffend, denn die digitale Recherche ist eine komfortable Möglichkeit und kann im Vergleich zu traditionellen Recherchetechniken eine Erleichterung und Bereicherung sein. Doch gerade aufgrund der hohen Quantität an Informationen unterschiedlichster Qualität ergeben sich eigene Schwierigkeiten und Anforderungen. Denn es gilt nicht nur, Wege der Recherche zu ermitteln, sondern auch die Relevanz bzw. die Nichtrelevanz der Beiträge für die eigene Fragestellung einschätzen zu lernen.

Das Wo, Wann und Wie der Veröffentlichung

Für das Ordnen und Bewerten der Forschungsliteratur ist es wichtig, auch die zunächst nur äußerlich erscheinenden, ‚weichen' Faktoren von literaturwissenschaftlichen Beiträgen in Erfahrung zu bringen: die Position des Verfassers in der *Scientific Community* (Lehrort, Hierarchieebene, fachlicher Werdegang, Forschungsschwerpunkte, Einschlägigkeit bezüglich des eigenen Themas, etc.), die Aktualität des Beitrags, das Profil und Renommee des Verlags, der Reihe oder der Zeitschrift und insbesondere die Art der Veröffentlichung selbst. Zum einen ist es unmöglich, Beiträge systematisch zu recherchieren, ohne mit den unterschiedlichen Publikationsformen der Germanistik vertraut zu sein, da die Bibliotheken, welche die Beiträge letztlich bereithalten, in ihren Katalogen nicht alle Beitragsarten auch verzeichnen. Zum anderen spielt es eine Rolle, in welcher Form die Forschungsbeiträge veröffentlicht wurden (ob als Dissertation, als Sammelbandartikel oder Zeitschriftenaufsatz), weil damit auch Implikationen verbunden sind, *wie* derartige Beiträge organisiert sind. Kurzum, es macht beispielsweise einen Unterschied, ob man es mit einem Beitrag zu tun hat, der in einer Zeitschrift veröffentlicht wurde oder ob man sich mit einem Lexikonartikel auseinandersetzt.

Selbständige und unselbständige Publikationen

Grundsätzlich sind zwei Publikationsformen zu unterscheiden: selbständige und unselbständige Veröffentlichungen.

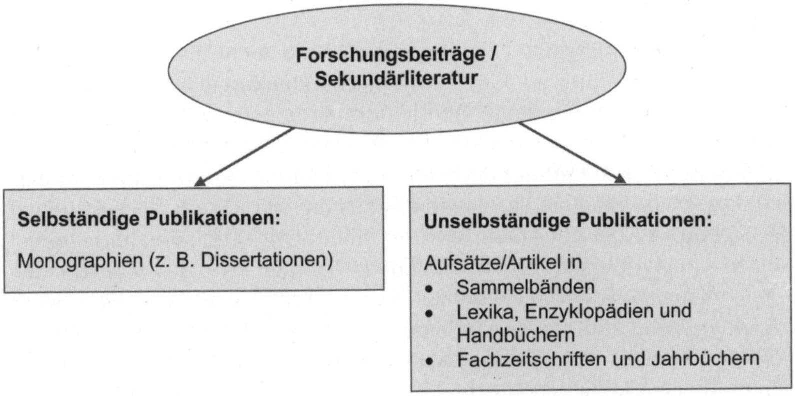


Monographien

Eine selbständige Publikation ist eine Veröffentlichung, welche unter ihrem Titel und Verfasser in Bibliothekskatalogen verzeichnet wird. Konkret bedeutet dies: Wenn ein Autor ein Buch veröffentlicht, wird es von der Bibliothek, die es in den Bestand aufnehmen will, unter diesem Autor und diesem Titel verzeichnet. Es kann daher auch unter diesem Titel, dem Autor und in Verbindung mit verschiedenen Schlagworten im Katalog der Bibliothek gefunden werden. Monographien sind solch eine Form der selbständigen Publikation. Sie präsentieren als Gesamtdarstellungen ‚aus einer Hand' zentrale Forschungsergebnisse. Eine traditionsreiche Art der Monographie ist beispielsweise eine Doktorarbeit. Im Rahmen einer solchen Dissertation soll ein Wissenschaftler nachweisen, dass er einen Gegenstand vollständig erschließen und neue Erkenntnisse zur Forschung beitragen kann. Eine Monographie wie die Doktorarbeit erhebt den Anspruch auf Geschlossenheit der Argumentation. Es dauert in der Regel Jahre, bis ein Gegenstand vollständig erschlossen ist und die damit verbundene Publikation veröffentlicht werden kann (vgl. II.5).

Sammelbände

Forschungsbeiträge in Sammelbänden zu veröffentlichen, ist eine jüngere Variante der Veröffentlichungspraxis im Vergleich zur Monographie. Sammelbände haben einen oder mehrere Herausgeber und beinhalten Beiträge verschiedener Autoren zu einem Gegenstand. Im Unterschied zur Monographie ist ein Sammelband demnach nicht das Werk eines einzelnen Verfassers, sondern mehrere Beiträger publizieren ihre Aufsätze gesammelt. Diese Publikationsform ist zunehmend bedeutsam geworden, da die Publikation von Sammelbänden schneller möglich ist als der Abschluss einer umfangreichen Monographie. Statt einer stringenten Argumentationsführung bieten Sammelbände einen multiperspektivisch angelegten Zugang zu einer Fragestellung, da unterschiedliche Autoren mit ggf. unterschiedlichen Blickwinkeln und vielfältigen Herangehensweisen beteiligt sind. Sammelbände lösen die durch ihren Titel erzeugten Erwartungen deshalb nicht selten nur bedingt ein. Dies liegt daran, dass der Titel eines Sammelbands entweder ein breites Themenspektrum eröffnet und dieses nur in recht spezialisierten Einzelaspekten abhandelt oder nur den kleinsten gemeinsamen Nenner aller Beiträge benennt. Sammelbandtitel suggerieren so auf den ersten Blick eine Totalität der Darstellung, der die Unabgeschlossenheit aufgrund von Einzeldarstellungen zwangsläufig entgegensteht.

Die einzelnen Aufsätze eines solchen Bandes werden als unselbständige Publikationen bezeichnet. Für die Recherche ist es wichtig zu wissen, dass Sammelbände nur unter ihrem Titel und ihren Herausgebern ausgewiesen werden. Dass nicht die einzelnen Beiträge eines Sammelbandes in die Bibliothekskataloge aufgenommen werden können, ist durch die hohe Anzahl an unselbständigen Publikationen bedingt, die jedes Jahr veröffentlicht werden. Für die Auflistung der einzelnen Aufsätze gibt es sog. Bibliographien, die gedruckt und online erscheinen und die sowohl Monographien als auch Sammelbände und deren einzelne Beiträge verzeichnen (vgl. III.2).

Zu den Sammelbänden zählen auch Tagungsbände. Sie beinhalten Beiträge, die zuvor in Form eines Vortrages im Rahmen einer wissenschaftlichen Tagung präsentiert wurden. Wissenschaftliche Tagungen finden regelmäßig und zu den unterschiedlichsten Themen statt (vgl. II.4). Je nach der thematischen Ausrichtung der Tagung und Zusammenstellung der Teilnehmer können die daraus resultierenden Bände verstärkt interdisziplinären Charakter haben. Darin kann man wiederum einen Vorzug dieser Publikationsform sehen, weil die Monographie methodisch meist homogener ausfällt.

Festschriften

Festschriften sind eine weitere, spezielle Form von Sammelbänden. Sie, werden zu Jubiläen (beispielsweise bedeutender Persönlichkeiten aus dem Fach) herausgegeben. Die erörterten Gegenstände sind jedoch nicht notwendig an diese Anlässe gebunden. Oft sind die Bände heterogen, d.h., sie widmen sich nicht notwendig einer einheitlichen Fragestellung. Nicht selten findet hier eine Wiederverwertung älterer Beiträge statt. Festschriften sind deshalb eher nicht der primäre Publikationsort innovativer Forschungsergebnisse oder aktueller methodischer Debatten. Jedoch gibt es auch Ausnahmen wie beispielsweise Hugo Kuhns zum Standardwerk gewordener *Erec*-Aufsatz in der *Festschrift für P. Kluckhohn und H. Schneider* 1948 oder der 2000 von Martin Huber und Gerhard Lauer herausgegebene Band *Nach der Sozialgeschichte. Konzepte für eine Literaturwissenschaft zwischen Historischer Antropologie, Kulturgeschichte und Medientheorie*, der eine aktuelle methodische Debatte bietet.

Lexika, Enzyklopädien und Handbücher

Eine wichtige Form unselbständiger Beiträge, die für alle Formen der Annäherung an literaturwissenschaftliche Fragen herangezogen werden, sind Einträge in Lexika, Enzyklopädien und Handbüchern. Sie sind ein alltägliches und unverzichtbares Instrument der Recherche und häufig auch erster Wegweiser zur relevanten Literatur zum Gegenstand. Es gibt zahlreiche literaturwissenschaftliche Fachlexika mit unterschiedlichen Schwerpunkten wie etwa Autorenlexika (z. B. *Deutsches Literatur-Lexikon*, für die Mediävistik das *Verfasserlexikon* und für die Gegenwartsliteratur die Loseblatt-Sammlung *Kritisches Lexikon der Gegenwartsliteratur*), Werklexika (z. B. *Kindlers Literaturlexikon*), Stoff- und Motivlexika (z. B. *Stoffe der Weltliteratur* und *Motive der Weltliteratur* von Elisabeth Frenzel), Sachlexika (z. B. *Reallexikon der deutschen Literaturwissenschaft* und das *Metzler Lexikon Literatur- und Kulturtheorie*) und Themenlexika (z. B. *Metzler Goethe Lexikon*). Für die anderen Teilbereiche der Germanistik wie die Linguistik und die medienwissenschaftliche Forschung existieren wiederum eigene Lexika. Sie unterscheiden sich auch hier häufig hinsichtlich ihres Zuschnitts voneinander: So gibt es in der Linguistik Werke, die die gesamte Sprachwissenschaft und ihre Teilbereiche umfassen (*Metzler Lexikon Sprache*) und solche, die einzelne Bereiche der Linguistik beleuchten, wie beispielsweise die Phonetik. Für den Teilbereich Medienwissenschaft bietet das *Metzler Lexikon Medientheorie/Medienwissenschaft. Ansätze – Personen – Grundbegriffe* einen breiten Zugang. Für die Aspekte Rundfunk, Film und Fernsehen und ihre historische Darstellung können jeweils einzelne Enzyklopädien, Lexika und Handbücher herangezogen werden.

Da Nachschlagewerke in Umfang und Ausführlichkeit stark variieren, empfiehlt es sich generell, mehrere Varianten zu konsultieren und dabei v. a. auch Enzyklopädien zu Rate zu ziehen, in denen man umfassender recherchieren kann. Eine umfangreiche und geradezu unerschöpfliche Fachenzyklopädie ist beispielsweise die *Enzyklopädie des Märchens. Handwörterbuch zur historischen und vergleichenden Erzählforschung*. Zur Erschließung rhetorischer Begriffe in ihrem historischen Wandel ist etwa das *Historische Wörterbuch der Rhetorik* eine wichtige Quelle.

Eine weitere, nicht weniger unverzichtbare Quelle für die Recherche sind Handbücher. Das Spektrum an Handbüchern reicht hierbei von Autoren-Handbüchern über Methoden-Handbücher und Epochen-Handbücher bis zu dem vom Thomas Anz herausgegebenen *Handbuch der Literaturwissenschaft*, das den gegenwärtigen Stand der Germanistik dokumentiert. Handbücher bieten neben einschlägigen Zusammenfassungen des Forschungsstandes auch umfangreiche Verweise auf weiterführende Forschungsliteratur. Für die sprachwissenschaftliche Forschung bieten etwa die Bände der Reihe *Handbücher zur Sprach- und Kommunikationswissenschaft* (HSK) einen Überblick, in der Medienwissenschaft informiert das dreibändige Werk *Medienwissenschaft. Ein Handbuch zur Entwicklung der Medien und Kommunikationsformen* über Forschungsgegenstände.

Generell gilt auch hier für die Recherche, dass die einzelnen Einträge in den Lexika, Enzyklopädien und Handbüchern nicht über die Bibliothekskataloge recherchiert werden können. Will man literaturwissenschaftliche Begriffsdefinitionen oder Informationen zu einzelnen Autoren oder Werken recherchieren, so empfiehlt sich deshalb der Gang in die Bibliothek, da hier die wichtigsten Nachschlagewerke nach Fachgebieten sortiert in den Lesesälen zur ständigen Einsicht bereitstehen.

Einige wenige Fachlexika sind entgegen der üblichen Anlage als Monographien einzuordnen, da sie von einer Einzelperson verfasst sind. Sie erläutern ihre Lemmata nur in kurzen Definitionen. Dies gilt beispielsweise für Gero von Wilperts *Sachwörterbuch der Literatur* oder für Jeremy Hawthorns *Grundbegriffe moderner Literaturtheorie*.

Beiträge in Fachzeitschriften

Aktuelle wissenschaftliche Auseinandersetzungen finden bevorzugt in Fachzeitschriften statt. Auch deren Artikel sind unselbständige Publikationen. Zeitschriften werden fortlaufend mit Jahrgangsnummer, Erscheinungsjahr und ggf. Heftnummer in den Katalogen nachgewiesen. Im Unterschied zu Sammelbänden besitzen einzelne Zeitschriftennummern, von Sonderheften abgesehen, in der Regel kein spezielles Thema. Die Zeitschriftentitel geben zwar allgemeine Hinweise auf die methodische Orientierung der Beiträge und den Fachbereich, den die Zeitschrift abdeckt. So werden beispielsweise in der traditionsreichen *Zeitschrift für deutsche Philologie* u.a. Beiträge aus den Bereichen Sprachgeschichte und philologische Texterschließung, Literaturgeschichte und Poetik/Rhetorik veröffentlicht, so dass der im Titel ausgewiesene philologische Zugriff Hinweise auf die Ausrichtung der Zeitschrift gibt. Der Titel einer Zeitschrift ist aber nicht mit den themenorientierten Titeln von Sammelbänden vergleichbar. Für die oft eher umständlichen Zeitschriftentitel existieren offizielle Abkürzungen: Anstelle des vollständigen Titels *Zeitschrift für deutsche Philologie* wird aus arbeitsökonomischen Gründen daher die Abkürzung ZfdPh oder ZDP verwendet. Um herauszufinden, welche Zeitschrift sich hinter welchen Abkürzungen verbirgt, müssen eigene Hilfsmittel herangezogen werden. Für den Bereich Neuere deutsche Literaturwissenschaft findet man beispielsweise eine Liste der abgekürzt verzeichneten Periodika im *Reallexikon der deutschen Literaturwissenschaft*. Ein übersichtliches Verzeichnis der einschlägigen Fachzeitschriften und ihren gängigen Abkürzungen bietet auch der Ratgeber *Arbeitstechniken Literaturwissenschaft* (vgl. Moennighoff/Meyer-Krentler 2010, S. 129ff.).

Veröffentlichungspraxis bei Fachzeitschriften

Fachzeitschriften erscheinen periodisch, d.h., dass in regelmäßigen Abständen neue Hefte publiziert werden. In der Germanistik erfolgt die Veröffentlichung der Hefte in vielen Fällen vierteljährlich. Nachdem ein Jahrgang vollständig erschienen ist, werden die einzelnen Hefte in den Bibliotheken mit einem Jahresinhaltsverzeichnis zu einem Band gebunden. Fachzeitschriften beinhalten Aufsätze zu den unterschiedlichsten Forschungsgebieten der Germanistik und bilden daher die Breite und Vielfalt der germanistischen Forschung ab.

Einschlägige Fachzeitschriften werden in der Regel von namhaften Vertretern des Faches und bei renommierten Wissenschaftsverlagen herausgegeben und sind institutionell häufig mit Universitäten verbunden. Die Fachzeitschriften haben Herausgebergremien und Fachreferenten, die die Beiträge auswählen und redaktionell betreuen. Diese Form der wissenschaftlichen Begutachtung (*peer-review*) bürgt für die Qualität der Beiträge in Fachzeitschriften. Bevor die Beiträge veröffentlicht werden, durchlaufen sie also mehrere Stadien der Begutachtung. Durch das Verfahren des *peer-review* ist die Qualität der Beiträge häufig höher als in Sammelbänden.

Die periodische Erscheinungsweise macht es möglich, dass der Weg zur Veröffentlichung kürzer ist als bei Monographien. Die Publikation von Forschungsergebnissen erfolgt im Rahmen einer Zeitschriftenveröffentlichung also schneller, während eine Monographie häufig erst nach Jahren erscheinen kann. Aufgrund dieser kürzeren Publikationswege findet man in Fachzeitschriften aktuelle Debatten und methodische Diskussionen. Dabei steht den Fragestellungen kein solch breiter Raum zur Verfügung, wie dies in Monographien der Fall ist. Daraus ergeben sich Folgen für die Darstellungsformen: Beiträge in Fachzeitschriften sind auf einen oder wenige Aspekte fokussiert und stellen diese konzentriert dar. In einigen Zeitschriften sind den Aufsätzen – oft englischsprachige – Zusammenfassungen (*abstracts*) vorangestellt. Darin werden Problemstellung und Ergebnisse des Aufsatzes knapp umrissen, so dass man bereits Hinweise darauf erhält, ob der Aufsatz für die eigene Fragestellung geeignet ist.

Vielfalt der Fachzeitschriften

Es gibt eine Vielzahl von Fachzeitschriften in der Germanistik, die ganz unterschiedliche Fachbereiche adressieren, unterschiedlichen Fragestellungen verpflichtet sind und entsprechend diverse Methoden vertreten. Ein knapper Überblick über einige als Standard anzusehende Fachzeitschriften der germanistischen Literaturwissenschaft zeigt exemplarisch, wie breit das fachliche Spektrum ausfällt und welche unterschiedlichen Bereiche Fachzeitschriften abdecken können.

Die *Zeitschrift für Germanistik* (ZfGerm) adressiert die internationale germanistische Forschung und ist ein zentrales Forum, in dem Methoden, Perspektiven und aktuelle Theoriedebatten zusammengetragen werden. Wie in der bereits erwähnten *Zeitschrift für deutsche Philologie* (ZfdPh) werden in der *Zeitschrift für Germanistik* Rezensionen veröffentlicht, d. h. wissenschaftliche Neuerscheinungen im Fach von Fachvertretern besprochen. Wissenschaftliche Rezensionen sind wichtige Indikatoren, die Auskunft darüber geben, wie eine Arbeit in der Fachwelt aufgenommen wurde. Die Zeitschrift *Arbitrium* veröffentlicht ausschließlich solche Fachrezensionen zu germanistischen und kulturwissenschaftlichen Neuerscheinungen. In der *Deutschen Vierteljahrsschrift für Literaturwissenschaft und Geistesgeschichte* (DVjs) werden neben literaturwissenschaftlichen Beiträgen auch Aufsätze veröffentlicht, die fächerübergreifend Fragestellungen aus den Bereichen Philosophie, Kulturgeschichte und Mediengeschichte mit einschließen. Neben autor- und epochenspezifischen Themen werden damit auch methodische Perspektiven beleuchtet. Das *Internationale Archiv für Sozialgeschichte der deutschen Literatur* (IASL) ist im Vergleich dazu wiederum eine Zeitschrift, die einen dezidiert sozialgeschichtlichen Ansatz vertritt und sich u. a. Fragen der Autorsoziologie oder Diskursgeschichte sowie der Formen-, Gattungs- und Stilgeschichte in gesellschafts- und auch mediengeschichtlichen Zusammenhängen widmet, soweit diese auf soziale und politische Umstände zurückgeführt werden können. Die Zeitschrift ist dazu übergegangen, Rezensionen und mittlerweile auch Aufsätze zur schnelleren Diskussion auf www.iaslonline.de zu publizieren. Eine weitere Besonderheit ist hier die Rubrik *Multimediale Beiträge zur Literaturwissenschaft*, in der die digitalen Möglichkeiten zur intermedialen Aufbereitung im Netz genutzt werden.

Eine Reihe von Zeitschriften widmen sich ausschließlich oder insbesondere der Literatur und Kultur des Mittelalters wie etwa die *Zeitschrift für deutsches Altertum und deutsche Literatur* (ZfdA) oder die Zeitschrift *Daphnis,* die auf die Frühe Neuzeit fokussiert ist. Auch die Zeitschrift *Euphorion,* die literaturgeschichtlich orientiert ist, veröffentlicht zahlreiche Beiträge zur Literatur des Mittelalters und gibt jährlich ein thematisch organisiertes Sonderheft zur mittelalterlichen Literatur heraus.

Jahrbücher

Jahrbücher weisen gegenüber dem Oberbegriff Zeitschrift die Besonderheit auf, dass sie, wie der Titel bereits markiert, üblicherweise genau einmal jährlich erscheinen. Sie sind oft einem einzelnen, bedeutenden Autor gewidmet und werden von einer dem jeweiligen Dichter gewidmeten Gesellschaft herausgegeben. Die darin dargebotenen Artikel widmen sich demnach meist auch sehr spezifischen Fragestellungen und Gegenständen, die weniger von allgemeinem fachlichem Interesse sind und z.B. neue Funde biographisch relevanter Quellenmaterialien präsentieren. Dabei darf man sich von diesem allgemeinen Umstand jedoch nicht täuschen lassen. Auch autorenspezifische Jahrbücher können aktuellen methodischen Debatten einen festen Platz einräumen. Bestes Beispiel hierfür stellt das *Jahrbuch der Deutschen Schillergesellschaft* (JbDSG) dar. Hier werden nicht nur Beiträge veröffentlicht, die um das Werk Friedrich Schillers kreisen, sondern auch grundsätzliche methodische Diskussionen und literaturwissenschaftliche Debatten ausgetragen.

Literatur- und Kulturzeitschriften

Einen Sonderfall bilden Beiträge in Literatur- und Kulturzeitschriften, denn es handelt sich hierbei nicht um Fachzeitschriften mit wissenschaftlichem Anspruch. Vielmehr werden in diesen Zeitschriften neben literarischen Texten Essays publiziert, die auch im literaturwissenschaftlichen Kontext relevant sein können, soweit sie literarische, philosophische und geistesgeschichtliche Themen verhandeln. Eine der ältesten Kulturzeitschriften ist die renommierte *Neue Rundschau,* die seit 1890 im Verlag S. Fischer erscheint. Diese Zeitschrift ist Ort intellektueller Debatten und thematisiert seit ihrer Gründung die Entwicklung der modernen Kunst und Literatur. Eine der wichtigsten Kulturzeitschriften der Gegenwart ist der seit 1947 erscheinende *Merkur. Deutsche Zeitschrift für europäisches Denken,* der für eine offene und insoweit gelegentlich durchaus anstößige Geisteshaltung steht. Literatur- und Kulturzeitschriften können auch der Ort bedeutender Erstveröffentlichungen sein. Als Beispiel hierfür sei die Zeitschrift *Sinn und Form. Beiträge zur Literatur* genannt, die seit 1949 in der DDR publiziert wurde und bis heute von der Deutschen Akademie der Künste herausgegeben wird.

Zieht man Beiträge aus Kultur- und Literaturzeitschriften für seine Fragestellung heran, so muss man generell die Textsorte berücksichtigen, weil man es nicht mit wissenschaftlichen Abhandlungen zu tun hat. Vielmehr präsentieren sie ihre Themen häufig auf geistreich-essayistische Weise und verfolgen kein wissenschaftliches Erkenntnisinteresse, selbst wenn die Ausführungen von Fall zu Fall auch dafür interessant sein können. Im Kern unterscheidet sich der Essay vom wissenschaftlichen Aufsatz darin, dass dort keine methodisch abgesicherten Forschungshypothesen präsentiert werden.

Feuilleton

Nicht nur die Germanistik als wissenschaftliche Disziplin beschäftigt sich mit Literatur, sondern Literatur ist ein allgegenwärtiges Thema in verschiedenen Institutionen des Literaturbetriebs. Debatten über Literatur werden auch im Feuilleton-Teil von Tages- und Wochenzeitungen geführt. In diesem Rahmen erscheinen beispielsweise Beiträge über Gegenwartsautoren, deren Werk noch nicht Gegenstand der universitären Forschung ist. Überregionale Feuilleton-Beiträge bieten etwa die *Frankfurter Allgemeine Zeitung*, die *Zeit*, die *Süddeutsche Zeitung* und die *Neue Zürcher Zeitung*. In der *FAZ* wird mittwochs die Beilage ‚Geisteswissenschaften' veröffentlicht, deren ständige Lektüre empfehlenswert ist, da aktuelle geisteswissenschaftliche Themen und Entwicklungen sowie fachliche Debatten für eine interessierte Öffentlichkeit dargelegt werden. Aktuelle Entwicklungen im akademischen Raum werden im Anschluss daran in der Rubrik ‚Forschung und Lehre' beleuchtet.

Permanente Recherche als Dauerauftrag in Studium und Wissenschaft

Neben der gezielten Suche nach Beiträgen gehört eine permanente Recherche zum Studienalltag der Germanistik. Diese Form der Recherche ist nicht an eine konkrete Fragestellung und Prüfungsleistung gebunden, sondern umfasst ein kontinuierliches Verfolgen gegenwärtiger Fachdebatten und Diskussionen im Literatur- und Kulturbetrieb. Es empfiehlt sich daher die regelmäßige Sichtung der Auslagen von Fachzeitschriften in der Bibliothek. Zudem besteht die Möglichkeit, sich mit der Mailingliste *H-Germanistik* über aktuelle Fachdebatten zu informieren. Dort kann man seine Interessengebiete definieren und erhält daraufhin regelmäßig Fachinformationen wie Hinweise auf Tagungen, Inhaltsverzeichnisse aktueller Zeitschriftenbände und Rezensionen wissenschaftlicher Neuerscheinungen im Fach. Auch für das Teilgebiet Linguistik gibt es solche Angebote, die es einem ermöglichen, an aktuellen Fachdebatten teilzuhaben, so etwa den Service *Online Contents Linguistik,* der Inhaltsverzeichnisse linguistischer Fachzeitschriften des Zeitraums seit 1993 für die Recherche zur Verfügung stellt. Der Zugang ist frei und ohne Lizenz möglich. Mit dem Dienst *My Current Contents Linguistics* (myCCL) des DFG-Sondersammelgebiets Allgemeine Linguistik kann ein E-Mail-Newsletter bestellt werden, bei dem man aus über 300 linguistischen Fachzeitschriften auswählen kann und per Inhaltsverzeichnis auf dem Laufenden gehalten wird.

Der *Fachdienst Germanistik* bietet eine Zusammenfassung von Beiträgen aus überregionalen Tages- und Wochenzeitungen, die germanistische Interessen betreffen und zum Schluss ein Verzeichnis aktueller Aufsätze in Fachzeitschriften sowie eine Bibliographie aktueller sprach- und literaturwissenschaftlicher Neuerscheinungen. Darüber hinaus wird hier auch über das aktuelle Geschehen an Hochschulen und im Kulturbetrieb berichtet. Er kann abonniert oder in Bibliotheken eingesehen werden, die ein Abonnement abgeschlossen haben. Eine tägliche Zusammenfassung der Feuilletondebatten und Literaturkritik in Zeitungen liefern Website und Newsletter-Dienst des *Perlentaucher* (www.perlentaucher.de). Er bietet die Möglichkeit, einen Überblick über die Debatten zu erhalten, die gerade im Kultur- und Literaturbetrieb ausgetragen werden.

## 2. Literaturrecherche im digitalen Zeitalter

Recherche als Kompetenz

Die Fülle an Forschungsliteratur und die Varietät der Publikationsformen bedingen eine unübersichtliche Quellenlage, die für nahezu jede studentische Prüfungsleistung gesichtet werden muss. Zur erforderlichen Medienkompetenz gehört das Wissen über geeignete Hilfsmittel, zitierfähiges Material und Systematisierungslogiken von Bibliotheken. Diese Informationskompetenzen werden durch Lehreinheiten in Einführungsveranstaltungen der Germanistik vermittelt. Man erarbeitet sie sich zudem im Laufe des Studiums, da man zunehmend komplexe Hausarbeiten nur anfertigen kann, wenn auch die Recherchetechniken an Komplexität gewinnen.

Wissenschaftliche Arbeitstechniken werden insgesamt durch den Zuwachs und die Veränderung digitaler Medien modifiziert. Mit am stärksten davon betroffen ist dabei der Schritt der Recherche, da er nicht nur selbstbestimmtes Arbeiten mit den neuen Medien verändert (kann man nutzen, muss man aber ggf. nicht), sondern auch einen fremdbestimmten Faktor modifiziert: die Verfügbarkeit von Quellen und Informationen.

Von den Anfängen digitaler Recherche bis heute: OPAC

Erst in den 1980er Jahren kommen OPACs (*Online Public Access Catalogues*) auf, und somit der Zugriff auf Bibliothekskataloge per Telnet und später per WWW. Noch 1986 protestiert Michael Gorman von der Universität Illinois gegen die Abkürzung des neuen Phänomens, da sie zu sehr an OPEC erinnere (eine besonders zu dieser Zeit wenig schmeichelhafte Assoziation) oder an PAC wie in *Political Action Committee*, weshalb OPAC klinge wie Null-Lobby. Derart skurril anmutender Protest hat indes die flächendeckende Verbreitung der OPACs nicht aufhalten können. Gegenwärtig sind sie aus der wissenschaftlichen Recherchetätigkeit nicht mehr wegzudenken. Angesichts der mittlerweile selbstverständlichen Nutzung des Internets zur Recherche ist es nötig, sich gezielt die Funktionsweise der so verfügbaren Rechercheinstrumente vor Augen zu führen, um die Qualität der Ergebnisse und die Gründe für eine möglicherweise dennoch ergebnislose Suche einschätzen zu können.

Systematische und unsystematische Recherche

Grundsätzlich und medienunabhängig kann man Suchmethoden in zwei Kategorien einteilen: in systematische und unsystematische Recherche. Dabei klingt die Unterscheidung von vornherein wie eine Stigmatisierung wissenschaftlicherer bzw. unwissenschaftlicherer Vorgehensweise und wird von den Ratgebern oftmals auch so aufgefasst. Dennoch ist diese Einteilung hier zuerst einmal wertneutral gemeint, da beide Vorgehensweisen im Studium begründet angewandt werden können.

Stöbern

Zur unsystematischen Recherche gehören generell alle Verfahren des Stöberns. Die Suche beginnt an einem innerhalb des Themengebietes gewählten Ausgangspunkt und wird von dort aus relativ ergebnisoffen geführt. Eine systematische Erschließung des gewünschten Gegenstandes wird damit nicht erreicht. Hilfsmittel einer solchen Recherche und erster Anlaufpunkt können beispielsweise thematisch bzw. systematisch geordnete Bibliotheksregale sein. Hat man in einem solchen Regal bereits ein relevantes Werk gefunden, kann man den Rest der dort versammelten Werke durchforsten und weitere relevante Titel finden. Manche Bibliotheken bieten in ihrem digitalen Katalog auch virtuelle Bibliotheksregale oder einen Stöbern-Button an, so dass man sich den kompletten Bestand innerhalb einer thematisch organisierten fachsystematischen Aufstellung anzeigen lassen kann. Allerdings wird diese Systematik nicht immer nennenswerte Überschneidungen mit dem eigenen Thema aufweisen. Recherchiert man beispielsweise die Anthologie *Lyrik der Gründerzeit* als relevantes Werk für die eigene Arbeit und stöbert dann danach, unter welcher systematischen Aufstellung der Bibliothek das Buch eingeordnet ist und ob diese weitere, für das gesuchte Thema relevante Titel beinhaltet, hilft es wenig, wenn die Bibliothek den Gedichtband unter der Systematisierung *Literarische Gattungen → Lyrik → Theorie* eingeordnet hat. Dort wird sich wahrscheinlich keine weitere Primär- und Sekundärliteratur zu Gründerzeitgedichten finden. Als besonders zum Stöbern geeignet erweisen sich hingegen autorenorientierte Sortierungen. Zu kanonischen Autoren erhält man hier raschen Zugriff auf einschlägige Literatur und auf eventuell vorliegende Autoren-Handbücher.

Eine ähnliche Rolle wie das Stöbern im Regal wollen in Zukunft digitale Systeme wie *BibTip* (www.bibtip.com) einnehmen, die innerhalb eines OPACs anzeigen, welche Suchergebnisse andere Nutzer interessant fanden, die das gleiche Werk in ihrer Trefferliste ausgewählt haben. Auch hier können überraschend hilfreiche Ergebnisse erzielt werden, allerdings sollte bei solchen Hilfsmitteln insgesamt kein zu hoher Nutzen erwartet werden. Kontingenz und Intransparenz der Ergebnisse übersteigen den Nutzen bei Weitem.

Die Relevanz von gefundener Literatur einzuschätzen, bleibt letztlich – und in besonderem Maß bei der unsystematischen Recherche – dem Nutzer immer selbst überlassen und nicht dem genutzten System. Der Vorteil solcher unkonventionellen Suchmethoden liegt letztlich vor allem darin, den Blick rasch auf Texte zu lenken, die mit anderen Vorgehensweisen möglicherweise erst im späteren Verlauf der Recherche ins Netz gegangen wären.

Schneeballverfahren

Das unsystematische Schneeballverfahren – und eigentlich gerade nicht Schneeball*system*, wie es oft widersinnig genannt wird – geht wie folgt vor: Ausgangspunkt ist ein Beitrag der Sekundärliteratur, der zum einen thematisch möglichst nah an der eigenen Fragestellung angesiedelt und zum anderen so aktuell wie möglich ist. Darin werden Fuß- bzw. Endnoten oder die Bibliographie zu einzelnen Kapiteln, Aufsätzen oder zum gesamten Beitrag nach Literatur durchsucht, die wiederum einige Kriterien zu erfüllen hat. Die Titel sollten ebenfalls eine starke Überschneidung mit dem eigenen Thema vermuten lassen, auch können Art und Anzahl der Nennungen Hinweise zur Relevanz geben. Vielzitiertes wäre demnach eher heranzuziehen als einmalig Benanntes. In diesen Beiträgen wiederum wird nach der gleichen Art verfahren, so dass man letztlich einem Netzwerk von Zitationen innerhalb eines Themengebietes folgen kann. Von einem Forschungsbeitrag ausgehend, ergibt sich dann eine Vielzahl von Publikationen, die es auszuwerten gilt. Das Verfahren wird beendet, wenn nur noch redundante Treffer auftreten und das Feld der Forschungsliteratur damit erschöpft scheint.

Suchwortprotokoll

Im Gegensatz zu unsystematischen Vorgehensweisen läuft die systematische Recherche im Großen und Ganzen nach dem immer gleichen Muster ab. Stichwörter wie Autor, Epoche, Thema oder eine Kombination daraus werden zu Beginn festgelegt und nach und nach abgearbeitet. Es empfiehlt sich, die Suchschritte zu planen und zu dokumentieren, um während der

Recherche den Überblick zu behalten und wirklich systematisch vorzugehen. Eine Möglichkeit dafür ist das Suchwortprotokoll. Es verzeichnet das Thema oder die Fragestellung, die verwendeten Suchwörter und die Orte, an denen gesucht wurde (zu möglichen Suchorten und deren Spezifika s.u.). Dadurch hilft es, nachträglich festzustellen, welche Suchbegriffe vergessen und welche Suchorte ausgelassen wurden, so dass problemlos ergänzend nachrecherchiert werden kann.

*Thema: Tod in der Lyrik Detlev von Liliencrons*

| **Suchwort** | **Ort** |
|---|---|
| liliencron | *BDSL Online*, UB-Katalog; *Germanistik* |
| liliencron lyrik | *BDSL Online*, UB-Katalog |
| spätrealismus | s.o. |
| liliencron realismus | s.o. |
| liliencron tod | s.o. |
| realismus lyrik | s.o. |
| realismus lyrik tod | s.o. |

Als Suchergebnisse erhält man Monographien, Sammelbände, Aufsätze und Artikel zum gesuchten Thema. Mehrfachtreffer sind – anders als beim Schneeballverfahren – irrelevant und werden nicht gewichtet. Sie geben keine Auskunft über die Relevanz eines Artikels, sondern nur über die Überschneidungsbereiche der verschiedenen Suchanfragen und Kataloge, in denen recherchiert wurde.

Suchbegriffs-diagramm

Aufwendiger als Suchwortprotokolle, aber hilfreich bei der Suche in Online-Katalogen sind Suchbegriffsdiagramme. In ihnen werden vor Beginn der Recherche mögliche Suchbegriffe gesammelt und sortiert. Dabei gibt die horizontale Ebene sich ergänzende Begriffe an, die vertikale Ebene sich gegenseitig ersetzende wie z.B. Synonyme, Begriffsfelder oder Übersetzungen. Im folgenden Beispiel geht es um das Thema Spannung in der Epik des 19. Jahrhunderts. Ein entsprechendes Suchbegriffsdiagramm könnte dann so aussehen:

<table>
<tr><td>O<br>D<br>E<br>R</td><td>Spannung<br>suspense<br>tension<br>mystery<br>thrill<br>delightful horror<br>Rätsel<br>Schauer</td><td>Literatur/literarisch<br>Epik/episch<br>Erzählung/Erzähltexte etc.<br>Roman<br>Novelle/Novellistik<br>Kurzgeschichte<br>Kriminalgeschichte<br>Schauerliteratur</td><td>19. Jahrhundert<br>Realismus<br>Romantik<br>Vormärz<br>Biedermeier</td></tr>
<tr><td colspan="4">UND</td></tr>
</table>

Im Idealfall müsste man jeden Begriff mit jedem kombinieren, um das Thema komplett abzudecken. Dies ist in Online-Katalogen und Datenbanken aufgrund von Operatoren und Trunkierung durchaus möglich, aber durch die Unterschiede in der Syntax nur schwer zu erreichen. Außerdem wirkt sich in diesem Fall bereits ein vergessenes, aber relevantes Schlagwort fatal negativ auf die Suchergebnisse aus. Stattdessen ist es auch möglich, die Begriffe nur teilweise miteinander zu verknüpfen und ggf. nur eine oder zwei der Spalten zu benutzen, wenn dies angesichts des Suchverlaufs sinnvoll erscheint. Zusätzlich sollten weitere Übersetzungen – auch jenseits der englischen Fachtermini für Spannung – in Erwägung gezogen werden.

Optimale Verknüpfung von Suchbegriffen

Es ist nicht schwierig, im Internet Rechercheergebnisse zu erzielen. Allerdings bedeutet dies noch nicht, dass der Informationsgehalt vollständig ausgeschöpft wurde. Einige Hilfsmittel wie die genannten Operatoren und die Trunkierung von Suchbegriffen machen die Onlinerecherche effizienter und erleichtern den Einsatz des Suchbegriffsdiagramms:

- *Operatoren:* Um einzelne Suchbegriffe präzise zu verknüpfen, sollten sie mit Operatoren versehen werden. Die bei der Recherche normalerweise benötigten sind AND und OR. Da diese nicht immer den alltäglichen Begriffen ‚und' und ‚oder' entsprechen, ist hier besondere Vorsicht geboten:
  AND verbindet zwei Suchbegriffe so, dass nur ihre Schnittmenge ausgegeben wird. Die Suche nach ‚Liliencron and Lyrik' wird also nur Ergebnisse ausgeben, die sowohl mit ‚Liliencron' als auch mit ‚Lyrik' verschlagwortet sind.
  OR verbindet zwei Suchbegriffe so, dass die Gesamtmenge aus beiden Begriffen ausgegeben wird. Die Suche nach ‚Liliencron or Lyrik' ergäbe somit alle Treffer zu Liliencron und alle zu Lyrik, in einer Fachbibliographie also beispielsweise auch alle Veröffentlichungen zu Goethes Lyrik oder zur Analyse von Lyrik. Eine derartige Suche wäre demnach wenig sinnvoll. Mit dem OR-Operator verbindet man stattdessen verwandte Begriffe, Synonyme und dergleichen. Die nach ‚Spannung or suspense' wäre eine sinnvolle Anwendung des Operators, bei der der Themenkreis der beiden in der Forschung verwendeten Begriffe für literarische Spannung komplett abgedeckt würde.
  Arbeitet man nicht mit derartigen Operatoren, werden Verbindungen zwischen Begriffen meist standardmäßig als AND definiert.

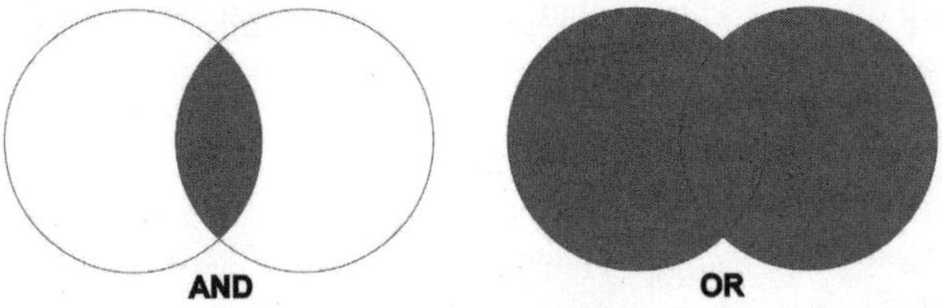


- *Phrasensuche:* Suchbegriffe, die stehende Redewendungen oder feste Ausdrücke darstellen, führen zu unbefriedigenden Ergebnissen, wenn die Phrasenbestandteile als einzelne – quasi mit OR oder AND verbundene – Suchwörter ausgewertet werden. Dies lässt sich vermeiden, indem man die Phrasensuche anwendet und den gesuchten Ausdruck in doppelte Anführungszeichen („") setzt. Besonders relevant ist dies bei Suchmaschinen, da durch deren Volltextindizierung einzelne Begriffe nahezu beliebig weit auseinander stehen können und trotzdem noch Treffer erzielt werden.

- *Trunkierung:* Gern vergessen wird der Unterschied zwischen analogen Sachregistern und digitaler Katalogisierung, wenn es um Wortzusammensetzungen oder um flektierte Begriffe geht. Bereits ein Genitiv im Titel kann bei fehlender Verschlagwortung bewirken, dass bei der Suche zahlreiche Titel unberücksichtigt bleiben. Die Suche nach ‚Lyrik' wird ggf. keine oder nicht alle Titel mit dem Stichwort ‚Lyrikanalyse' ergeben. Aus diesem Grund lohnt sich die Verwendung von Trunkierungszeichen, wenn die Vermutung naheliegt, dass an dieser Stelle auch eine andere Wortform oder ein Kompositum als Ergebnis gewünscht sein könnte. Die Zeichen sind von Katalog zu Katalog unterschiedlich, üblicherweise handelt es sich um * oder ?. Die Suche nach ‚lyri*' würde neben ‚Lyrik', ‚Lyriker' und ‚Lyrikanalyse' auch noch ‚lyrisch' mit einbeziehen. Es gilt im Zweifelsfall auszutesten, bei welcher Suche die Ergebnisse zu eingeschränkt und bei welcher sie zu offen ausfallen.

Die Liste solcher Feinheiten in der Online-Recherche ließe sich noch fortsetzen, verzeichnet an dieser Stelle aber nur die wichtigsten Hilfestellungen. Es lohnt sich immer, auch im fortgeschrittenen Studium, die Angebote der Universitäts- und Landesbibliotheken zu nutzen. Oft werden dort (Ein-)Führungen angeboten, die mit speziellen Gegebenheiten des jeweiligen Katalogs und den lizenzierten Datenbanken der Bibliothek vertraut machen und auf Details hinweisen, die die Suche erleichtern oder ergiebiger machen können.

Vorwissen

Vor dem Beginn der Recherche müssen zuerst die geeigneten Suchbegriffe gefunden werden. Zum einen benötigt dies eine gewisse Übung, um rasch auf verwandte Begriffe, Ober- und Unterbegriffe, Synonyme oder auch Abkürzungen zu kommen. Zum anderen ist dafür auch ein erhebliches fachliches Vorwissen nötig. Bei einem Referat oder einer Seminararbeit ist der Grundstein üblicherweise durch die Veranstaltung und deren Unterlagen bereits gelegt. Auch das im Laufe des Studiums erworbene und zunehmend differenzierte Fachwissen wird mehr und mehr als Unterstützung dienen können. Dennoch kann es auch im fortgeschrittenen Studium der Fall sein, dass eine Recherche nahezu ohne konkretes Vorwissen begonnen werden muss. In diesem Falle hilft es wenig, blindlings mit einem minimalen Arsenal von Suchbegriffen zu beginnen. Stattdessen sind Lexikonartikel eine gute Anlaufstelle, um zahlreiche Begriffe zu erhalten, die eng mit dem Thema verknüpft sind.

Einstieg in die Recherche

Neben Lexikonartikeln eignen sich auch noch weitere Publikationstypen besonders für den Einstieg in die Recherche. Diese Vorlektüre ist dabei empfehlenswert, unabhängig davon, ob darauf eine systematische oder unsystematische Recherche folgen soll. Den häufigsten Ausgangspunkt für die eigene Erschließung eines Themas bieten im Studium Seminar- oder Vorlesungsunterlagen sowie die dort behandelte Lektüre.

Apparate der Primärtextausgaben

Von einschlägigen Verlagen für studentische Zwecke hergestellte Textausgaben (z.B. *Reclams Universal-Bibliothek*), die oft von Dozenten für die Seminarlektüre vorgegeben werden, bieten im Hinblick auf die Informationsbeschaffung zum Gegenstand zahlreiche Hilfestellungen. Sie verfügen über ausführliche, manchmal auch sachlich geordnete Verzeichnisse sowohl anderer Textausgaben als auch relevanter Sekundärliteratur zum jeweiligen

Werk. Unter Berücksichtigung des Veröffentlichungstermins und der Berichtszeit des Literaturverzeichnisses sollten diese, so vorhanden, auch konsequent auf für die eigene Fragestellung Relevantes oder Interessantes durchgesehen werden, denn Standardwerke und einschlägige Veröffentlichungen werden hier stets berücksichtigt. Allerdings muss natürlich immer beachtet werden, dass derartige Rechercheeinstiege nicht alles bieten können, was für die eigene, möglicherweise stark spezialisierte Fragestellung relevant ist.

Einführungsbände

Die nächste Anlaufstelle sind Einführungsbände, die Grundlagenwissen zu einem literaturwissenschaftlichen Komplex, einer Epoche, einer Gattung oder dergleichen vermitteln. Die Suche nach ihnen wird durch mehrere Faktoren erleichtert. Ihre Titel-, Untertitel oder ihre Reihenzuordnung beinhalten in der Regel Schlagworte wie *Einführung, Basiswissen, Arbeitsbuch* oder *Grundkurs*. Ebenfalls vielversprechend ist es, wenn der Titel den Gegenstand oder das Thema in einem Einzelausdruck beschreibt (z. B. Literarische Romantik) und entweder gar kein Untertitel vorhanden ist oder auch dieser keine argumentative Entfaltung eines Spezialthemas verspricht, sondern möglichst allgemein und umfassend gehalten ist (z. B. *Georg Büchner. Das literarische Werk; Walther von der Vogelweide, Epoche – Werk – Wirkung*). Auch der Verlag kann einen Hinweis geben, denn es gibt Verlage, die sich auf den Bedarf von BA-Studierenden spezialisiert haben. Andere weisen spezielle einführende Reihen innerhalb ihres Programms aus, die mit Schlagwörtern wie *Einführung, Studienbuch/bücher, Uni-Wissen, Bachelorwissen* oder *basics* gekennzeichnet sind.

Handbücher

Ebenfalls gut für den Einstieg geeignet sind die oben beschriebenen Handbücher. Autoren-Handbücher beispielsweise existieren für viele kanonische Dichter (z. B. für Goethe, Heine, Rilke und Brecht, um nur eine willkürliche Auswahl zu nennen) und sind meist von namhaften Fachbuchverlagen herausgegeben. Sie spiegeln den zum Zeitpunkt der Veröffentlichung aktuellen Forschungsstand zu einem einzelnen Autor wider, befassen sich vornehmlich mit den Themenfeldern geschichtlicher Kontext, Werk und Rezeption und bieten dazu jeweils umfassende bibliographische Angaben. Üblicherweise sind Handbücher als Sammelbände angelegt und stellen ein Nachschlagewerk zu vielfältigen Aspekten im Umkreis des Autors dar, leisten damit aber keinen eigenen Forschungsbeitrag. Autoren-Handbücher eignen sich, um ebenso einführend wie kleinteilig zu einem speziellen Thema zu informieren.

Literaturgeschichten

Um eine literarische Epoche zu erschließen, sollten Literaturgeschichten konsultiert werden. Sie erschließen größere Zeiträume und stellen Werke und Autoren in ihren zeitgeschichtlichen Kontext. Zwei mehrbändige Literaturgeschichten haben sich als Standard etabliert: die von Helmut de Boor und Richard Newald begründete *Geschichte der deutschen Literatur von den Anfängen bis zur Gegenwart*, die mit der Literatur von 770–1170 beginnt und mit einem Band zur Literatur von 1945 bis zur Gegenwart endet. Die Einzelbände sind meist Monographien zum jeweiligen Zeitabschnitt. Anders präsentiert sich *Hansers Sozialgeschichte der deutschen Literatur vom 16. Jahrhundert bis zur Gegenwart*, die, wie bereits der Titel ausweist, zum einen nur den neugermanistischen Zeitraum abdeckt, zum anderen auf das Zusammenwirken von Literatur und Gesellschaft abzielt. Somit ist diese

Literaturgeschichte insbesondere an sozialen Faktoren des literarischen Betriebs, an literarischen Produktions- und Rezeptionsbedingungen und damit weniger an textimmanenten Werkbeschreibungen interessiert. Die Einzelbände sind größtenteils Sammelbände, die aus Einzelartikeln zum jeweiligen Zeitraum bestehen. Für sie gilt deshalb das oben beschriebene Problem der Heterogenität von Einzeldarstellungen in Sammelbänden.

Rechercheprozess

Generell gilt für den Rechercheprozess: Der Suchzweck bestimmt die Suchroutine. Der Rechercheaufwand sollte im Verhältnis zur geplanten Arbeit stehen. Allgemein lässt sich folgendes Schema für den Recherchevorgang empfehlen:
- bei Fachlexika beginnen, nicht nur bei unbekannten Themen
- vom einfach Verständlichen und Einführenden hin zur komplexen Darstellung
- vom Überblickswissen zum Detailwissen
- vom Detailwissen zum Epochenwissen
- von der aktuellen Forschung zu den älteren Beiträgen

Sekundärliteratur zu suchen, bibliographisch zu erfassen und zu lesen, lässt sich nicht in nacheinander folgende Phasen einteilen, da die einzelnen Vorgänge zu sehr ineinander verzahnt sind. Es existiert die Auffassung, Sekundärliteratur über einen Text dürfe nicht vor der Lektüre des Primärtextes selbst gelesen werden, weil ihre Beobachtungen ein Wahrnehmungsraster an den Text anlegen und den eigenen, freien Leseeindruck zerstören. Diese Ansicht setzt zum einen voraus, dass demgegenüber eine naive erste Textlektüre nicht schon grundsätzlich durch ein fortschreitendes Germanistik-Studium determiniert sein dürfte. Zum anderen wird sie dem tatsächlichen Rechercheprozess nicht gerecht. Zwar ist es richtig, dass Primärtextlektüre üblicherweise vor der Suche nach Sekundärliteratur stattfindet – und das ist auch gut so. Allerdings kann die Durchsicht von Sekundärliteratur beispielsweise selbst weitere Primärtexte zu Tage fördern, deren Lektüre die eigene Arbeit bereichert. Eine Literaturrecherche wird sich nur in den seltensten Fällen in einem linearen, geradlinigen und abgeschlossenen Vorgang vollziehen. Viel öfter verbindet sich eine grundsätzliche, systematische Recherche mit der Nachrecherche später gefundener Treffer.

Vor- und Nachteile der Recherchearten

Vorteile der systematischen Recherche:
- Sie erschließt aktuelle Forschung weitgehend vollständig.
- Sie erfüllt den Anspruch einer wissenschaftlich-strukturierten Vorgehensweise.

Nachteile der systematischen Recherche:
- Ist eine breite Datenbasis vorhanden, werden ggf. externe Abbruchbedingungen nötig, um den Rahmen der geforderten Arbeit nicht zu sprengen.
- Man verlässt sich automatisch auf fachmännische, aber intransparente Verschlagwortungsmechanismen.

Vorteile der Schneeballrecherche:
- Die Determinierung aufgrund eigener Schlagwörter und somit durch eine spezifische Sichtweise auf ein Thema wird reduziert.
- Bei einem gut gewählten Einstiegspunkt stellen sich rasch brauchbare Ergebnisse ein.

Nachteile der Schneeballrecherche:
- Es besteht ein geringerer Grad an Wissenschaftlichkeit und Präzision.
- Sie erhebt keinen Anspruch auf Vollständigkeit.
- Sie ist stärker auf den Forschungsverlauf angewiesen als die systematische Recherche.

Generell lässt sich sagen, dass die unsystematische Recherche bei reflektierter und zielgerichteter Anwendung schnell ordentliche Ergebnisse liefern kann. Während sie für ein in naher Zukunft angesetztes Referat ein probates Mittel darstellt, ist ihre alleinige Anwendung für Hausarbeiten nicht angemessen. Allerdings kann sie im Zusammenspiel mit einer systematischen Recherche zusätzliche Ergebnisse liefern. Dies betrifft insbesondere den Fall, dass es zu einem Thema Standardwerke gibt, die aus der älteren Forschung stammen, aber bis heute Bestand haben. Diese werden mit einer systematischen Recherche, soweit sie eine Begrenzung auf mehr oder minder aktuelle Forschung bedeutet, nicht zwingend gefunden werden, da im Zuge einer studentischen Arbeit die systematische Recherche in einem überschaubaren zeitlichen Rahmen durchgeführt werden muss. Solche älteren Standardwerke sind aber durch schneeballartiges Weiterverfolgen der Zitationen leicht und schnell auszumachen, so dass diese die systematische Recherche maßgeblich ergänzen kann.

Endpunkt der Recherche

Die Recherche für eine Studierendenarbeit kann oft gar keinen durch die Grenzen der findbaren Literatur definierten Endpunkt erreichen. Deshalb ist es Aufgabe des Recherchierenden, zu einem bestimmten Zeitpunkt aus pragmatischen Gründen einen Schlusspunkt zu setzen. Eine quantitative Regel ist dabei kaum aufzustellen, dafür hängt das notwendige Rechercheergebnis zu sehr von der Art der Arbeit und dem konkreten Thema ab. Bewegt man sich systematisch vom Einführenden zum Speziellen und vom aktuellen Forschungsbeitrag zum älteren Standardwerk, bestehen gute Aussichten darauf, auch bei einem nicht zu Ende recherchierten Thema eine angemessene Literaturliste zu erhalten.

Während der Anfertigung einer Arbeit wird zumeist der im Grunde ja auch berechtigte Eindruck entstehen, man habe eben noch nicht die komplette Forschungsliteratur zum Thema entdeckt und erfasst. Aus diesem Grund neigt man dazu, auch während der Schreibphase immer wieder zur Recherche zurückzukehren. Dieses Vorgehen ist nicht grundsätzlich falsch oder schlecht, kann sich aber derart verselbständigen, dass es den Schreibprozess komplett blockiert. Es empfiehlt sich deshalb, die Konsumphase und die Produktionsphase einer wissenschaftlichen Arbeit soweit zu trennen, dass permanentes Nachrecherchieren während des Schreibprozesses weitgehend vermieden wird.

Hybridität von digitalen und analogen Medien

Die gegenwärtige Recherchetätigkeit ist gekennzeichnet durch die Hybridität von digitalen und analogen Medien, die für die Literatursuche zur Verfügung stehen. Ein Medienbruch ist zwischen den beiden Teilen festzustellen. D.h., dass die Suche zum einen in analogen und digitalen Medien stattfindet und dass zum anderen auch nach digitalen und analogen Medien gesucht wird. Dabei sind wechselseitige Verweise aufeinander möglich. So ergibt sich aus der Recherche in einem Online-Katalog die Ausleihe analoger Medien in der Bibliothek; es kann sich aber beispielsweise auch in einer gedruckt vorliegenden Publikation ein Verweis auf eine rein digitale oder digital zugängliche Veröffentlichung ergeben. Diese Verzahnung beider medialer Zustände erfordert Arbeitstechniken, die der Hybridität gerecht werden.

Dabei geht es weniger darum, die Recherche „erfolgreich auf die neuen Verhältnisse der digitalen Medien anzupassen" (Hodel 2010, S. 26), sondern in der Praxis vielmehr umgekehrt darum, dass das Internet längst primärer Suchort geworden ist. Bibliothekskataloge, Fachdatenbanken, Online-Rezensionsorgane, ja selbst Suchmaschinen wie *Google* oder Web-Enzyklopädien wie *Wikipedia* können bei richtiger Anwendung durchaus eine Bereicherung oder auch essenzielles Arbeitsmittel für die Literaturrecherche darstellen. Allerdings ist dies nur gewährleistet, wenn mit ihnen zielgerichtet und reflektiert umgegangen wird.

Recherche-Hilfsmittel der Bibliotheken

Konventionelle Recherche-Hilfsmittel der Bibliothek stellen Zettelkästen und Kataloge dar. Zettelkästen spielen in der Organisation vieler (Universitäts-)Bibliotheken keine tragende Rolle mehr. Sie sind als Erschließungsmittel des Bibliotheksbestandes bei Studenten nahezu in Vergessenheit geraten. Dennoch sind gerade Altbestände oft nicht elektronisch erfasst, so dass für die Recherche in diesem Bereich doch noch Zettelkästen zu Rate gezogen werden müssen. Deren Inhalt ist also oft nicht online, sondern nur vor Ort einsehbar. Für aktuelle Bibliotheksbestände sind an deren Stelle Bibliothekskataloge getreten, die an PCs in der Bibliothek selbst, aber auch online für die Recherche zur Verfügung stehen. Weil die Möglichkeit besteht, via Internet zu recherchieren, wird auf die Bibliothekskataloge im Abschnitt ‚Recherche-Hilfsmittel der digitalen Medien' eingegangen.

Referenzquellen

Die wichtigsten Referenzquellen für die systematische Recherche von Sekundärliteratur sind sog. Referatenorgane und Bibliographien. Sie verzeichnen die Daten von Forschungsliteratur und informieren jahresweise über wissenschaftliche Neuerscheinungen. Mit ihrer Hilfe findet man sowohl selbständige als auch unselbständige Publikationen, indem man ihre Indizes zu Rate zieht. Sie besitzen ein Namens- und ein Sachregister als Rechercheinstrument. Damit kann man beispielsweise nachschlagen, was im Jahr 2007 zu Friedrich Hölderlin (Namensregister) oder zum Thema Heidelberg in der Literatur (Sachregister) veröffentlicht wurde.

Zwei aktuelle, periodisch publizierte germanistische Fachbibliographien sollten grundsätzlich zur systematischen Recherche herangezogen werden: einerseits die *Bibliographie der deutschen Sprach- und Literaturwissenschaft* (BDSL), nach ihren ursprünglichen Herausgebern auch Eppelsheimer-Köttelwesch genannt. Diese unkommentierte Bibliographie erscheint einmal jährlich; andererseits die *Germanistik. Internationales Referatenorgan mit bibliographischen Hinweisen.* Diese Zeitschrift erscheint halbjährlich und bietet neben den bibliographischen Informationen zu vielen selbständigen Publikationen Kurzrezensionen. Die *Germanistik* ist durch ihre halbjährliche Veröffentlichungsweise als analoge Bibliographie etwas aktueller. Die BDSL macht dies seit einigen Jahren durch eine Online-Ausgabe wett, ein Modell, zu dem inzwischen auch die *Germanistik* übergegangen ist. Um sich nicht von der Systematik einer der beiden Bibliographien abhängig zu machen, empfiehlt es sich, stets beide als Rechercheinstrument zu benutzen.

Für die Linguistik wird das Angebot durch die deutsch-englische *Bibliography of Linguistic Literature* (BLL) ergänzt. Sie erscheint jährlich und verzeichnet Fachpublikationen zur allgemeinen Linguistik sowie zur englischen, deutschen und romanistischen Sprachwissenschaft.

Spezial- und Metabibliographien

Neben diesen allgemeinen Bibliographien existieren zu einzelnen Fachthemen oder Autoren ergänzend auch abgeschlossene Spezialbibliographien. Informationen zu solchen Spezialbibliographien finden sich wiederum in sog. Metabibliographien. Ein Beispiel für die Germanistik ist Hansjürgen Blinns *Informationshandbuch Deutsche Literaturwissenschaft.* Es bietet umfangreiche Listen zu Bibliographien, Fachzeitschriften, Lexika etc. Derartige gedruckte Metabibliographien kranken – wie Spezialbibliographien – daran, dass sie nicht in der Lage sind, ihre Informationen permanent aktuell zu halten. Durch die ständigen Veränderungen in der Forschungslandschaft und die zahlreichen Neuerscheinungen können nur jeweils deren neueste Auflagen sinnvoll genutzt werden.

Recherche-Hilfsmittel der digitalen Medien

Im Rahmen der Internetrecherche gibt es zusätzlich zu den analogen Hilfsmitteln eigene Recherche-Hilfsmittel der digitalen Medien. Sie ergänzen die analogen Hilfsmittel der Bibliothek oder ersetzen diese teilweise und ermöglichen damit auch die Suche vom heimischen Arbeitsplatz aus. Dabei erfordern sie durch andere Strukturen eigene Suchroutinen.

OPAC-Bibliothekskataloge

OPACs der jeweiligen Bibliotheken am Studienort ermöglichen die Recherche nach selbständigen Publikationen, die tatsächlich vor Ort verfügbar sind. Sie geben Informationen dazu, ob die verfügbaren Werke als Präsenzbestand nur innerhalb der Bibliothek genutzt werden oder ob sie grundsätzlich verleihbar sind und ob sie aktuell zur Ausleihe zur Verfügung stehen. Zwar ist der Bibliothekskatalog letztlich das wichtigste Werkzeug für Studierende, da im Rahmen eines Referats beispielsweise der direkt mögliche Zugriff auf das (leider doch eher kontingent) vor Ort vorhandene Forschungsmaterial essenziell ist. Dabei darf man aber niemals außer Acht lassen, dass die im Katalog vorhandenen selbständigen Publikationen nur einen Bruchteil der tatsächlich existierenden Literatur zum Gegenstand ausmachen. Abgesehen von optionalen Diensten, wie einem Zeitschrifteninhaltsdienst, geben Bibliothekskataloge generell keine unselbständigen Publikationen an. Deshalb sind Bibliothekskataloge nicht im eigentlichen Sinne Mittel zur Recherche, sondern nur in einem zweiten Schritt Mittel zur Standortsuche in der Bibliothek.

Schnittstellen zwischen digitalen und analogen Medien

Solche Kataloge fungieren somit vor allem als Schnittstelle zwischen digitalem und analogem Medium. Die Suche nach recherchierter Literatur, Vormerkungen und Bestellungen aus dem geschlossenen Magazin der Bibliothek können mithilfe von OPACs vor dem Besuch der Bibliothek bequem von zu Hause erledigt werden.

Metainformationen in Bibliothekskatalogen

Neben der Schnittstellenfunktion bieten Bibliothekskataloge zunehmend auch digitale Metainformationen zu ihrem Literaturbestand. So sind dort oftmals digitalisierte Inhaltsverzeichnisse verfügbar, die helfen können, den Wert einer Publikation für die eigene Arbeit vorab abzuschätzen. Insbesondere bei sehr allgemein formulierten Sammelbandtiteln kann es von Interesse sein, die Titel der einzelnen Beiträge in Erfahrung zu bringen, aber auch bei Monographien sind Kapitelüberschriften hilfreiche Informationen für die thematische und argumentative Positionierung des Textes.

Zusatzinformationen können auch über dort verlinkte Fachrezensionen zu erhalten sein. Hierbei ist allerdings zu beachten, dass Rezensionen zwar Hinweise geben, eine eigene Einordnung hinsichtlich Relevanz und Wert gefundener Literatur für das eigene Thema jedoch nur bedingt ersetzen können. Die Beweggründe und Werturteile der Rezensenten sind oftmals zu undurchsichtig bzw. setzen nochmals eigenes Wissen über das Funktionieren der *Scientific Community* voraus.

Kataloge von Bibliotheksverbünden

Einen Spezialfall des Bibliothekskatalogs stellen Kataloge von Bibliotheksverbünden dar. Sie weisen alle genannten Spezifika von Bibliothekskatalogen auf und dienen dazu, recherchierte Literatur zu suchen, die nicht in der eigenen Bibliothek zur Verfügung steht. Diese Werke lassen sich dann gegen eine geringe Bearbeitungsgebühr in die heimische Bibliothek bestellen. Auch in einem frühen Stadium des Studiums sollte man vor Fernleihen relevanter Forschungsbeiträge nicht zurückschrecken. Sie mildern die Abhängigkeit von der vor Ort verfügbaren Literatur ab und machen eine umfangreiche Erschließung des Themas meist erst möglich. Andererseits ist es unnötig, blindlings jeden Recherchetreffer als Fernleihe zu bestellen. Zu beachten ist dabei auch, dass Fernleihen eine gewisse Vorlaufzeit benötigen. Wer seine Bestellung innerhalb einer Woche erhält, kann sich glücklich schätzen, je nach Verfügbarkeit kann es bedeutend länger dauern.

Metakataloge

Ein Metakatalog, der wiederum die Anfragen an Bibliotheksverbünde und Bibliothekskataloge auswerten kann, ist der *Karlsruher Virtuelle Katalog* (KVK) des Karlsruher Instituts für Technologie (KIT). Mit ihm lässt sich in verschiedenen, teils auch sehr speziellen Katalogen deutschland- oder weltweit Literatur suchen. Auch der deutsche Buchhandel sowie deutsche Antiquariatsverbände wie das *Zentrale Verzeichnis Antiquarischer Bücher* (ZVAB) sind über den KVK zugänglich. Damit lässt sich herausfinden, ob die eigene Anschaffung des Buches in neuem oder gebrauchtem Zustand möglicherweise eine Alternative zur Fernleihe darstellt.

Fachbibliographien online

Wie bereits angedeutet, existiert von der *Bibliographie der deutschen Sprach- und Literaturwissenschaft* auch eine Online-Suche (www.bdsl-online.de). Sie ist nur sinnvoll nutzbar, wenn man über die Universitätsbibliothek lizenzierten Vollzugriff auf die Inhalte erhalten kann. Dann verzeichnet das Register Sekundärliteratur von 1985 bis zum aktuellen Jahr. Andernfalls kann man per Gastzugriff nur den Zeitraum zwischen 1985 und 1995 einsehen und erhält somit keinerlei Informationen zur aktuellen Forschungslage. Auch mit dem Vollzugriff ist der recherchierbare Erscheinungszeitraum eher kurz und sollte nicht darüber hinwegtäuschen, dass für weiter zurückliegende Veröffentlichungen analoge Bibliographien herangezogen werden müssen. Deshalb erleichtert und beschleunigt *BDSL Online* die Recherche, kann aber den Blick in die älteren gedruckten Bibliographien und insbesondere auch die aktuellen Bände der *Germanistik* nicht ersetzen. Letztere bietet zwar seit 2010 die Möglichkeit, über eine Nationallizenz deutschlandweit ohne Einschränkungen online auf die Inhalte der Zeitschrift zuzugreifen, ist allerdings aufgrund des geringen Umfangs noch keine Konkurrenz zu *BDSL Online*. Die linguistische BLL wird durch die *Bibliography of Linguistic Literature DataBase* (www.blldb-online.de) ergänzt und ermöglicht bei lizenziertem Zugriff die Recherche im Erscheinungszeitraum von 1971 bis heute.

Weitere Recherchemöglichkeiten bietet der bereits erwähnte *Zeitschrifteninhaltsdienst* (ZID), der seit Ende 2010 unter dem Namen *Aufsatzkatalog (SwetScan)* fortgeführt wird. Es handelt sich hierbei um einen Dienst, den einige Bibliotheken ihren Nutzern anbieten. Man kann mittels *SwetScan* in ausgewählten Fachzeitschriften und ausgewählten Zeiträumen suchen und sich anzeigen lassen, ob die Bibliothek den Zeitschriftenband in ihrem Bestand hat. Zu beachten ist, dass die Ergebnisse, die man über *SwetScan* erhält, nicht alle Fachzeitschriften einschließen, da nur in ausgewählten Zeitschriften und Zeiträumen gesucht wird. Ein verbreiteter Service ist die *Elektronische Zeitschriftenbibliothek* (EZB). Es handelt sich hierbei um ein Kooperationsprojekt der Universitätsbibliothek Regensburg und der TU München. Diese Datenbank verzeichnet die Titelinformationen zahlreicher Print- und Onlinezeitschriften vielfältiger Fachgebiete und wird mittlerweile von den meisten Bibliotheken angeboten.

Fachportale der Germanistik

Im Netz finden sich hilfreiche Internetseiten, die von namhaften Fachvertretern oder Institutionen der Germanistik betreut werden und Fachinformationen aller Art bereithalten. Fachumfassend ist die *Virtuelle Fachbibliothek Germanistik – Germanistik im Netz* (GiN) unter www.germanistik-im-netz.de. Sie bietet die Möglichkeit, mit einer Suchanfrage in ausgewählten Bibliotheksbeständen, Internetquellen und Fachdatenbanken zu recherchieren. Dabei werden die Ressourcen, die durchsucht werden, kommentiert aufgelistet, so dass man jederzeit einen Überblick über Art und Umfang der Recherche hat. Neben dieser Metasuche bietet GiN einen Zugriff auf zahlreiche Online-Periodika sowie eine Vielzahl an Fachinformationen, die permanent aktualisiert werden wie etwa Hinweise auf Veranstaltungen, Studiengänge und Tagungen. Zudem liefert das Internetportal www.mediaevum.de Informationen für germanistische Mediävisten und Latinisten. Neben Anleitungen und Links zu Rechercheinstrumenten bietet *Mediaevum.de* das Altgermanistische Freihandmagazin an, einen Aufsatzsuchdienst, der die Inhaltsverzeichnisse relevanter mediävistischer Zeitschriften durchsucht.

Suchmaschinen

Suchmaschinen sind Instrumente, die nicht direkt zur wissenschaftlichen Recherche dienen, aber genutzt werden können, um Metainformationen zu Recherchiertem zu erhalten. So findet man beispielsweise Informationen zu Verlagsprogrammen oder zu Forschungsschwerpunkten wissenschaftlicher Autoren. Sie eignen sich hingegen nicht für die unreflektierte Übernahme von Texten.

Einen Spezialfall stellt der Dienst *Google Books* dar. Mit seiner Hilfe ist es möglich, von Google digitalisierte Sekundärliteratur teilweise oder komplett einzusehen. Oft sind die dort gelisteten Bücher durch Urheberrecht geschützt und deshalb nur in Teilen sichtbar. Dann macht die Lektüre via *Google Books* die Ausleihe nicht überflüssig, erlaubt aber, Forschungsbeiträge eingehender auf ihre Relevanz und ihren inhaltlichen Wert zu prüfen und so z. B. unnötige Fernleihen zu vermeiden.

*Wikipedia*

*Wikipedia* ist im (literatur)wissenschaftlichen Kontext weitgehend verpönt – und das nicht ohne Grund. Die Artikel sind nicht zitierfähig, da kein konkreter Verfasser für ihre Richtigkeit einsteht. Sie sind oft nicht von Fachleuten verfasst und hinsichtlich ihres tatsächlichen Informationsgehalts bisweilen schwer überprüfbar. Dies bedeutet allerdings nicht, dass *Wikipedia* im Zuge einer Recherche nicht auch eine Rolle spielen kann. In der deutschen Ausgabe von *Wikipedia* sind Literaturangaben am Artikelende dringlich erwünscht. Diese können Ausgangspunkt einer Schneeballrecherche werden (wobei zu beachten ist, dass es sich dabei nicht zwingend um einschlägige Werke handelt). Ganz nebenbei erarbeitet man sich mit der Lektüre der angegebenen Forschungsliteratur auch den Inhalt des Artikels – es wird somit ganz von alleine obsolet, *Wikipedia* zu zitieren.

Veränderte Suchroutinen durch die Nutzung des Internets

Dass die Arbeit mit dem Internet insbesondere hinsichtlich der Zitierfähigkeit von Suchergebnissen zu wünschen übrig lässt, darf über ihren Nutzen für die wissenschaftliche Recherche nicht hinwegtäuschen. Die Flut von oft nutzlosen und nicht wissenschaftlichen Informationen und Texten kann eingedämmt werden, wenn man die Suchräume gemäß der oben dargestellten Hilfsmittel stark einschränkt. Wer ziellos sucht, wird ein entsprechend schlechtes Ergebnis erhalten. Es ist wichtig, die Qualität und Verlässlichkeit der gefundenen Informationen einschätzen zu lernen. Weitere Gefahren des Mediums können verringert werden, wenn ein reflektierter Umgang und eine enge Verschränkung mit der Bibliotheksnutzung stattfinden.

All diese Umstände machen Informationskompetenz als Schlüsselqualifikation von Germanisten wichtig. Diese im Studium zu erwerbende Fähigkeit des reflektierten Umgangs mit Informationen und Texten ist auch nach dem Studium gefragt und stellt eine Anforderung dar, die in nahezu jedem beruflichen Umfeld von Bedeutung ist.

## 3. Recherche in den Teilbereichen der Germanistik – vier Beispiele

Das Thema der Recherche von Sekundärliteratur unter dem Label der Germanistik zu behandeln, stellt insofern ein Problem dar, als die Disziplin selbst aus heterogenen Teilbereichen mit eigenen Strukturen besteht (vgl. II.1). Jedoch erweist sich in Bezug auf Publikationsformen allein die Linguistik als Sonderphänomen, da sie als Hybriddisziplin zwischen Natur-, Sozial- und Geisteswissenschaften Publikationsformen nutzt, die in den anderen Fachbereichen unüblich sind. Teilbereiche der Sprachwissenschaft bedienen sich der naturwissenschaftlichen Texttypen Artikel (*paper*) und Forschungsbericht (*review* oder *research report*). Von diesem Spezialfall abgesehen, unterscheiden sich Rechercheprozesse in den Teilbereichen grundsätzlich nur marginal, in der studentischen und wissenschaftlichen Praxis allerdings doch erheblich. Grund hierfür ist, dass die Rechercheorgane und Hilfsmittel zwar meist mehrere Teilbereiche abdecken, deren Rechercheinteresse aber bisweilen jeweils nur ungenügend oder stellenweise überhaupt nicht bedienen. So ist die BDSL, wie der Name bereits suggeriert, für die Literaturwissenschaft (somit sowohl für die Neuere deutsche Literaturwissenschaft als auch für die Mediävistik) und die Sprachwissenschaft nutzbar, liefert aber beispielsweise für die Medienwissenschaft defizitäre Ergebnisse. Im Folgenden werden deshalb vier Themen bzw. Studiensituationen vorgestellt, in denen ganz unterschiedliche Hilfsmittel zum Einsatz kommen können.

Das Thema *Lyrik des Bürgerlichen Realismus* in einer mündlichen Bachelorprüfung von 20 Minuten innerhalb des Fachbereichs Neuere deutsche Literaturwissenschaft erfordert die Einarbeitung in drei Sachthemen: erstens in die Epoche des Bürgerlichen bzw. Poetischen Realismus, zweitens in die Gattung Lyrik und drittens in die literaturhistorischen Zusammenhänge von Gattung und Epoche (Stellung der Gattung in der Epoche, konkrete Literaturproduktion und prototypische Textbeispiele).

(1) Prüfungsthema: Lyrik des Bürgerlichen Realismus

Zu den ersten beiden Sachthemen gibt das *Reallexikon der Literaturwissenschaft* erste Auskunft und liefert Schlüsselbegriffe für die weitere Recherche. Es informiert über die einzelnen Phasen der Epoche und deren Unterschiede, benennt den Begriff der ‚Verklärung' als zentral für die Programmatik des Poetischen Realismus und weist auf wichtige Vertreter hin. Mit den Jahreszahlen der Epochengrenze ausgestattet, lässt sich der Realismus mit der Monographie *Geschichte der deutschsprachigen Literatur 1870–1900. Von der Reichsgründung bis zur Jahrhundertwende* aus der de Boor/Newaldschen Literaturgeschichte und mit dem Sammelband *Bürgerlicher Realismus und Gründerzeit, 1848–1890* aus *Hansers Sozialgeschichte der deutschen Literatur* literaturhistorisch präzisieren. Mithilfe der Fachbibliographien BDSL und *Germanistik* wird dann die Forschungsliteratur zum Thema Bürgerlicher/Poetischer Realismus, Literatur des 19. Jahrhunderts und Literatur der Gründerzeit systematisch recherchiert. Für eine Prüfung, die das Gesamtthema in den Blick zu bekommen versucht, können Spezialprobleme ausgeklammert werden. Anhand ihrer Titel und Schlüsselwörter sind Einführungsbände identifizierbar, die den Einstieg in das Thema erleichtern. Nach der Wahl beispielhafter Primärtexte kommen zu den bisherigen Rechercheergebnissen Einführungen und Handbücher zu einschlägigen Autoren wie etwa zu Theodor Storm oder Theodor Fontane hinzu.

(2) Kurzreferatsthema: Remake

Für ein faktenorientiertes Kurzreferat (vgl. V.1) zum Thema *Remake* in einem medienwissenschaftlichen Proseminar bieten medien-, oder spezifischer filmwissenschaftliche Lexika wie das *Reclam Sachlexikon des Films* oder das *Metzler Lexikon Medientheorie/Medienwissenschaft* einen ersten Einstieg in das Thema. Von diesen Lexikonartikeln aus lässt sich schneeballartig die Grundlagenliteratur zum Thema sichten. Findet sich kein Artikel mit aktuellem Literaturverzeichnis, sollte zumindest für den unberücksichtigten Zeitraum der letzten Jahre die systematische Recherche hinzugezogen werden, auch wenn das Kurzreferat einen kompletten Überblick über Forschungsliteratur und -debatten zum Thema nicht erzwingt. Da *BDSL Online* nicht medienwissenschaftlich orientiert ist und deshalb nicht ausreichend zum Thema informiert, muss an dessen Stelle eine Referenzquelle treten, die den Fachbereich bedient: Die *Virtuelle Fachbibliothek medien bühne film* (www.medien-buehne-film.de) präsentiert als Metasuche die Rechercheergebnisse aus Bibliothekskatalogen, Aufsatzdatenbanken und Zeitschriftenindizes. Die hohe Anzahl an Treffern zur Suchanfrage erfordert es, die Suchergebnisse hinsichtlich der Fragestellung und der angeforderten Leistung zu filtern, denn die Recherche fördert Forschungsbeiträge zutage, die für die übergeordnete Fragestellung zu speziell sind. Die Anforderung und Herausforderung besteht u. a. darin, einschlägige Beiträge zur Fragestellung ermitteln zu können, die alle wesentlichen Aspekte erfassen, sich jedoch nicht zu sehr in Detailfragen zu vertiefen oder gar zu verlieren. Zu den wesentlichen Aspekten des Themas gehört in diesem Beispiel auch die Abgrenzung des ‚Remix'/Remake, was die Aspekte Originalität und Autorschaft angeht. Diese Abgrenzungsphänomene können ebenfalls mithilfe der Klärung terminologischer Fragen unter Verwendung von Lexika und anderen Nachschlagewerken erschlossen werden.

(3) Prüfungsthema: Frühkindlicher Spracherwerb

Die Einarbeitung in das Thema *Frühkindlicher Spracherwerb*, das beispielsweise Teil einer mündlichen Staatsexamensprüfung sein kann, erfordert eine Recherche im germanistischen Teilbereich Linguistik und im fachfremden Bereich der Pädagogik. Um sich dem Thema von linguistischer Seite nähern zu können, ist auch hier zunächst eine Klärung der Terminologie geboten. Will man sich grundlegend im Sinne einer ersten, begrifflichen Annäherung informieren, bietet sich das *Metzler Lexikon Sprache* an. Von dieser Begriffsdefinition ausgehend, kann eine breitere Recherche erfolgen, indem entsprechend dem Schneeballverfahren die Literaturhinweise zum Eintrag geprüft werden. Um sich dem Begriff Spracherwerb breiter zu nähern, empfiehlt es sich auch, das *Handbuch der Linguistik* einzusehen und sich darin umfassend über die Implikationen des Erstsprachenerwerbs aus linguistischer Sicht zu informieren. Auch hier gilt, dass die entsprechenden Literaturhinweise eine weiterführende Auseinandersetzung mit dem Thema ermöglichen.

Man kann das Thema über die BDSL abfragen, da in dieser Bibliographie auch sprachwissenschaftliche Forschungen verzeichnet werden. Zwar wird man in diesem Fall Suchergebnisse erhalten, die Resultate kommen für das Thema aber nicht in Frage. An dieser Stelle sind die BLL bzw. BLLD das Mittel der Wahl. Sucht man hier nach dem Begriff ‚Spracherwerb', so erhält man eine sehr große Anzahl an Treffern. Auch werden – trotz der deutschsprachigen Suchanfrage – fremdsprachige Beiträge angezeigt, da die linguistische Forschung international ausgerichtet ist. Zum eigentlichen Suchbegriff ‚Frühkindlicher Spracherwerb' erhält man keine direkten Treffer, so dass man darauf angewiesen ist, die Treffer zum ‚Spracherwerb' hinsichtlich der Relevanz für die engere Fragestellung zu filtern oder aus dem durch die Lexika erschlossenen Begriffskontext (z. B. ‚Erstspracherwerb') weitere Suchanfragen zu generieren. Da die Auseinandersetzung mit dem Thema auch pädagogische Fragen berührt, besteht eine weitere Recherchemöglichkeit darin, pädagogische Hilfsmittel zu konsultieren. Eine Möglichkeit wäre, in den Bibliotheksregalen des Fachs Pädagogik nach einschlägigen Lexika und Handbüchern zu stöbern. Um die Möglichkeiten der digitalen Recherche zu nutzen, ist es hilfreich, das Angebot des Datenbank-Informationssystems (DBIS) der Bibliothek zu nutzen. Wählt man die Kategorie ‚Pädagogik', so hat man recht schnell zahlreiche Rechercheinstrumente zur Verfügung. Darin findet man auch das Fachportal Pädagogik verlinkt. Dieses umfangreiche Angebot ermöglicht darüber hinaus die Recherche in der Datenbank *FIS Bildung Literaturdatenbank*, die ebenfalls zu einschlägigen Ergebnissen aus der Pädagogik führt.

(4) Hauptseminararbeit: Geld im *Fortunatus*

Eine Erschließung der Rolle des Geldes im Prosaroman *Fortunatus* (1509) erfordert sowohl eine Recherche von Forschungsbeiträgen zum literarischen Gegenstand als auch die Aufarbeitung historischer Zusammenhänge zum Geldwesen und zum Fernhandel im Mittelalter und in der beginnenden Frühen Neuzeit. Für eine erste Annäherung an den literarischen Gegenstand empfiehlt es sich, das *Verfasserlexikon* (VL) zurate zu ziehen. In diesem mehrbändigen Lexikon zur mittelalterlichen Literatur werden Werke, deren Verfasser unbekannt sind, unter dem jeweiligen Werktitel aufgeführt. Dies trifft auch auf den Prosaroman *Fortunatus* zu. Der Artikel informiert über Überlieferungshintergründe und bietet einen ersten Überblick über Themen und Motive. Die angeführte Literatur in den Nachschlagewerken ist dem Schneeballverfahren entsprechend zu prüfen. Selbst wenn die Titel keinen direkten Bezug zur Fragestellung herstellen lassen, können sie als Standardwerke der *Fortunatus*-Forschung durchaus berücksichtigt werden. Um das Sachthema Geld im historisch-mittelalterlichen Kontext erschließen zu können, bietet sich das *Lexikon des Mittelalters* an, das zu Literatur, Kultur und Geschichte des Zeitraums informiert. An dieser Stelle empfiehlt es sich, das Lexikon auf verschiedene Suchbegriffe hin zu prüfen wie etwa ‚Geld', ‚Handel' und weitere Schlagwörter im begrifflichen Umfeld. Auch hier bieten die entsprechenden Literaturhinweise Möglichkeiten zur Vertiefung. In diesem Zusammenhang sind auch sozialgeschichtliche Zusammenhänge relevant wie etwa Fragen nach dem Geldwesen und der Alltagspraxis sowie textsortenorientierte Fragen nach den Formen und Funktionen von Reiseberichten. Einen Zugang zu solchen Fragestellungen bietet der erste Band von *Hansers Sozialgeschichte der deutschen Literatur. Die Literatur im Übergang vom Mittelalter zur Neuzeit.*

Derartige unsystematische Vorarbeiten sollten dann durch systematische Recherche in den Fachbibliographien der Germanistik ergänzt werden. Zum weit gefassten Suchbegriff ‚Fortunatus' weist beispielsweise *BDSL Online* zahlreiche Einträge auf, die vielfältige Themen und Gegenstände der *Fortunatus*-Forschung anzeigen. Durch eine Suche mit den Begriffen ‚Geld' und ‚Fortunatus' kann der Suchraum stark eingeschränkt werden. Um jedoch keine zu rigide Auswahl zu treffen, sollte auch hier ein Begriffsfeld – z. B. mithilfe eines zuvor erstellen Suchbegriffsdiagramms – abgegrast werden (etwa neben ‚Geld' noch ‚Besitz', ‚Reichtum', ‚Armut', ‚Fernhandel' etc.).

Fachexterne Literaturrecherche

Anhand des Recherchebeispiels zum frühkindlichen Spracherwerb wurde ersichtlich, dass eine fachexterne Literaturrecherche ihre ganz eigenen Anforderungen stellt. Viele der benannten Techniken finden gleichwohl ihre Anwendung und sollten erprobt werden. Einschlägige Lexika ausfindig zu machen und Einführungsbände zu identifizieren, ist unabhängig vom Fachbereich ein erster Schritt. Auch der fundierte Umgang mit Datenbanken und Katalogen kann hier weiterhelfen. Dennoch wird die Suche ohne die vertrauten Referenzquellen und Schlagworte schwerer erscheinen.

Fachdatenbanken

Wie das Beispiel zur Recherche im Fach Pädagogik gezeigt hat, kann an dieser Stelle das von der Universität Regensburg bereitgestellte Datenbank-Informationssystem (DBIS) sehr hilfreich sein. Nach Fächern geordnet, finden sich hier Bibliographien, Lexika und andere Verzeichnisse. Einige davon sind frei verfügbar, andere mit lizenziertem Zugang versehen. Letztere sind üblicherweise die wertvolleren Hilfsmittel – leider ist man dann darauf angewiesen, dass die eigene Universitätsbibliothek sich dazu entschlossen hat, für den Zugang zu bezahlen. Neben fachspezifischen Datenbanken gibt es hier auch Hilfsmittel der multidisziplinären Literaturrecherche. Zwei Beispiele auf diesem Gebiet wären die Datenbanken *SciVerse Scopus* des Verlags Elsevier und *Web of Science* vom Institute for Scientific Information.

Beide verzeichnen nur Zeitschriftenartikel, vorwiegend in englischer Sprache, zeichnen sich aber durch Interdisziplinarität und große Bandbreite aus. Sie rufen zugleich auch in Erinnerung, dass in anderen Disziplinen Englisch ggf. die Wissenschaftssprache darstellt, so dass auch englische Suchbegriffe weitaus mehr Treffer erzielen können. Auch über JSTOR kann man nach fachfremden Aufsätzen suchen. Es handelt sich hierbei um einen Service, der über die Bibliothek nutzbar ist, wenn diese einen Vollzugriff erworben hat. Bei JSTOR werden Artikel aus Fachzeitschriften zahlreicher Disziplinen digitalisiert. Es gibt die Möglichkeit einer Stichwortsuche, und auch hier sollte man englischsprachige Begriffe testen. Nutzt man die Suche über JSTOR, so muss man sich vor Augen führen, dass dies kein Instrument einer systematischen Recherche ist, da nur ausgewählte Zeitschriften und Jahrgänge digitalisiert sind.

Interdisziplinarität als Horizonterweiterung

Vor den Schwierigkeiten einer Recherche außerhalb der Germanistik und damit jenseits der vertrauten Suchroutinen sollten Studierende nicht zurückschrecken. Viele Themen, die auf den ersten Blick wie traditionell germanistische Gegenstände wirken, legen bei näherem Hinsehen nahe, Forschungsbeiträge anderer Fächer heranzuziehen. Allein bei den obigen vier Themen erweisen sich zwei als interdisziplinär untersuchbar: Das linguistische Thema Spracherwerb legt pädagogische Ansätze nahe, das Thema Geld im *Fortunatus* ermöglicht Anschlüsse an wirtschaftsgeschichtliche Untersuchungen. Derartige Anschlüsse zu ignorieren, würde im schlechtesten Fall als defizitäre Bearbeitung des Themas ausgelegt. Umgekehrt erregt eine Bewältigung dieser Aufgabe garantiert positive Aufmerksamkeit und trägt zur eigenen Profilierung bei.

## 4. Weiterführende Ratgeberliteratur

Stefan Cramme/Christian Ritzi: Literatur ermitteln. In: Die Technik wissenschaftlichen Arbeitens, hg. von Norbert Franck/Joachim Stary, 15. Auflage, München u.a. 2009, S. 32–70.

Der Leitfaden ist ausführlich und überfachlich angelegt. Er gibt Anleitung zum Thema anhand von Leitfragen (Wie recherchiere ich in Online-Katalogen? Wie recherchiere ich in Fachdatenbanken? etc.) und verfügt über eine Linksammlung zum Thema Recherche mit „exemplarischem Charakter".

Klaus Gantert: Elektronische Informationsressourcen für Germanisten, Berlin/New York 2010.

Bei den von Gantert zusammengestellten Informationsressourcen für Germanisten handelt es sich um ein Standardwerk zur germanistischen Recherche im Netz. Überblicksartig werden hier die damit verbundenen Recherchemöglichkeiten kommentiert.

Burkhard Moennighoff/Eckhardt Meyer-Krentler: Arbeitstechniken Literaturwissenschaft, 14. Aufl., München 2010.

In diesem Ratgeber werden die Themen systematische Recherche, Schnellrecherche, Bibliotheksrecherche und Internetrecherche eingehender abgehandelt. Auch bietet der Ratgeber ein übersichtliches Verzeichnis der wichtigsten Fachzeitschriften der Germanistik.

Fabian Franke/Annette Klein/André Schüller-Zwierlein: Schlüsselkompetenzen: Literaturrecherche in Bibliotheken und Internet, Stuttgart/Weimar 2010.
Der Ratgeber gibt unabhängig von den einzelnen Disziplinen Hilfestellungen zur wissenschaftlichen Recherche anhand aufeinander folgender Einzelschritte: Informationsbedarf feststellen, Recherche vorbereiten, Recherche durchführen (Wie finde ich Suchbegriffe? Wie setze ich sie ein?), Literatur beschaffen und Informationen bewerten. Damit ist es möglich, das Wissen zu verschiedenen Rechercheverläufen zu vertiefen, ohne dabei spezifisch an germanistische Recherchehilfsmittel gebunden zu sein.

Jörg Schellhase: Recherche wissenschaftlicher Publikationen, Lohmar/Köln 2008.
Hier handelt es sich nicht um einen Ratgeber, sondern um eine Habilitationsschrift im Fach Informatik. Sie kann zur theoretischen Vertiefung dienen bezüglich der Qualität von Publikationen und Publikationsarten sowie möglicher Recherchetechniken und der Wirkweise von Informationssystemen mit dem Schwerpunkt Internet.

Jan Hodel: Recherche: Google – and Far Beyond. In: Digitale Arbeitstechniken für Geistes- und Kulturwissenschaften, hg. von Martin Gasteiner und Peter Haber, Wien u.a. 2010, S. 25–37.
Der Aufsatz verbindet Theorie und Anleitung zur Online-Recherche in den Geisteswissenschaften.

*Zitierte Literatur:*

Borges, Jorge Luis: Blindheit. In: ders.: Die letzte Reise des Odysseus, hg. von Gisbert Haefs und Fritz Arnold, übersetzt von Gisbert Haefs, München 1992, S. 185–201.

# IV. Vom Lesen und Ordnen – Strukturierter Umgang mit Quellen

‚Quellen'

Wenn in der Germanistik von Quellen die Rede ist, dann sind damit in der Regel die Gegenstände ihrer Beschäftigung (Textausgaben, Handschriften u.a.) gemeint. An dieser Stelle wird die Bezeichnung bewusst in einem weiteren Sinn verwendet und auf die akademische Textproduktion bezogen. Dem Endprodukt einer Haus- oder Abschlussarbeit liegen literarische und wissenschaftliche Texte zugrunde, deren Bearbeitung wiederum Notizen, Skizzen, Zitatsammlungen und anderes Material produziert, aus dem man schöpft. Diese Praktiken lassen also fremde Texte durch den Filter der individuellen Bearbeitung laufen und die angereicherte Gemengelage in einen eigenen Text münden. Alle drei Quellen – Literatur, Forschung und eigenes Material – bedürfen eines strukturierten Umgangs, denn sie bringen sowohl in qualitativer als auch in quantitativer Hinsicht einige Herausforderungen mit sich.

## 1. Mit Texten und Material umgehen: Lesepraxis, Visualisierung und Verwaltung

Texte im Studium

Große Teile des Germanistik-Studiums sind der Lektüre von Primär- und Sekundärliteratur (vgl. III.1) gewidmet. Zu Beginn des Studiums ist der wissenschaftliche Umgang mit literarischen Texten unterschiedlicher Gattungen gewöhnungsbedürftig, während Fachpublikationen sogar Neuland sein dürften. Analysewerkzeuge für epische, lyrische und dramatische Werke sowie methodische Zugangsweisen werden in Einführungsveranstaltungen vermittelt. Im Folgenden geht es daher um Grundzüge der Lektürepraxis.

Textausgaben

Die Bedachtsamkeit beginnt schon bei der Wahl der Textgrundlage. Während sich prinzipiell alle literarischen Werke (also auch die sog. Trivialliteratur) wissenschaftlich behandeln lassen, ist nicht jede Textausgabe benutzbar, d.h. zitierfähig. Zur Sicherung der Qualität verschiedener Ausgaben gibt es die Editionswissenschaft als Teilbereich der Germanistik. Werke, die nicht mehr urheberrechtlich geschützt sind (wie die Goethes), darf jeder Verlag publizieren. Es gibt daher ein Spektrum von sorglos hergestellten oder gar verfälschenden Ausgaben bis hin zu solchen, deren editorische Entscheidungen wissenschaftlich fundiert und transparent dargelegt sind. Unbrauchbar sind etwa die *Hamburger Lesehefte* und Internet-Sammlungen wie das *Projekt Gutenberg*. Gängige Leseausgaben bietet *Reclams Universal-Bibliothek*. Studienausgaben wie die Bände des Deutschen Klassiker Verlags (einige davon mittlerweile auch als Taschenbuch) bringen einen sorgfältig hergestellten Text und einen Kommentar, der zum Verständnis beiträgt. Am hochwertigsten sind Historisch-kritische Ausgaben (HKA), weil sie über die Editionsgrundlagen detailliert Rechenschaft geben und die Entstehung, Varianten und Lesarten der Texte aufzeigen.

Im Fall der Gegenwartsliteratur ist die Lage meist unproblematischer, so dass auch Taschenbuchausgaben genutzt werden können. Bei älteren Werken kann zur Not (für die Kenntnisnahme, nicht für Zitate) auf die *Digitale Bibliothek* (als CD-ROM oder über die Universitätsbibliothek) zurückgegriffen werden, da hier zumindest (ältere) Werkausgaben als Quellen nachgewiesen sind. Antiquarische Verzeichnisse (u.a. www.zvab.de und www.eurobuch.com) ermöglichen es, preisgünstige Bücher zu erwerben, so dass sich die Anschaffungskosten deutlich reduzieren lassen.

Primärliteratur lesen

Wer sich für ein Germanistik-Studium entscheidet, hat in der Regel auch zuvor schon gerne und viel gelesen. An der Universität tritt er nun weder in einen launigen Lesezirkel noch in ein steriles Labor ein, in dem faszinierende Texte in unfehlbare Statistiken übersetzt werden. Doch wenn wissenschaftliche Erkenntnisse das Ziel der Bemühungen sein sollen (vgl. I.1, VI), dann müssen die Gegenstände auch in einer angemessenen Weise wahrgenommen werden. Reizvoll an der privaten Lektüre ist gerade die unbeschränkte Freiheit des Lesers und seiner Phantasie. Es mag den Genuss noch steigern, wenn man auch nach der Eigenlogik des Textes fragt, aber grundsätzlich ist im Umgang mit dem Buch alles erlaubt, was unterhält, entspannt oder anregt. Demgegenüber erfordert die wissenschaftliche Kommunikation eine größere Kontrolle und Distanz beim Lesen, da nicht subjektive Befindlichkeiten, sondern überprüfbare Aussagen über den gemeinsamen Gegenstand mitgeteilt werden sollen (vgl. Krah 2006b, S. 281–283). Der private Lektüremodus läuft im Studium also außer Konkurrenz und produziert allenfalls Entdeckungen, die danach analytisch begutachtet werden müssen.

Perspektiven bündeln

Wer ein Kurzreferat zum Thema *Gewalt in Döblins ‚Berlin Alexanderplatz'* vorbereitet, wird feststellen, dass der enge Fokus die Lektüre vereinfacht, weil sich gut unterscheiden lässt, welche Textelemente relevant und welche für diese Fragestellung nicht relevant sind. Hier ist zudem das wissenschaftliche Prinzip zu beobachten, dass Beschränkungen eine gründlichere Auseinandersetzung ermöglichen. Wer den Roman dagegen liest, weil er ihn ‚als Ganzes' verstehen will, kann weniger leicht sortieren – zum Ganzen gehört an sich eben alles. Das Gefühl, ein ganzes Werk im Griff zu haben, wird sich also darauf beziehen, dass man über Einzelbeobachtungen zentrale Bedeutungen, Strukturen, Zusammenhänge entdeckt hat.

Ein strukturierter Umgang kann nun so aussehen, dass der Lesende eine Routine darin entwickelt, an Texte ein Raster von Fragen und Kategorien anzulegen. Für sich sind die Perspektiven jeweils begrenzt, aber zusammen erschließen sie verschiedene Dimensionen des Gegenstandes. Es bieten sich hierbei Fragen nach dem Verhältnis zu Epochen oder Gattungen an, Fragen nach der Raum- und Zeitbehandlung, nach der Logik des Titels oder nach der Figurenkonstellation. Einen Auswahlkatalog derartiger Fragen, die den Lektüreprozess steuern können, bieten Jeßing und Delabar (vgl. IV.5).

Methodisches Lesen

Drei Modelle des Lesens können das spielerische Drehen und Wenden des zu untersuchenden Gegenstandes ebenfalls inspirieren:

(1) Als hermeneutischer Zirkel wird, vereinfacht gesagt, dasjenige Vorgehen bezeichnet, wonach sich das Verständnis von Textteilen und vom Text-

ganzen wechselseitig unterstützt (vgl. Weimar 2007). Bis zu einem gewissen Grad ist das schon bei einer eher bedenkenlosen Lektüre so. Für das interpretierende Lesen ist daraus abzuleiten, dass Deutungen einzelner Elemente auch Einfluss auf die Gesamtinterpretation haben müssen – und umgekehrt, wenn Überinterpretationen vermieden werden sollen.

(2) Über den Strukturalismus haben sprachwissenschaftliche Grundlagen Eingang in die Beschäftigung mit Literatur gefunden. An einfache Sätze wie an komplexe literarische Texte kann man mit der Unterscheidung von paradigmatischer und syntagmatischer Achse herangehen, um strukturelle Entscheidungen zu beschreiben. Auf der syntagmatischen Achse interessiert das Nacheinander der kombinierten Elemente. Die Sätze „Ich hasse dich" und „Dich hasse ich" verwenden die gleichen Wörter, weisen aber eben doch eine Differenz auf, die gedeutet werden kann. Im Bereich der Literatur sind Umstellungen in der Reihenfolge zum Beispiel dann relevant, wenn der Tod einer Figur vor ihrer Geburt dargestellt wird. Auffällig ist dies aber nur deshalb, weil wir unwillkürlich eine andere Ordnung, nämlich die der Chronologie, zugrunde legen, die vom Text jedoch nicht eingehalten werden muss. Auf der paradigmatischen Achse profiliert man das Vorhandene, indem man sich fragt, was an seiner Stelle stehen könnte. „Hasse" könnte prinzipiell durch jedes andere Verb ersetzt werden; interessant sind aber natürlich vor allem die mit ähnlicher, aber eben nicht gleicher Bedeutung. Bei einem Drama wiederum fragt man sich z. B., welche Auswirkung ein verändertes Versmaß oder überhaupt eine metrische Gestaltung der Figurenrede hätte (vgl. zu solchen Umstellproben die Übungen in Zymner/Fricke 2007).

(3) Die Erzähltheorie (Narratologie) kennt die fundamentale Unterscheidung zwischen *histoire* und *discours*, dem ‚Was' und dem ‚Wie' einer Erzählung. Wer die Handlung eines Romans nacherzählt, der rekonstruiert sie aus dem, was er der Erzählung an Figuren, Aktionen, Zeitpunkten und Zeitspannen etc. entnimmt. Diese ‚enthält' sie aber nicht einfach, sondern vermittelt sie auf spezifisch literarische Weise. Die Erzählinstanzen können ganz unterschiedlich gestaltet sein, und das Erzählen kann sich unterschiedlich zum Erzählten verhalten, indem es z. B. Kurzes sehr lange oder Einmaliges wiederholt schildert (vgl. Martinez/Scheffel 2009). Zumindest bei der wiederholten Lektüre sollte man sich durch die etwaige Dynamik, Konfusion oder Banalität der Handlung nicht von der präzisen Rekonstruktion ihrer Darstellung ablenken lassen.

Die angedeuteten Fragenkataloge und Perspektiven sind aus der Beschäftigung mit Texten hervorgegangen und stellen für die Beschäftigung mit einem einzelnen unbekannten Text ein gegebenes Bezugssystem dar. Ein solches hilft dabei, sich im Werk zu orientieren und es im Vergleich mit anderen Werken einzuschätzen. Aus der Ambition heraus, es in seiner Besonderheit zu erfassen, kann daneben auch ein spontaner Zugriff entstehen. Man versenkt sich in den Text und hofft, intuitiv das zu identifizieren, was ihn ausmacht. Naturgemäß kann dies nicht systematisch erfolgen, sondern es müssen durch Lektüren Erfahrung und Gespür erarbeitet werden. Während die Anwendung von Rastern und Methoden die kontingente Aufmerksamkeit des Lesers auffängt, wird hier einem möglicherweise diffusen Gefühl nachgegangen, das schließlich zu einem präzisen Befund führen kann, etwa dazu, welche rhetorischen und grammatikalischen Merkmale einen Autorstil auszeichnen. Einen Text als etwas Neues anzusehen, ermöglicht einen offenen Blick und wirkt der möglichen Fehlentwicklung entgegen, dass man von außen Schemata heranträgt und diese im Text dann nur noch bestätigt sieht.

Markieren

Seine produktiven Absichten verrät der wissenschaftliche Leser gerne durch den Stift in seiner Hand. Unterstreichungen, Kommentare am Rand und externe Notizen dienen dem Textverständnis, münden aber zudem in den Prozess der eigenen Textherstellung. Damit die Erstlektüre eines umfangreichen Textes nicht zu oft unterbrochen werden muss und die durchdachte Beschriftung in Ruhe vorgenommen werden kann, werden Stellen zunächst dezent markiert oder mit Seitenangabe (zum schnelleren Wiederfinden mit ‚u' für untere, ‚o' für obere Hälfte) notiert. Für formale, inhaltliche, wichtige und weniger wichtige Auffälligkeiten sollte eine überschaubare Zahl gut unterscheidbarer Zeichen und Linienarten eingeführt werden. Sehr wertvoll sind Querverweise zwischen Stellen, die in einer besonderen Beziehung zueinander stehen (Wiederholung, Gegensatz etc.).

Visualisieren

Graphische Darstellungen sind in der Literaturwissenschaft selten Teil von Publikationen, haben aber ihren Platz in der Praxis. Sie können etwas Komplexes auf einen Blick anschaulich vermitteln oder selbst durchaus komplex sein. Wenn es um Notizen zu Primärtexten geht, eröffnet eine Visualisierung einen anderen Blick auf das Werk oder erleichtert auch nur die Arbeit. Im folgenden Beispiel werden wichtige Ereignisse in Wilhelm Raabes Novelle *Die schwarze Galeere* entlang eines Zeitstrahls positioniert. Das Freundes- bzw. Liebespaar Jan und Myga gerät in die Wirren des Achtzigjährigen Krieges mit der spanischen Besetzung Antwerpens und den Rebellen-Aktionen der ‚Schwarzen Galeere'. Die gestrichelte Linie markiert, dass die Erzählung *in medias res* geht und dass zuvor einiges passiert ist, über das der Leser nachholend informiert wird. Zusätzlich wäre die Angabe der Seiten möglich, auf denen dies geschieht. Besonders hervorgehoben ist der zurückgreifende Bericht einer Figur, der narratologisch als Analepse bezeichnet wird. Das Geschehen um das Paar ist oben, das kriegerische unten platziert; zwei markante Schnittpunkte sind durch Linien verbunden, da die Einnahme der Stadt eine politische wie private Zäsur bringt bzw. Jan schließlich vom Rebellenschiff aus um Myga kämpft. Man muss sich immer im Klaren darüber sein, dass solche Skizzen manche Dimensionen oder Daten betonen, andere ausblenden und man selbst Ergänzungen mitdenkt, die dem Plenum verborgen bleiben. Gerade für den eigenen Gebrauch sind solche Visualisierungen aber ein gutes Hilfsmittel. Stift und Papier sind in der Entwicklungsphase praktischer, eine PC-Version ist mit einem Graphikprogramm (z.B. den kostenlosen *OpenOffice Draw* und *GIMP*) komfortabler zu bearbeiten als mit der Zeichenfunktion der Textverarbeitung.

Zusammenfassen

Beim Lesen überschätzt man tendenziell, wie gut und lange man sich formale Auffälligkeiten, Handlungsdetails etc. merken kann. Gerade umfangreiche Texte können nicht ständig aufs Neue gelesen werden. Neben die Markierungen direkt am Text und das Erinnern wichtiger Aspekte tritt deshalb eine Zusammenfassung, die je nach Bedürfnis und Funktion unterschiedliche Formen annimmt bzw. enthält. Eine kurze Inhaltsangabe dient eher der mo-

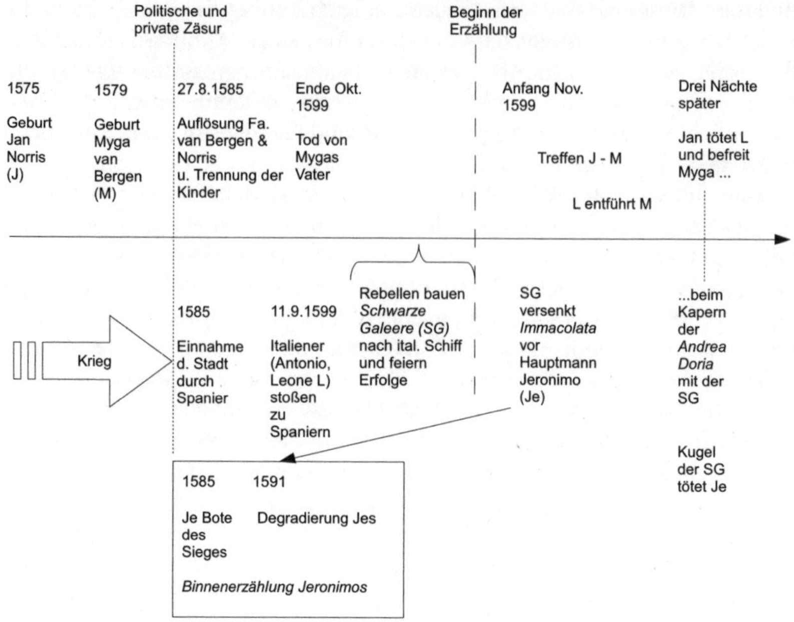


Skizze zu Wilhelm Raabe: *Die schwarze Galeere*

mentanen Vergewisserung, dass man den Handlungskern erfasst hat. Hier ist ein Abgleich mit den jeweiligen Artikeln in Werklexika möglich. Vom groben Gerüst ausgehend, werden nun in einer zweiten Inhaltsangabe Handlungsstränge und -details eingebaut, die bei der späteren Durchsicht eine genauere Annäherung an den Text ermöglichen. Für ein nützliches Dossier eignet sich daneben ein systematischer Teil, der nach Aspekten inhaltlicher (z.B. einzelne Figuren, Motive) und formaler Art (z.B. Stilmittel, Gattungsmerkmale) unterteilt ist. Hier können die handschriftlichen Notizen aus Buch und Notizzetteln in eine Textdatei überführt und damit leichter weiterverarbeitet werden. Eine Alternative ist der Einsatz eines Literaturverwaltungsprogramms (siehe unten). Damit nicht allzu viel Zeit investiert werden muss, sollte je nach Relevanz und drohendem ‚Qualitätsverlust' zwischen Stichworten oder Paraphrasen (mit Seitenverweis nach der ebenfalls vermerkten Textausgabe) und vollständigen Zitaten unterschieden werden. Man kann sich zusätzlich angewöhnen, Berührungspunkte mit schon gelesenen Texten zu vermerken und die bemerkenswertesten Beobachtungen nochmals in Form einer Schlagwortkette an Anfang oder Ende zu setzen.

Warum Sekundärliteratur lesen?

Konrad Ehlich (2003) unterscheidet idealtypisch zwei Arten des Lernens im universitären Kontext: Forscher lernen Neues über ihren Gegenstand (Lernen$_F$), Studierende lernen Wissensbestände und erlernen Methoden, die nur für sie selbst neu sind (Lernen$_L$). Auf dieser Basis werden sie nach und nach in Stand gesetzt, dem Gegenstand Neues abzugewinnen. Das Lernen$_L$ bedeutet also keine Stoffpaukerei, sondern einen Prozess, der in das Lernen$_F$ mündet. Der Übergang ist zwar vorher schon fließend, doch sind der Zweiteilung verschiedene Zwecke des Lernens (und damit auch Lesens) zu entnehmen: Diese bestehen einerseits darin, sich über etwas Bekanntes zu informieren und andererseits darin, etwas Neues zu produzieren. Für den ersten Fall bieten sich Textsorten bzw. Publikationsformen an, die weniger innovativ als zusammenfassend und vermittelnd sind: Lehrbücher, Fachlexika, Handbücher, Literaturgeschichten (vgl. III.1). Für den zweiten Fall begibt man sich in den Raum der Forschung in Form der Fachdiskussion, um sich kritisch mit dem auseinanderzusetzen, was Forscher bisher in Aufsätzen und Monographien vorgestellt haben. Wer Neues zum Gegenstand sagen will, muss auf jeden Fall wissen, was schon gesagt worden ist und wie diese Forschungsergebnisse sich zu den eigenen Argumenten verhalten. Im Studium wird dieser Umgang mit ihnen eingeübt, indem man die eigenen Befunde und Positionen mit ihnen konfrontiert und den Abgleich in den eigenen Text einfließen lässt.

Wie Sekundärliteratur lesen?

Ein Forschungsbeitrag stellt das Resultat wissenschaftlicher Beschäftigung dar: in kondensierter Form und zum Zweck der Überzeugung argumentativ entfaltet. Will der Leser dies nicht einfach ‚hinnehmen', muss er den umgekehrten Weg gehen und den Text wieder in seine Bestandteile zergliedern sowie die argumentative Zusammensetzung verstehen. Während ein Profileser diese wissenschaftliche Analyse schon beim ersten Lesen leistet, bietet es sich für Studierende an, den Leseprozess selbst in einzelne ideale Operationen mit je eigenen Funktionen zu zergliedern. Die ganz individuelle Herangehensweise wird sich dann mit wachsender Erfahrung entwickeln.

Phasen der Lektüre und ihre Funktionen

Wie also geht man mit einem wissenschaftlichen Text um? Vorschläge hierfür unterteilen den Leseprozess in Phasen. Vereinfacht sind das die Vorbereitung, die eigentliche Lektüre und die Nachbereitung. Das Gegenmodell, das in der Praxis möglicherweise dominiert, besteht in der Vernachlässigung der ersten und dritten Phase zugunsten einer (einmaligen) Lektüre, die dann alles zum Verständnis Notwendige leisten soll. Die Dreiteilung lässt sich wiederum in weitere Operationen differenzieren, die je nach Ansatz anders ausfallen. Basierend auf der Dreiteilung ist das SQ3R-Modell nach Robinson (vgl. Christmann/Groeben 2001, S. 192) eines, mit dem die meisten anderen im Wesentlichen übereinstimmen. Diese kryptische Bezeichnung verwendet die Anfangsbuchstaben der einzelnen Schritte im Englischen als Merkhilfe: Zur Vorbereitung gehören hier der Überblick (*survey*) und das Formulieren von Fragen an den Text (*question*); auf das aktive Lesen (*read*) folgt das Rekapitulieren (*recite*) und das Überprüfen dieser Wiederholung am Text (*review*).

Vorbereiten

Hat man es mit ganzen Büchern zu tun, dient ein Überfliegen schon allein dem Zweck, die Relevanz für die eigene Fragestellung einzuschätzen. Nicht immer steckt hinter einem Titel das, was er zunächst zu versprechen scheint. Im Zuge der Literaturrecherche ist also zunächst der Blick in das Inhaltsverzeichnis entscheidend dafür, ob sich die weitere Beschäftigung damit überhaupt lohnt. Häufiger zeigt sich dabei, dass es sinnvoll ist, nur einen Teil des Buches tatsächlich zu lesen, dabei jedoch den Gesamtzusammenhang zu berücksichtigen, wie er dem Inhaltsverzeichnis, der Einleitung und dem Fazit sowie bilanzierenden Zwischenteilen zu entnehmen ist. Auch bei den kürzeren Aufsätzen kommt der Übersichtsphase die Funktion zu, die kognitiven Herausforderungen zu erleichtern. Wer z.B. anhand von Stichworten im Titel sein Vorwissen aktiviert und anhand von Überschriften über den Gang der Argumentation in groben Zügen im Bilde ist, der vermag die dann linear aufgenommenen Argumente und Informationen deutlich besser einzuordnen. Zusätzlich bekommt die Auseinandersetzung mit Forschung durch die Formulierung von Fragen den Dialogcharakter, der im Zusammenhang mit der eigenen Positionierung gefragt ist (vgl. VI.3): Was hat der Text im Rahmen seiner Fragestellung für die eigene Fragestellung zu sagen? Wie ordnet er sich den bisher zur Kenntnis genommenen Positionen der Forschung zu? Trifft er Aussagen zu bestimmten relevanten Stellen des literarischen Textes? Neben der Perspektivierung auf die eigenen Interessen geht es darum, das Hauptaugenmerk auf die zentrale Darstellungsintention des Textes zu legen. Ist diese identifiziert, kann die möglicherweise verwirrende Vielzahl an Detailinformationen im Ordnungszusammenhang erkannt werden und dann nicht mehr – wie häufig in studentischen Hausarbeiten – nur als Steinbruch für Zitate dienen.

Lesen und Strukturen erfassen

Die Erstlektüre sollte dann ohne Unterbrechungen und ohne zahlreiche voreilige Anstreichungen erfolgen, um den Text einmal im Ganzen erfasst zu haben. Viele Verständnisschwierigkeiten lösen sich von selbst auf, Funktion und Gewicht einzelner Passagen erhellen sich. Gerade zu Beginn des Studiums besteht sonst die Gefahr, verkrampft an den ersten Zeilen zu verzweifeln, da man zuviel als wichtig ansieht oder glaubt, überhaupt nichts zu verstehen. Aber hier geht es erneut um einen Prozess, und als Ansatzpunkt sollte das genutzt werden, was man versteht. Danach setzt allerdings eine ausgiebige Bearbeitung ein, die noch zum aktiven Lesen gezählt wird. Jetzt ist die Zeit, im Fremdwörter-Duden nachzuschlagen und Fachbegriffe zu klären (am besten mit dem Standardwerk *Reallexikon der deutschen Literaturwissenschaft,* vgl. III.1). Sparsame Markierungen sollten zunächst zentralen Begriffen und Aussagen sowie Relationen (z.B. Gegensätzen ↔ und Folgerungen →) gelten.

Dann beginnt das Zergliedern, wobei immer wieder Wichtigeres von Unwichtigerem geschieden wird. Hier machen es die Texte dem Leser unterschiedlich schwer, insofern sie mehr oder weniger transparent strukturiert und mit Teilüberschriften versehen sind. Ein strukturierendes Element, das jeder Text enthält, sind die Absätze. Auf der Suche nach größeren Einheiten sollte geprüft werden, welche Absätze sich unter einem Oberbegriff zusammenziehen lassen. Wo endet der Überblick über den Forschungsstand? Wo wechselt der Verfasser zu einem anderen literarischen Text? Wo wird ein neuer Aspekt eingeführt? Der Aufbau wird so klarer. Danach wird diese grobe Einteilung wieder verfeinert. Hier bietet sich zunächst wieder die Absatzebene an. An den Rand wird das Thema jedes Absatzes notiert, so dass der Aufbau übersichtlich und erfassbar wird. Vorbereitet wird dies durch bewusst sparsame Unterstreichungen.

Im nächsten Schritt folgt ‚logisches (argumentatives) Gliedern' (vgl. Stary 2009, S. 79–81), das sich vom konkreten Inhalt löst und die Funktion der Absätze im Zusammenhang benennt: These, Argument, Beispiel, Exkurs usw. Damit führt ein sinnvolles Zergliedern letztlich zum Erfassen der Zusammensetzung, die sowohl für die Logik des Textes als auch für dessen Verständnis so wichtig ist. Die Relationen zwischen einzelnen Teilen lassen sich dabei durch Konjunktionen wie ‚weil, also, folglich, aber, schließlich' (vgl. Chevalier 1999, S. 95f.) aufspüren. Vom groben Gerüst ausgehend müssen dabei auch argumentative Schritte innerhalb einzelner Absätze beachtet werden. Die im Rahmen der Lektürearbeit gewonnenen Einsichten können dann in einem Exzerpt zusammengefasst werden. Begleitend ist es oft sinnvoll bzw. nötig, sich vom linearen Aufbau des Textes zu lösen. Entscheidend ist dann nicht die lineare Argumentationskette, sondern das Verhältnis zentraler Begriffe zueinander, wie es dem Text explizit oder implizit zu entnehmen ist. Da es also auf die Anordnung ankommt, bietet sich hier ebenfalls eine Visualisierung an.

Argumentationen visualisieren

Eine Methode ist das Begriffsnetz (vgl. Stary 2009, S. 86–91), bei dem Textkästen durch Pfeile miteinander verbunden sind, die eigens definiert werden. Damit wird verhindert, dass man – was bei einem Brainstorming mittels *Mind Map* ausreichend ist – eher assoziativ-vage Zuordnungen trifft (‚X hat irgendetwas mit Y zu tun'). Vielmehr werden die Pfeile so bezeichnet, dass die Beziehung des Verbundenen eindeutig ist (‚X ist Y', ‚X steht im Gegensatz zu Y' etc.). Man zwingt sich bei der Erstellung also dazu, seine Notizen zu durchdenken und vermeidet so zusammenhangs- oder uferlose Abschriebe. Es bleibt einem überlassen, wie stark man z.B. die räumliche Anordnung zur Hierarchisierung nutzt. Im folgenden Beispiel wurde ein Teil des *Reallexikon*-Artikels *Stoff* visualisiert. Mit dem kostenlosen Programm *Cmap* (www.cmap.ihmc.us) lassen sich Begriffsnetze erstellen und leicht umbauen. Es lässt sich außerdem dazu verwenden, ein Themengebiet zu kartographieren. Ausdrucke über mehrere Seiten und die Verlinkung von Dateien und Webseiten werden unterstützt.

Nachbereiten

Wird das aktive Lesen so weit gefasst, dann bedeutet Nachbereiten vor allem, Bilanz zu ziehen. Zunächst ruft man sich ohne Hilfsmittel in Erinnerung, wie im Text argumentiert wird (*recite*); dann sollte man überprüfen, ob sich diese rekonstruierte Version mit dem Text selbst deckt (*review*). Indem die Fragen wieder in den Blick genommen werden, mit denen zu Beginn das Interesse am Text konkretisiert wurde, schließt sich der Kreis. Im Anschluss können die Bezüge, die der Beitrag zu anderen Beiträgen oder

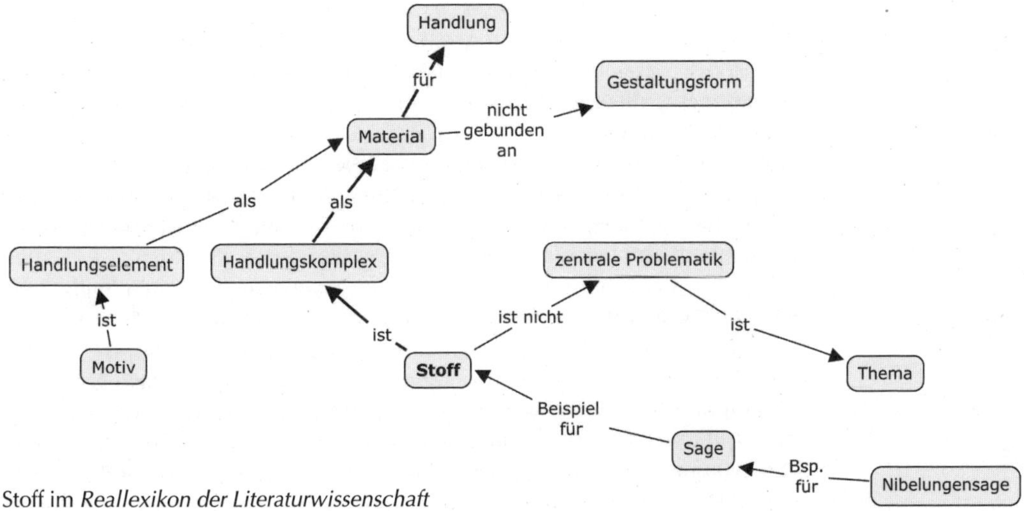


Stoff im *Reallexikon der Literaturwissenschaft*

literarischen Werken eröffnet, je nach Relevanz für die eigene Arbeit verfolgt werden.

Methoden erkennen

Germanistische Forschungsbeiträge stützen sich auf Methoden (vgl. II.1), die entweder zu Beginn explizit benannt werden oder die nur über die Bezugnahme auf bestimmte Theoretiker oder durch die Anwendung bestimmter (Schlüssel-)Begriffe, Konzepte und Vorgehensweisen erkennbar sind. In diesem Fall hilft ein Blick in Nachschlagewerke wie das *Metzler Lexikon Literatur- und Kulturtheorie*, das *Reallexikon der Literaturwissenschaft* oder – schon etwas älter – das *Lexikon literaturtheoretischer Werke* (hg. von Rolf Günter Renner und Engelbert Habekost) zur Identifikation. Grundsätzlich sollte im Studium jedoch ein theoretisches Vorwissen erarbeitet werden, das die Einordnung erleichtert und zudem die eigene Interpretationsarbeit fundiert. Zur Vertiefung der entsprechenden Einheiten in Einführungskursen bieten sich Überblicksdarstellungen wie *Methodengeschichte der Germanistik* (hg. von Jost Schneider) und *Neuere Literaturtheorien. Eine Einführung* (von Tilmann Köppe und Simone Winko) an, die die komplexen Theoriegebäude im Überblick systematisch vermitteln. So können nicht nur methodenspezifische Begriffe eingeschätzt, sondern auch die grundlegenden Positionen einer Methode gegenüber literaturwissenschaftlichen Kategorien (wie Autor, Werk, Leser) mitgedacht werden, die der Verfasser oft nicht eigens expliziert, da er sich an ein Fachpublikum wendet.

Literatur- und Materialverwaltung mit dem PC

Als Arbeitsgerät ist der PC aus dem Studium kaum wegzudenken. Die Organisation von Zitaten und Exzerpten ist zwar ebenso nur mittels Notizblock und Karteikasten zu organisieren. Aber die Vorteile des Digitalen bei der Reproduktion, Veränderung oder Suche einmal eingepflegter Daten sind allemal groß genug, um für die Literatur- und Materialverwaltung die Möglichkeiten des PC zu nutzen. Die einfachste Variante basiert auf einem Textverarbeitungsprogramm zur Anlage eines Ordnersystems, in dem bibliographische Angaben, Zitate etc. sinnvoll gegliedert archiviert werden. Alternativ gibt es speziell für diese Zwecke entwickelte Programme.

Spektrum der Programme

Es gibt kostenlose und kostenpflichtige Literaturverwaltungsprogramme (und dabei die Variante kostenloser Versionen mit eingeschränkter Funktion). Kosten von 100 Euro oder deutlich mehr sind aufgrund anderer Möglichkeiten problemlos zu vermeiden. Universitäten können zwar Lizenzen für die kommerziellen Produkte (z. B. *Endnote X4* und *Citavi Pro Version 3*) erwerben und diese ihren Studierenden zur Verfügung stellen; Auskunft hierüber geben die Universitätsbibliotheken. Da aber an jedem Standort die Situation eine andere ist, wird an dieser Stelle nur auf allgemein zugängliche Software näher eingegangen, die insgesamt eine mehr als ausreichende Funktionalität bietet. Literaturrecherche wird dank Ressourcen wie *BDSL Online* vermehrt auch im Netz betrieben (vgl. III.2). *Zotero*, ein einfaches Programm, das sich in den verbreiteten Browser *Mozilla Firefox* integrieren lässt, ermöglicht die Aufnahme solcher Funde per Mausklick, die dann sortiert und zudem mit Notizen oder Zitaten verknüpft werden können. Links, Screenshots und Dokumente können ebenfalls abgelegt werden. *Mendeley* und *Bibsonomy* sind Internetprojekte, die die Funktion einer Literaturdatenbank mit der Möglichkeit zur gemeinsamen Nutzung verknüpfen. Teilnehmende können eingepflegte bibliographische Daten (Stichwort *Social Bookmarking*) und hochgeladene Dokumente teilen.

*Citavi 3 Free*

Die kostenlose Version von *Citavi 3* bringt die wichtigsten Funktionen sehr praktikabel zusammen. Mit dem Programm werden bibliographische Daten aufgenommen und Zitate sowohl mit ihrer Quelle als auch mit einer Arbeitsgliederung und eigenen Notizen verknüpft. In die ‚Literaturverwaltung' pflegt man von Hand Titel, Verfassernamen etc. ein oder nutzt die integrierte Recherchefunktion in Datenbanken bzw. die Browser-Erweiterung *Citavi Picker*, die u. a. über die ISBN (*International Standard Book Number*) Literaturangaben von Webseiten importiert. Danach müssen bei der Hinterlegung von wörtlichen Zitaten und Paraphrasen nur noch die Seitenzahlen ergänzt werden. Text- und PDF-Dateien lassen sich verlinken und im Programm selbst anzeigen und zitieren (*copy & paste*). Während in diesem Bereich die Titel Ordnung stiften, ist die ‚Wissensorganisation' inhaltlich strukturiert. Hier hält man zunächst eigene Ideen ebenfalls auf virtuellen Karteikarten fest, die dann zusammen mit den fremden Inhalten aufgelistet werden. Zur besseren Übersicht zeigt diese Liste wahlweise auch nur die ‚Kernaussagen' an, die für die einzelnen Karteikarten formuliert wurden. Struktur bekommt diese Ansammlung durch eine Gliederung, die zunächst separat erstellt wird und die z. B. den eigenen Entwurf des Inhaltsverzeichnisses abbildet. Anschließend lassen sich die einzelnen Karten u. a. per *drag & drop* mit der Maus darauf verteilen, aber auch mehrfach verbuchen, wenn eine Bemerkung etwa für Einleitung und Schluss gleichermaßen in Frage kommt. So besteht ein Überblick darüber, welche Materialbasis die einzelnen Kapitel haben. Schließlich werden die Zitate in die Textverarbeitung transferiert (mit Fußnoten und in einer Form, die einmalig dem jeweiligen Standard am Institut angepasst wird) oder Literaturverzeichnisse erstellt.

Grenzen des Programms

Die einzige Einschränkung der kostenlosen Version besteht in einem Limit der pro Datei erfassbaren Titel von 100 Stück. Da es das Programm eigentlich vorsieht, dass eine unselbständige Publikation (vgl. III.1) zwei Plätze belegt (Aufsatz und Sammelband getrennt), reduziert sich die verfügbare Zahl zwar noch, für eine Seminararbeit dürften aber selbst 50 Quellen noch ausreichend sein. Das Zuordnungsprinzip sollte nicht dazu führen, dass der Nutzer sich im Denken einengt oder von der Zahl der Einträge auf die Qualität seiner Vorbereitung schließt. Abgesehen davon, dass ein reflektierter Umgang mit Eigenheiten und Grenzen von Hilfsmitteln ohnehin stets dazugehört, ist das Programm sehr flexibel zu handhaben. Man nutzt dann z. B. nur ausgewählte Funktionen oder legt als Struktur nur das an, was einem sonst auch zum Ordnen (mittels Dateien oder Stapeln) geeignet erscheint.

Integrativer Vorschlag

Der PC-Einsatz eignet sich nicht für alle Phasen der Studienpraxis. Eine Erstlektüre von Sekundärliteratur gleich vor dem Bildschirm etwa bietet sich nicht an. Schnell abgetippte Stellen ersetzen nicht das Textverständnis, man ist leicht abgelenkt und dennoch im guten Glauben, Forschung zu verarbeiten. Die Endfassung einer Hausarbeit entsteht wiederum zwangsläufig am PC, weshalb sich die Frage stellt, wie der Arbeitsprozess dazwischen effektiv gestaltet wird. Um nicht nur ein Nebeneinander analoger und digitaler Praktiken mit ihren Vor- und Nachteilen zu konstatieren, soll zum Abschluss skizziert werden, wie auf Ergänzung gesetzt werden könnte. Bezugspunkt ist das eben beschriebene Verwaltungsprogramm. Die folgenden Prinzipien können dabei leitend sein:

Vernetzen
- auf einen Blick wissen, welche Dateien, Kopien etc. einem Titel zugeordnet sind

Digitalisieren
- Handschriftliches auf Dauer sichern und leicht verwertbar machen

Materialisieren
- wichtige Dateien auch ausdrucken, zur Hand haben
- Informationen übersichtlich zusammenfassen, auch als Lernprozess

Aufwand minimieren
- konkreten Nutzen abwägen
- Automatisierung nutzen
- nicht zur Unzeit tüfteln oder verwalten

| | analog | digital |
|---|---|---|
| Kopien | Ordner einrichten (projektbezogen oder allgemein) | bei Titeldaten auf eigenen Bestand hinweisen |
| Verweise auf Seiten | in der eigenen Textausgabe; auf Notizblatt (evtl. systematisch nach Figuren, Motiven etc.) | diese Hinweise in Exzerpt-Datei verwerten |
| Zitate | wichtige ausschreiben oder ausdrucken (damit immer zur Hand) | in größerem Umfang erfassen (danach bequem transferierbar) |
| Exzerpt | in Papierform vorliegend, evtl. Kopie zuordnen | Datei den Titeldaten zuordnen |
| eigene Ideen, Befunde | erst festhalten… | … dann einpflegen und auf Papier abhaken (außer man ist schon am PC) |
| Begriffsnetz/ *Concept Map* | Vorstufe auf Papier entwickeln | mit Programm ausbauen (da leicht genug zu verändern) |
| Visualisierungen | Entwerfen und Ausarbeiten geht auf Papier schneller | für Präsentationen und wichtige Graphiken lohnt sich der Einsatz eines Programms |
| Übersicht | Ausdruck von… | … Dateien und *Citavi*-Skript (= ‚Wissenselemente' nach Gliederung sortiert) |
| Textproduktion | Thema und Gliederung auf Papier zwanglos durchspielen; regelmäßig Ausdrucke bearbeiten | Dateien anlegen für Gesamttext (in verschiedenen Stadien), einzelne Abschnitte, Zwischenablage; ‚Wissenselemente' integrieren |
| Lernstoff/ Präsentationshilfe | Karteikarten herstellen … | … dafür Inhalte auswählen |

## 2. Mit mittelalterlichen Texten umgehen

Für den Umgang mit mittelalterlichen Texten im Studium des Teilfaches Mediävistik weist die Lesepraxis der Primärtexte einige Besonderheiten auf. Im Stadium der ersten Studiensemester handelt es sich bei den Texten, die in Seminaren oder Übungen gelesen werden, meist um hochmittelalterliche Texte, genauer um ‚höfische' Epik oder Lyrik, die beide in Reimversen gedichtet sind. In den Lehrveranstaltungen der unteren Semester werden für die Lektüre auf Studienzwecke hin konzipierte Textausgaben verwendet. In philologisch-sprachgeschichtlichen Einführungsveranstaltungen werden die Fertigkeiten erworben, die dazu befähigen, einen mittelalterlichen Text in seiner sprachlichen Verfasstheit zu verstehen, um dann mit ihm arbeiten zu können. Meist wird die unterstützende Benutzung eines Lehrwerks empfohlen (z.B. Hilkert Weddige: Mittelhochdeutsch. Eine Einführung, 8. durchges. Aufl., München 2010). Man hat es beim Mittelhochdeutschen mit einer älteren Sprachstufe der eigenen Sprache zu tun, die zum einen Ähnlichkeiten mit dem Gegenwartsdeutsch aufweist, zum anderen gerade aufgrund dieser Ähnlichkeiten zu falschem Textverständnis führen kann. Man erkennt zum Beispiel das mittelhochdeutsche Wort *wîp* im neuhochdeutschen *Weib* wieder, muss aber daran denken, dass es eine Bedeutungsverengung und eine Bedeutungsverschlechterung erfahren hat, die von der neutralen Bezeichnung wegführt. Was *wîp* an Bedeutung transportierte, erfüllt nun ungefähr das neuhochdeutsche Wort *Frau*, dessen lexikalisches mittelhochdeutsches Pendant *vrouwe* insbesondere im höfischen Kontext wiederum die Dame oder Herrin bezeichnet.

Mittelhochdeutsch wird fast wie eine Fremdsprache erlernt, wenn man sich darin einübt, mittelhochdeutsche Texte in Versen in neuhochdeutsche Prosatexte zu übertragen. Dabei liest man die Verse sinnvollerweise laut, um so einer tatsächlichen Rezeptionssituation im Mittelalter nahezukommen. Im Studium muss man lernen, wie Syntax, Grammatik und Morphologie im Mittelhochdeutschen funktionieren. Dann kann auch unbekanntes Wortmaterial mit einem Wörterbuch richtig erschlossen werden.

Besonderheiten der Textüberlieferung

Mit der speziellen Rezeptionssituation hängt die handschriftliche Textüberlieferung zusammen, die teilweise deutlich jünger sein kann als der eigentliche Text. Hartmanns von Aue erster Artusroman *Erec* etwa ist nur in einer einzigen Handschrift nahezu komplett überliefert. Bei der überliefernden Handschrift handelt es sich um das *Ambraser Heldenbuch*, eine Sammelhandschrift des beginnenden 16. Jahrhunderts. Sie entstammt also einer Zeit, die schon über den Buchdruck verfügt. 300 Jahre nach der mutmaßlichen Abfassung des *Erec* durch Hartmann lässt Kaiser Maximilian I. den Bozener Zollschreiber Hans Ried eine große Anzahl hochmittelalterlicher Texte in einer umfangreichen Sammlung handschriftlich zusammentragen. Solche Sachverhalte sorgten lange Zeit dafür, dass Texte gewissermaßen zurückübersetzt wurden in das angenommene, genauer gesagt rekonstruierte höfische Mittelhochdeutsch ihrer Entstehungszeit. Solche Maßnahmen lassen die Vermutung zu, dass ein Text, wie wir ihn in einer Ausgabe finden, so vielleicht nie existiert hat.

Ausgaben

Vor diesem Hintergrund sind Historisch-kritische Ausgaben (vgl. IV.1) gerade für die Mediävistik besonders wichtig, da sie nicht nur den Text selbst zur Benutzung bereitstellen, sondern auch gleichzeitig die Überlieferungsgeschichte dokumentieren. Der Sachverhalt, dass häufig zu einem Text verschiedene Ausgaben erhältlich sind, die bei genauem Hinsehen den Text nicht in der gleichen Version abdrucken, erklärt sich vor dem Hintergrund der handschriftlichen Überlieferung aus Herausgeberentscheidungen. Bei Ausgaben, die speziell auf studentische Zwecke zugeschnitten sind, gibt es eine grundsätzliche Unterscheidung: in einsprachige, d.h. mittelhochdeutsche Textausgaben (zumeist in der *Altdeutschen Textbibliothek*: ATB) und zweisprachige Ausgaben mit einer neuhochdeutschen Übertragung (häufig *Reclams Universal-Bibliothek, DeGruyter Studienausgabe*, Deutscher Klassiker Verlag). Hartmanns *Erec* beispielsweise ist in der einsprachigen Ausgabe der ATB bei Niemeyer erhältlich, daneben in einer zweisprachigen, von Volker Mertens kommentierten und übersetzten Ausgabe bei Reclam, in einer zweisprachigen Ausgabe mit Übersetzung von Thomas Cramer bei S. Fischer und im Deutschen Klassiker Verlag in einer zweisprachigen Version, die Manfred G. Scholz eingerichtet und kommentiert und Susanne Held übersetzt hat. Zweisprachige Ausgaben erleichtern zwar auf den ersten Blick das Lesen, verführen aber auch dazu, sich nicht konsequent dem Mittelhochdeutschen zu widmen. Gerade der Blick auf die neuhochdeutsche Übersetzung macht aber Bedeutungsvarianten aufgrund von Übersetzungsentscheidungen deutlich, die für das Verstehen der Texte erhebliche Konsequenzen haben können. Das Mittelhochdeutsch der Ausgaben weist als sog. normalisiertes Mittelhochdeutsch nicht den originalen Sprachstand der zugrunde liegenden Handschriften auf.

Bei Zitaten ist grundsätzlich der mittelhochdeutsche Text wiederzugeben und mit Verszahl, also nicht mit Seitenangaben zu belegen.

Handschriften

Mit der Überlieferungssituation der mittelalterlichen Texte hängt zusammen, dass es Spezifika der Mediävistik gibt, die insbesondere die Originale, also die Handschriften selbst betreffen. Sie werden relevant, wenn man sich im Studium nicht nur mit dem Text selbst, sondern auch mit Materialität und Visualität der handschriftlichen Grundlage beschäftigt. Mittlerweile sind Handschriften neben den gedruckten Faksimiles als Digitalisate im Netz sehr viel besser als früher verfügbar. Zur wissenschaftlichen Einsichtnahme in Handschriften gehört aber nicht nur der Blick auf das Exemplar selbst, sondern auch die Möglichkeit, qualifizierte Informationen über den Befund (z.B. Fragment, Sammelhandschrift, Größe, Schriftart, Datierung usw.) zu erhalten. Deren Beschreibung ist die Aufgabe von Handschriftenbibliothekarinnen. Was früher in umfangreichen gedruckten Katalogen (deren Digitalisierung im Übrigen auch gerade durchgeführt wird) geleistet wurde, ist ansatzweise bereits im Netz verfügbar (z.B. www.handschriftencensus.de).

Hilfsmittel

Ein mittelalterlicher Text ist auch in für Studierende aufbereiteten Ausgaben in der Regel kaum ohne Hilfsmittel les- und bearbeitbar. Ein Zeilenkommentar in einer geeigneten Ausgabe erklärt Einzelheiten, enthält aber eigentlich keine Worterklärungen, so dass für alles Unverständliche auf der lexikalischen Ebene, auch im Seminar selbst, ein Wörterbuch bereitliegen muss (Matthias Lexer: Mittelhochdeutsches Taschenwörterbuch, 38. Aufl., Stuttgart 1992 oder Beate Hennig: Kleines Mittelhochdeutsches Wörterbuch, 5. Aufl., Tübingen 2007). Über www.mediaevum.de ist das Benutzen des durch die DFG geförderten Projekts der elektronischen Wörterbücher im Verbund möglich. Um grammatische und syntaktische Hürden zu nehmen, sind Standardgrammatiken nötig. Ähnliches gilt für metrische Analysen. Einige mediävistische Fachbereiche bieten auch zu Lautlehre, Grammatik und Metrik im Internet öffentlich zugängliche Hilfsmittel an (z.B. die Mediävistik der Universität Tübingen). Zum Einhören kann man auch auf Tonträger zugreifen: Einige Texte finden sich ganz oder in Teilen, manchmal übersetzt, paraphrasiert und kommentiert auf CDs; früh war hier Peter Wapnewski tätig, der auf diesem Weg einige mittelhochdeutsche Texte wie das *Nibelungenlied*, die Lyrik Walthers von der Vogelweide, Wolframs *Parzival* und andere mehr zugänglich gemacht hat.

Verstehenshorizonte

Einführungen in die Mediävistik helfen, die ersten Hürden zu überwinden. Schnell sollte man sich, daran anknüpfend, im Studium der Mediävistik ein mentales Gerüst bauen, das man sukzessive erweitert. Zu einem derartigen Gerüst gehört auch, dass man sich über den kulturhistorisch relevanten Sachverhalt radikal anderer Verstehenshorizonte der mittelalterlichen Literatur klar wird. An diesen Horizont muss man sich ebenfalls heranlesen. Die Kultur mittelalterlicher Texte steht in lateinisch-volkssprachigen und klerikal-laikalen Traditionen, die sich selbst bereits in spätantiken, aber auch mittelalterlich-klerikalen Modellen der Deutung und Welterklärung wie dem vierfachen Schriftsinn erfasst sehen, der im Vergleich zu neuzeitlichen Texten eine andere Lektüre und Deutung erfordert.

## 3. Richtig Einordnen: Größere Themengebiete erlesen

Textmengen und Zusammenhänge

Was für Seminare und Vorlesungen an Texten vorbereitet werden muss, stellt nur die Spitze eines Eisberges dar. Ob man sich über dessen Konturen nur so weit informiert, dass man keinen unmittelbaren Schiffbruch erleidet, oder ob man sich dem Objekt mit Forscherdrang verschreibt, bleibt eine Frage der eigenen Ambitionen. Ohne Zweifel jedoch kann ein Einzelner den Objektbereich unmöglich im vollen Umfang erfassen. Studierende wie Wissenschaftler müssen also immer wieder auswählen, wobei dem Anfänger die Erfahrung und Spezialisierung des Profis fehlt.

Am leichtesten fällt die Zusammenstellung und Bewältigung eines Lesepensums noch, je konzentrierter der Ausgangspunkt ist. Für einen gegebenen Primärtext und eine konkrete Fragestellung finden sich mittels Recherche Forschungsbeiträge und weitere Primärtexte, deren Kenntnis ratsam erscheint (vgl. III). Doch wie sieht es mit dem aus, was man paradox als ‚fachliche Allgemeinbildung' bezeichnen könnte? Peinliche Wissenslücken und allgegenwärtige Querverbindungen nähren den Wunsch, jenseits des Tagesgeschäfts über den diffus wahrgenommenen Gesamtzusammenhang besser im Bilde zu sein. Damit ist man auf die Literaturgeschichte als Konzept verwiesen, das die Masse an individuellen Texten durch die Einordnung in Gattungen und Epochen (die aus ihnen selbst abgeleitet wurden) beschreibbar und beherrschbar macht.

Zwischen Überforderung und Verführung

Dem Lernenden begegnen an diesem Punkt Überforderung und Verführung, Chancen und Risiken. Er kann sich eine Einheit der Literaturgeschichte, sagen wir die Romantik, herauslösen und wird doch immer noch mit einer hohen Zahl an Literatur und Forschung darüber konfrontiert sein. Er kann sich auf die Beschreibungen verlassen, dabei dankbar dünnen Einführungen den Vorzug vor umfangreichen Literaturgeschichten geben – ohne die Texte selbst je zu Gesicht zu bekommen. Sinnvoller ist es, bei der Erarbeitung größerer Themengebiete (z. B. für Prüfungen) verschiedene Publikationstypen zu Rate zu ziehen, frühzeitig vor allem die Primärliteratur zu lesen und sich ein möglichst umfassendes Bild zu machen.

Erste Orientierung

Im beispielhaften Fall der Erarbeitung einer Epoche interessieren zunächst deren Merkmale sowie die einschlägigen Autoren und Texte. Diese Grundlagen vermitteln in konzentrierter Form die entsprechenden Artikel im *Reallexikon der Literaturwissenschaft*. Neben dem dichten Informationsgehalt dieser Überblicksdarstellungen sollte man sich deren Reduktion auf das Wesentliche zunutze machen, um weitere Erkundungen vorzubereiten.

Der Bibliographie lassen sich etwa weitere Überblicksdarstellungen und einschlägige Spezialuntersuchungen entnehmen. Ebenfalls zu beachten sind die anderen Lemmata, auf die der Eintrag verweist. Zusammen mit den vorgestellten Aspekten (bevorzugte Verfahren und Themen, poetologische Konzepte, Strömungen etc.) können sie dann stichwortartig in einer Skizze angeordnet und im Zuge weiterer Lektüren angereichert werden: wenn sie in anderen Quellen Erwähnungen finden oder um neue ergänzt werden, wenn Begriffe anders definiert oder wenn andere Beispiele genannt werden bzw. wenn man selbst in der Literatur weitere Beispiele findet. Unterschiedliche Definitionen und Erklärungen sind dabei nicht nur dann interessant, wenn sie inhaltlich abweichen, sondern auch, wenn einem einige davon einleuchtender formuliert erscheinen als andere. Um hier substantielle und oberflächliche Unterschiede zu überblicken, kann eine eigene Synopse, also eine parallele Aufstellung dienlich sein. Was etwa den zeitlichen Rahmen einer Epoche oder Binnendifferenzierungen angeht, informiert das *Reallexikon* über alternative Forschungspositionen, so dass sich später die recherchierte Sekundärliteratur in diesem Punkt besser einordnen lässt. Eine dritte Art von Anschluss neben der Forschung und den genannten Aspekten besteht darin, zentrale Autoren und Werktitel zu sammeln.

Anschlusslektüren

Das gewonnene Grundwissen lässt sich nun mithilfe von Literaturgeschichten (vgl. III.1) und Epochen-Einführungen (z. B. der Reihen *Einführung Germanistik* der Wissenschaftlichen Buchgesellschaft, *Lehrbuch Germanistik* im Metzler-Verlag oder *Studienbuch Literaturwissenschaft* im Akademie-Verlag) vertiefen. Dabei besteht allerdings die Gefahr, dass man die kompakte Aufbereitung zu sehr als Lernstoff betrachtet und der Einstieg in die eigene Bearbeitung des Korpus verschleppt wird. Es stellt sich zudem das Problem, wann genau und wie oft man das Buch zur Seite legen und den vielen Verweisen auf Literatur und Forschung folgen soll. Kanons wiederum gehen den umgekehrten Weg und lassen den Leser mit nichts oder kaum mehr als Leseempfehlungen allein: Wulf Segebrecht stellt in *Was sollen Germanisten lesen? Ein Vorschlag* eine chronologisch geordnete Liste von literarischen Texten vor, vom Reclam-Verlag gibt es *Die Leseliste*, die darüber hinaus jeweils noch ein, zwei kommentierende Sätze pro Titel enthält.

Erweiterte Leseliste als Lehr-Lern-Spiel

Eine hilfreiche Synthese aus systematischem Überblick und Kanon, der zum Selbstlesen anregt, würde eine erweiterte Leseliste darstellen, die zentrale Aspekte erhellende Titel der Literatur und Forschung zusammenbrächte. In dieser überschaubaren Form gibt es das nicht, doch kann sich jeder selbst spielerisch daran versuchen und so die ohnehin anfallende Lese- und Ordnungsarbeit strukturieren und reflektieren. Im Selbststudium kann man auf der Grundlage noch frischer ‚Aha-Erlebnisse' und lehrreicher Irrfahrten ja problemlos so tun, als ob man bereits den nächsten Kandidaten durch den Textdschungel lotse.

Stichwortgerüste anreichern

Stichwortgeber kann dabei ein kompakter Lexikonartikel wie der von Detlef Kremer zur Romantik im *Reallexikon* sein; alles weitere erfordert dann eigene Entscheidungen und Initiativen, die den eigenen Lernprozess begleiten: Man liest von der Einteilung in Früh-, Hoch- und Spätromantik, von Tendenzen innerhalb der Gattungen und von Abgrenzungen gegenüber Aufklärung und Klassik. Denkbar wäre also z.B. ein Aspekt ‚Abgrenzungen', für den man drei entsprechende Gedichte und ein oder zwei Aufsätze, Buchkapitel, Handbuchartikel etc. sucht. Gerade wer Kontraste sucht, mag mitunter von Gemeinsamkeiten überrascht werden. Solche selbst gewonnenen Erfahrungen haben auf jeden Fall einen Mehrwert gegenüber Angelesenem, selbst wenn die Information im Kern dieselbe sein sollte. Wenn in einem Überblicksartikel nur Autorennamen, aber keine Werke von ihnen benannt werden, ergeben sich allein daraus Suchaufträge nach wichtigen Titeln. Bei Stichworten wie ‚Gattungsmischung' landet man durch Anschlusslektüren schnell bei Musterbeispielen, während man schillernde Begriffe wie ‚romantische Ironie', ‚progressive Universalpoesie' oder ‚Transzendentalpoesie' vielleicht erst dann weiterverarbeiten kann, wenn eine besonders einleuchtende Erläuterung gefunden ist – deren Ort wäre dann wiederum ein Fall für die eigene Leseliste. Einträge in der nummerierten Liste könnten so aussehen: Nr. X. ‚Komödientypen': Ludwig Tiecks *Die verkehrte Welt,* Clemens Brentanos *Ponce de Leon,* dazu Uwe Japp: Die Komödie der Romantik (Kap. 3–5).

Erstrebenswert ist eine breite Sichtung verschiedener Publikationstypen, wobei bei umfangreicheren Texten auch relevante Ausschnitte identifiziert werden können. Literarische und poetologische Texte müssen nicht nach ihrem Bekanntheitsgrad ausgewählt werden, sondern sollten in erster Linie Merkmale einsichtig machen. Zum Erstellen einer solchen Liste muss man also seinen Gegenstand er-lesen, drehen und wenden, muss herausfinden, wie er zu packen sein könnte und welche Suchaufträge sich aus den zu klärenden Aspekten ergeben. Das Produkt ist dabei zweitrangig, der reflexive Prozess steht im Mittelpunkt und schult für künftige Erarbeitungen.

## 4. An den Grenzen des Kanons: Literarische Neuerscheinungen

Horizont erweitern

Nicht immer widmet sich die Neuere deutsche Literaturwissenschaft auch der neuesten deutschen Literatur. Zumal in der Lehre besteht der Kern der behandelten Gegenstände wenn nicht in kanonischen Werken, so doch meist in den Werken kanonischer Autoren. Ein Kanon ist dabei das gewachsene Ergebnis einer kollektiven Rückschau, die aus den zahllosen Publikationen (und Autoren) der Jahrhunderte das besonders Bewahrenswerte und Bedenkenswerte separiert. Tatsächlich greifbar sind wiederum einzelne Kanon-Listen, wie sie zum Beispiel Institute ihren Studierenden zur Orientierung anbieten. Erweiterungen gehen meist vom schon Arrivierten aus (weil sein *Faust* so wichtig ist, vergisst man auch Goethes *Stella* nicht), während neueste Literatur den Test der Zeit noch nicht bestanden haben kann und somit fast schon notwendig eine Unsicherheit darüber besteht, was davon zukünftig kanonisch sein könnte. Für den Studierenden stellt sich die Frage, wie er diesen ‚lebendigen' Teil der Literatur dennoch erfassen kann bzw. wie sich die konkrete Arbeit mit diesen Texten gestaltet.

Überblick gewinnen

Anlässlich der Frankfurter und der Leipziger Buchmesse dringen regelmäßig horrende Zahlen an die Öffentlichkeit, die dem publizistischen Ausstoß monströse Züge verleihen. Beschränkt man sich auf die Belletristik und spart zudem ‚reine' Unterhaltungsliteratur aus, dann bleiben immer noch unzählige Neuerscheinungen. Hinter jeder könnte ein interessantes Studienobjekt stecken. Beim Versuch, einen Überblick zu gewinnen, kann man aber nur eingeschränkt auf wissenschaftliche Quellen zurückgreifen, weil diese Gegenstände jenseits der Literaturkritik erst langsam in den Fokus der wissenschaftlichen Aufmerksamkeit geraten – genauer gesagt erst dann, wenn sich erste Kanonisierungsprozesse wie im Falle der sog. Pop-Literatur seit 1995 abzeichnen. Die erste Stufe der Auseinandersetzung bleibt der Zeitung vorbehalten: Das Feuilleton stellt ein Forum für die Literaturkritik bereit, die andere Funktionen als die Literaturwissenschaft erfüllt und deshalb entsprechend anders auf Literatur zugreift (vgl. I.1). Ihre Aufgabe ist es, Inhalt und Gestaltung des besprochenen Buches zu referieren sowie eine Empfehlung oder eine Warnung auszusprechen. Der Rezensent ist nicht zur wissenschaftlichen Argumentation verpflichtet, sondern kann euphorisch, polemisch oder auf andere Weise subjektiv schreiben.

Dessen bewusst kann der vergleichende Blick in mehrere Besprechungen zum Überblick und zur Anregung dennoch dienlich sein. Auf www.perlentaucher.de werden Rezensionen aus allen relevanten Zeitungen knapp zusammengefasst. Hinweise auf konträre oder vielversprechende Urteile können dann die eingehendere Zeitungslektüre steuern oder gleich zur Neuerscheinung selbst greifen lassen. Über Universitätsbibliotheken besteht teilweise die Möglichkeit, die Online-Ausgaben und -Archive etwa der *Frankfurter Allgemeinen Zeitung* und der *Süddeutschen Zeitung* zu nutzen. Ansonsten liegen in Bibliotheken die gedruckten Ausgaben bereit. Neben Buchbesprechungen sind im Feuilleton der großen Tages- und Wochenzeitungen wie *Die Zeit* auch übergreifende Debatten (wie etwa zum Thema Plagiat) von Interesse, die dann in die Literaturgeschichte eingehen können, weil sie das literarische Leben einer Zeit prägen.

Im Unterschied zum größeren Platzangebot in den Feuilletons der renommierten Zeitungen unterliegen Literatursendungen im Fernsehen oft dem Druck, ihr Thema in kleinen Happen und mit bunten Einspielern dem Medium anzupassen. Etwas mehr Einblick gestatten Formate, die längere Gespräche mit Autoren bieten (z. B. *Literatur im Foyer* im SWR). Ein erstes eigenes Urteil ermöglichen Leseproben, die der Buchhandel auf Verlagsseiten, über das Portal www.libreka.de oder anlässlich des Deutschen Buchpreises über Reader anbietet. Dieser öffentlichkeitswirksame Preis erfüllt durch seine *Long List* und später dann *Short List* der Nominierten ebenfalls eine Auslesefunktion wie andere Literaturpreise, so etwa der renommierte Büchner-Preis für ganze Lebenswerke oder der Klagenfurter Bachmann-Preis für Nachwuchsautoren. Manche Autoren bekommen diese Aufmerksamkeit und Anerkennung erst spät (so z.B. Walter Kappacher) oder überhaupt nicht (z.B. Alban Nikolai Herbst).. In der Germanistik kann man sich allerdings auch mit Autoren der Gegenwartsliteratur auseinandersetzen, die in derartigen Selektionen noch wenig oder gar nicht aufgefallen sind, soweit man ihren Texten literaturwissenschaftlich interessante Aspekte abgewinnen kann.

Herausforderung annehmen

Bei der wissenschaftlichen Beschäftigung mit neuer Literatur kann die Reflexion dieser Zusammenhänge selbst ein Thema sein. Für die Arbeit am Text ist dagegen eine Transferleistung notwendig. Das analytische und methodische Vermögen, das an Werken aus verschiedenen Epochen geschult worden ist, muss auf Texte angewandt werden, für die es keine Rückendeckung in Form vorliegender Forschungsbeiträge gibt. Insofern schärft die Auseinandersetzung den Blick für wesentliche Aspekte der Interpretationstätigkeit. Zudem gibt die Gegenwartsliteratur im Vergleich zu den Epochen der Literaturgeschichte (die stets eine Konstruktion darstellen) ein ungleich diffuseres, noch wenig geklärtes Bild ab, weshalb der Interpret weitaus mehr gefordert ist, Einzeltexte selbst in Relation zueinander zu setzen: Gibt es Parallelen, Unterschiede, Häufungen (auch jenseits ausgerufener Trends und Labels)? Neben dieser synchronen Betrachtung können gattungs-, form- oder themenorientierte Fragestellungen im Blick auf die Literaturgeschichte zurück Perspektiven eröffnen und gegenwärtige Texte und Diskurse gerade durch Traditionen erhellen.

Fachliteratur

Der Zusammenhang der Gegenwartsliteratur kann über Einführungen (z.B. Michael Brauns *Die deutsche Gegenwartsliteratur*), Literaturgeschichten (z.B. Ralf Schnells *Geschichte der deutschsprachigen Literatur seit 1945* und die *Geschichte der deutschen Literatur von 1945 bis zur Gegenwart*, hg. von Wilfried Barner) und Bibliographien (*Deutschsprachige Gegenwartsliteratur seit 1989. Gattungen – Themen – Autoren. Eine Auswahlbibliographie*) erschlossen werden. Als Loseblatt-Sammlung ist das *Kritische Lexikon zur deutschsprachigen Gegenwartsliteratur* (mit Online-Version) auf dem aktuellen Stand. Es gibt Aufschluss über das Gesamtwerk von Autoren und verzeichnet auch Rezensionen. Wie bei der neuen Ausgabe von *Killys Literaturlexikon* geben Neuaufnahmen von Autoren Hinweise auf bereits erlangte kanonische Geltung.

## 5. Weiterführende Ratgeberliteratur

Walter Delabar: Literaturwissenschaftliche Arbeitstechniken. Eine Einführung, Darmstadt 2009.
Delabars Ausführungen sind weitere Hinweise zu Lektüre (Herangehensweisen, Fragenkataloge), Verwaltung (Notizbuch, Karteikarte, Ordnersystem) und Visualisierung (von der zwanglosen Skizze zur präsentablen Darstellung) zu entnehmen (S. 63–83).

Benedikt Jeßing: Arbeitstechniken des literaturwissenschaftlichen Studiums, Stuttgart 2006.
Das Exzerpieren erhält in Jeßings Konzeption der literaturwissenschaftlichen Hausarbeit (und Prüfungsvorbereitung) einen hohen Stellenwert: Der Verzahnung von Exzerpten folgt die wiederholte Kondensierung. Der Band bietet darüber hinaus

Fragenkataloge zur Lektüre von lyrischen, dramatischen und epischen Texten (S. 56–67).

Claudius Sittig: Arbeitstechniken Germanistik, Stuttgart 2008.
Der Band bietet eine Tabelle und eine Übungsaufgabe zum Lesen alter Drucke (S. 39–42).

Brigitte Chevalier: Effektiver Lernen. Die eigenen Fähigkeiten erkennen, Textverständnis und Lesekapazität erhöhen, Nutzen aus einer Vorlesung ziehen, Arbeitsorganisation, schriftliche Arbeiten und mündliche Prüfungen bewältigen, Frankfurt am Main 1999.
Die Lesegeschwindigkeit erhöht sich durch die Praxis. Bei Interesse an speziellen Übungen kann man die Vorschläge der Kommunikationswissenschaftlerin Brigitte Chevalier ausprobieren (S. 30–64). Sie erläutert zudem eine Variante der SQ3R-Methode (‚Vertieftes Lesen') und eine Exzerptform mit Gliederungsziffern (‚Gegliedertes Notieren') (S. 89–122).

Ursula Christmann/Norbert Groeben: Psychologie des Lesens. In: Handbuch Lesen, hg. von Bodo Franzmann u. a., Hohengehren 2001, S. 145–223.
Hier werden verschiedene Lesestrategien kompakt referiert (S. 192–199).

Joachim Stary: Wissenschaftliche Literatur lesen und verstehen. In: Die Technik wissenschaftlichen Arbeitens. Eine praktische Anleitung, hg. von Joachim Stary und Norbert Franck, 15., überarb. Aufl., München u. a. 2009, S. 71–96.
Stary führt das inhaltliche und das logische Gliedern sowie das Exzerpieren an Textbeispielen vor. Er stellt auch die Verfahren *Mind Map* und Begriffsnetz vor und gibt anhand eines Textausschnitts Beispiele für deren Anwendung.

Christine Schwanecke: Analysieren, Strukturieren, Argumentieren. In: Schlüsselkompetenzen: Qualifikationen für Studium und Beruf, hg. von Vera Nünning, Stuttgart/Weimar 2008, S. 78–90.
Im Zusammenhang mit der eigenen Textproduktion werden verschiedene Strukturmodelle (chronologisch-historisch, systematisch-linear, dialektisch u. a.) knapp vorgeführt, deren Kenntnis auch für die Rezeption von Texten hilfreich ist (S. 83–88).

Roy Sommer: Textproduktion. Gattungskonventionen, Argumentationsstrategien und die Dramaturgie wissenschaftlicher Texte. In: Handbuch Promotion. Forschung – Förderung – Finanzierung, hg. von Ansgar Nünning und R. S., Stuttgart/Weimar 2007, S. 268–285.
Eine einfache Typologie von Absätzen hilft auch bei der Lektüre von Forschungsliteratur (S. 277).

Rüdiger Zymner/Harald Fricke: Einübung in die Literaturwissenschaft. Parodieren geht über Studieren, 5., überarb. und erw. Aufl., Paderborn 2007.
Eine ‚Kleine Philo-Logik' sensibilisiert für logische Fehler in fremden und eigenen Argumentationen (S. 221–260).

Georg Brun/Gertrude Hirsch Hadorn: Textanalyse in den Wissenschaften. Inhalte und Argumente analysieren und verstehen, Zürich 2009.
Das Buch bietet eine ausführliche Handreichung zum Verarbeiten von Forschungsliteratur.

Oliver Jahraus/Stefan Neuhaus (Hg.): Kafkas *Urteil* und die Literaturtheorie. Zehn Modellanalysen, Stuttgart 2002.

Johannes Keller/Lydia Miklautsch (Hg.): Walther von der Vogelweide und die Literaturtheorie. Neun Modellanalysen von *Nemt, frouwe, disen kranz*, Stuttgart 2008.
Exemplarisch verfahrende Ergänzungen der in IV.1 genannten Methoden-Einführungen.

Hans Krah: Einführung in die Literaturwissenschaft/Textanalyse, Kiel 2006a.
Beispiele für sehr detaillierte Skizzen zu *histoire* und Figurenkonstellationen finden sich in dieser literaturwissenschaftlichen Einführung, die methodisch der Struktura-

len Textanalyse/Literatursemiotik verpflichtet ist. Diese kennt über solche Hilfsskizzen hinaus auch Visualisierungen mit stärker theoretischen Implikationen (S. 290, 293, 362 bzw. 162, 303f.).

Horst Dieter Schlosser: dtv-Atlas Deutsche Literatur, illustriert von Uwe Goede, 11. Aufl., München 2002.
Der Band versammelt Visualisierungen zur deutschen Literaturgeschichte.

Markus Krajewski: Elektronische Literaturverwaltungen. Kleiner Katalog von Merkmalen und Möglichkeiten. In: Die Technik wissenschaftlichen Arbeitens. Eine praktische Anleitung, hg. von Joachim Stary und Norbert Franck, 15., überarb. Aufl., München u.a. 2009, S. 97–116.

Niklas Luhmann: Kommunikation mit Zettelkästen. Ein Erfahrungsbericht. In: ders.: Universität als Milieu. Kleine Schriften, hg. von André Kieserling, Bielefeld 1992, S. 53–61.
Eine Anregung, die wohl eher für Fortgeschrittene praktikabel ist, geht auf Niklas Luhmanns Zettelkasten-Praxis zurück. Markus Krajewski hat die Shareware *synapsen* so programmiert, dass der Zufall für ungeplante Verbindungen sorgen kann. Seine Ausführungen über Literaturverwaltung stehen im Zeichen dieses Konzeptes.

*Zitierte Literatur:*

Chevalier, Brigitte: Effektiver lernen. Die eigenen Fähigkeiten erkennen, Textverständnis und Lesekapazität erhöhen, Nutzen aus einer Vorlesung ziehen, Arbeitsorganisation, schriftliche Arbeiten und mündliche Prüfungen bewältigen, Frankfurt am Main 1999.

Christmann, Ursula/Groeben, Norbert: Psychologie des Lesens. In: Handbuch Lesen, hg. von Bodo Franzmann u.a., Hohengehren 2001, S. 145–223.

Ehlich, Konrad: Universitäre Textarten, universitäre Struktur. In: Wissenschaftlich schreiben – lehren und lernen, hg. von K.E. und Angelika Steets, Berlin u.a. 2003, S. 13–28.

Krah, Hans: Kommunikation im wissenschaftlichen Kontext. In: Medien und Kommunikation. Eine interdisziplinäre Einführung, hg. von H.K. und Michael Titzmann, Passau 2006b, S. 281–302.

Kremer, Detlef: Romantik. In: Reallexikon der deutschen Literaturwissenschaft, Bd. 3: P-Z, hg. von Jan-Dirk Müller u.a., Berlin/New York 2003, S. 326–331.

Martinez, Matias/Scheffel, Michael: Einführung in die Erzähltheorie, 8. Aufl., München 2009.

Stary, Joachim: Wissenschaftliche Literatur lesen und verstehen. In: Die Technik wissenschaftlichen Arbeitens. Eine praktische Anleitung, hg. von Norbert Franck und J.S., 15., überarb. Aufl., München u.a. 2009, S. 71–96.

Weimar, Klaus: Hermeneutischer Zirkel. In: Reallexikon der deutschen Literaturwissenschaft, Bd. 2: H-O, hg. von Harald Fricke u.a., Berlin/New York 2007, S. 31–33.

Zymner, Rüdiger/Fricke, Harald: Einübung in die Literaturwissenschaft. Parodieren geht über Studieren, 5., überarb. und erw. Aufl., Paderborn 2007.

# V. Präsentieren

## 1. Funktionen des Referats: Denkanstoß, Diskussion und Vermittlung

Kommunizieren an der Universität

Die Universität ist ein kommunikativer Ort. Gerade in der Germanistik ist es wichtig, dies als Chance zu begreifen. Schriftliche Arbeiten werden in der Regel individuell erstellt. Studierende müssen auf anderem Weg erreichen, auf fachlicher Ebene durch Impulse von außen die wissenschaftliche Kommunikation zu erlernen. Keine Veranstaltungsform bietet sich dafür mehr an als das Seminar. Hier besteht die beste Möglichkeit, die eigenen kommunikativen und rhetorischen Fähigkeiten zu erproben. Auf fachlicher Ebene mündlich kommunizieren zu können, gehört zu den wichtigsten Zielen des Germanistik-Studiums und ist die zentrale Voraussetzung für das erfolgreiche Absolvieren mündlicher Abschlussprüfungen. Die aktive Teilnahme an einem Seminar sollte deshalb während des Studiums eine ähnlich hohe Priorität einnehmen wie das Absolvieren von Prüfungen oder das Schreiben von Hausarbeiten. Durch das Seminar tritt man in einen Kommunikationszusammenhang mit Kommilitonen aus verschiedenen Semestern und lernt auf diese Weise unterschiedliche Perspektiven im Umgang mit Problemen kennen. Entscheidend ist dabei auch der Kontakt zu den Dozenten, da es im Seminar im Unterschied zur Vorlesung zu einem regen Austausch kommen kann. Während bei schriftlichen Arbeiten das Feedback nicht selten nur aus wenigen, gelegentlich unverständlichen Sätzen besteht, können im Seminar Ideen, methodische Vorgehensweisen, Interpretationen und Positionen fortwährend mit den Lehrenden rückgekoppelt werden. So werden Argumente unmittelbar auf ihre Stichhaltigkeit überprüft, während gleichzeitig, fast nebenbei, das fachliche Gespräch eingeübt wird. Voraussetzung dafür ist allerdings, dass Argumentationsstil und Argumentationsführung von Dozenten, Kommilitonen und bei sich selbst kritisch bzw. selbstkritisch beobachtet werden.

Sich selbst präsentieren

Es ist ein Vorurteil, dass der einzelne Studierende in der Masse nicht bemerkt wird. Selbst an großen Universitäten, die Germanistik als Massenfach anbieten, kann die oder der Einzelne bereits im Laufe des Grundstudiums auffallen. Durch die zunehmende Freiheit, aus dem Lehrangebot wählen zu können, fangen Studierende etwa ab dem dritten Fachsemester an, thematische Schwerpunkte zu setzen und gleichzeitig Präferenzen für bestimmte Lehrende zu entwickeln, weil sie diese nun auch genauer kennenlernen. Bei der kurzen Dauer eines BA/MA-Studienganges ist es ratsam, diese Nähe relativ bald anzustreben, um so auch eigene Erfahrungen mit Dozenten für die weitere Studienplanung mit einzubeziehen. Es wäre dabei allerdings fatal, nur aufgrund eines sympathischen Eindrucks, den ein Dozent vermittelt, auf ein angenehmes Prüfungsverhalten zu hoffen (vgl. V.4). Vielmehr sollten sich Studierende bewusst sein, dass Kommunikation auch in der universitären Lehre in zwei Richtungen funktioniert: Ein Seminar lebt von reger Beteiligung, spannender Diskussion und guten Referaten. Außerdem achten Dozenten sehr wohl darauf, wie der einzelne Studierende agiert. Es wird vorausgesetzt, dass Texte gelesen und Seminarstunden vorbereitet werden. Dabei fallen jene Studierende auf, die selbstsicher auftreten und kritisch hinterfragen können; jene, die bereits am Beginn des Studiums dozierend auftreten, werden damit allerdings nicht unbedingt positiv wahrgenommen, wenn ihr Auftreten nicht durch fachliche Qualität gedeckt wird. Es ist also wichtig, einen Mittelweg zu finden, der Lernbereitschaft signalisiert und eigenes Können herausstellt. Das Studium eines geisteswissenschaftlichen Faches bietet, weit mehr als die Schule oder später der Beruf, einen Freiraum, der es erlaubt, sich auszutesten. Gerade beim Präsentieren besteht die Möglichkeit, verschiedene Arbeitstechniken auszuprobieren. Gleichzeitig müssen Studierende lernen, mit stetig veränderten Erwartungshaltungen umzugehen. Erweckt man den Eindruck, sich auf diese Anforderungen einstellen zu können, ist bereits viel gewonnen.

Inhalte präsentieren

Gleichwohl stehen die Inhalte bei jeder Art von universitärem Präsentieren im Mittelpunkt. Es werden lediglich jene Gegenstände gut vermittelt, die vorher verstanden wurden. Keine gekonnte Präsentationstechnik oder Rhetorik kann über Fehler in einer Aussage hinwegtäuschen. Argumente können nur dann gut vorgetragen werden, wenn sie in sich schlüssig sind. Eine Präsentation ist dann gelungen, wenn der Inhalt verständlich vermittelt wird, d.h. die Präsentationstechnik muss sich den Inhalten anpassen. Nicht jeder Gegenstand ist dafür geeignet, auf die gleiche Weise vorgebracht und diskutiert zu werden. Bei der narratologischen Analyse eines Prosatexts ist es etwa empfehlenswert, mit Graphiken zu arbeiten. Das gilt auch für das Darstellen von Figurenkonstellationen in einem Drama. Eine *PowerPoint*-Präsentation für das gesamte Referat einzusetzen ist sinnvoll, wenn man möglichst viele Fakten komprimiert vermitteln möchte, während für die Diskussion zu einem Theorietext oft exzerpierte Grundthesen und die Nachzeichnung der Argumentationslinien ausreichen. Werden mediävistische Themen präsentiert, macht es wiederum Sinn, die entscheidenden Textstellen auf einem separaten Papier mit Übersetzung vorzubereiten. Ähnliches kann auch bei der Lyrikanalyse helfen. Die Entscheidung, wie die Präsentation ausfallen sollte, kann erst dann getroffen werden, wenn geklärt ist, welcher Inhalt zu welchem Zweck vorzustellen ist.

Probleme diskutieren

Ein Seminar besteht aus Diskussion. Die Erwartung vieler Studenten, dass ihnen im Seminar Wissen in Form von Fakten vermittelt wird, welches anschließend auswendig gelernt werden kann, wird meistens nicht erfüllt. Ein Seminar ist dann gut, wenn die Beiträge aus dem Plenum konstruktiv sind und wenn Referate Anlass zu einer facettenreichen Diskussion geben. Es ist ein gutes Zeichen, wenn Dozenten daran teilnehmen, solange sie die Diskussion nicht übernehmen. Studierende, die ein Referat halten, nehmen für die Dauer ihres Vortrags eine Sonderrolle im Seminargefüge ein. Sie sollten sich auf Augenhöhe mit dem Dozenten auseinandersetzen können und Verantwortung für den Verlauf der Seminareinheit übernehmen. Ergreift der Dozent das Wort, zieht sich der Referent nicht zurück, sondern notiert die Anmerkungen oder Kritikpunkte, um sich anschließend adäquat positionieren zu können. Nachfragen aus dem Plenum sollten nicht gefürchtet, sondern in die Diskussion aufgenommen werden. Im Idealfall führt und moderiert der Referent die Diskussion, formuliert deren Zwischenergebnisse und verhindert das Ausufern in zu weit entfernte Kontexte.

Eine Seminardiskussion kann vorher nur schwer geprobt werden. Der Referent muss daher flexibel auf Aspekte reagieren, die er in der Vorbereitung nicht beachtet hat. Für viele Studierende (aber auch für Dozenten) ist das Hauptproblem, vom Vortrag auf die Diskussion überzuleiten. Folgende Wendungen behindern eher eine Beteiligung des Plenums, anstatt sie zu fördern: „Gibt es noch Fragen?", „Besteht noch Klärungsbedarf zu meinen Ausführungen?", „Wenn keine Einwände bestehen, dann ...". Besonders jene Fragen, die sich mit ja oder nein beantworten lassen, werden nur selten beantwortet. Eine Frage offener zu gestalten, kann schon Erfolge erzielen: „Welche Fragen sind (noch) offen?" Wenn ein Referent eine Diskussion erwünscht, muss er dies zwar markieren, aber auch deutlich machen, was er von den Zuhörern erwartet. Mit anderen Worten sollte eine Frage möglichst konkret formuliert und substantiell untermauert werden. Es kann beispielsweise eine eigene oder eine These aus der Forschung vorgetragen werden, um diese anschließend zur Diskussion zu stellen; es kann aber auch herausgestellt werden, welche Punkte für strittig gehalten werden. Von Vorteil ist es, wenn der Referent seine Position erklärt oder eine Interpretation liefert, welche auf geeignete Quellen gestützt sein sollte. Diskussionen entwickeln sich in der Regel einerseits aus Rückfragen von Dozenten und Studierenden und andererseits aus Fragen des Referenten. In beiden Fällen bereichern sie ein Referat und müssen beim Zeitmanagement des Referenten berücksichtigt werden.

Seminartypen

Bevor das Referat geplant wird, muss geklärt sein, welche Anforderungen es erfüllen soll. Um sich einen Überblick zu verschaffen, welche Art von Vortrag am besten zum jeweiligen Seminar passt, ist es hilfreich, sich über die Beschaffenheit des jeweiligen Seminars zu informieren. Nicht jede Art von Präsentation passt zu jedem Seminar. Obwohl Seminare stark vom Dozenten abhängig sind, lassen sie sich typisieren. In der Germanistik kann man von drei Seminargrundtypen ausgehen, auch wenn die Übergänge fließend sind. Die folgende Einordnung ist nicht mit den Bezeichnungen Proseminar und Hauptseminar zu verwechseln; es geht vielmehr um die spezifische Vermittlungsleistung, die vom jeweiligen Seminar erbracht wird.

Grundlagenseminare/ Einführungsseminare

Am Beginn des Studiums werden überwiegend Grundlagenseminare oder Einführungsseminare besucht. Das zu vermittelnde Wissen steht in der Regel nicht zur Disposition, sondern muss von den Studierenden erlernt werden. Die Grundlagenseminare sollen u.a. die methodische Basis des Studiums vermitteln, die Studierenden mit Fachtermini ausstatten oder den Blick für kulturelle und historische Hintergründe und Prozesse schärfen. Wenn in einem Grundlagenseminar Referate vergeben werden, haben sie eher die Funktion, Grundbegriffe bekannt zu machen. Der Dozent greift hier relativ häufig ein, um Missverständnissen vorzubeugen und dem Referat die Richtung vorzugeben. Die Diskussion mit dem Plenum bezieht sich hauptsächlich auf Verständnisfragen. Ein Referat in einem Grundlagenseminar stellt oft den Einstieg ins universitäre Präsentieren dar. Da die Quellenlage hier meist überschaubar ist, besteht die Leistung in der Regel darin, die Inhalte der vorgegeben Texte zu ordnen und pointiert darzustellen. Daneben ist es durchaus legitim, relevante, aber nicht vollständig verstandene Aspekte zur Diskussion zu stellen. Von einer zu aufwendigen Präsentation ist eher abzuraten, ebenso von einer rhetorisch aufgeladenen Sprache.

Diskussionsseminare/Themenseminare

Die häufigste Form des Seminarbetriebs sind Diskussionsseminare. Dieser weite Begriff bezeichnet Seminare, in denen Sachverhalte besprochen und interpretiert werden. Die Auswahl der Texte obliegt der Seminarleitung und steht in Bezug zu einem übergeordneten Seminarthema. Die Seminartitel könnten lauten: *Das Drama des Sturm und Drang* oder *Lyrik des Barock*. Aus der Seminarankündigung geht meistens genauer hervor, unter welchen Aspekten die jeweiligen Texte zu untersuchen sind. Referate geben zunächst einen Überblick über den Text, um anschließend Auskunft über bestimmte Merkmale zu geben, die in Bezug zu den Grundfragen des Seminars stehen, welche in der ersten Woche vom Dozenten vorgestellt werden. Gleichzeitig ist auch Platz, um zu erklären, wie der vorliegende Text funktioniert und wie er von der Forschungsliteratur interpretiert wird. Obwohl bei solchen Referaten von persönlichen Qualitätsurteilen zum Text oder Autor Abstand zu nehmen ist, darf das Referat einen individuellen Charakter besitzen.

Der vom Dozent gewährte Spielraum führt oft dazu, dass Studierende aufgrund fehlender Orientierung vorhergehende Referate nachahmen, mit der Folge, dass Seminare nur schleppend verlaufen, wenn problematische Vorbilder übernommen bzw. die aufgekommenen Fehler wiederholt werden. Der Vortragende hat stattdessen die Freiheit, eigene Akzente zu setzen und bezüglich seiner Präsentationstechnik auch anderes auszuprobieren, mit der Einschränkung, dass Inhalt und Form in Einklang zu bringen sind und jeder Medieneinsatz auf dessen Notwendigkeit zu prüfen ist. Der Referent sollte in der Lage sein, die Abfolge seiner Präsentation zu ändern, wenn es Hinweise des Dozenten oder des Plenums erfordern. Zwar muss die Struktur des Referats erkennbar bleiben, gleichwohl werden Diskussionen offen geführt, um anders begründete Sichtweisen zuzulassen.

Theorieseminare

Theorieseminare behandeln verdichtete und komplex formulierte Texte, die oft in Form eines *Close Reading* analysiert werden. Derartige Texte stammen beispielsweise aus der Literaturtheorie oder der Philosophie. Das Seminar versucht in Gruppenarbeit, den Text zu deuten und auf seine Darstellungsintention hin zu verstehen. Der hohe Abstraktionsgrad der Gegenstände erfordert Vorkenntnisse in der Materie. Referate in Theorieseminaren sollten eher kurz gehalten sein, indem sie Einblick in die Struktur der Gegenstände geben und Deutungsmöglichkeiten vermitteln. Es ist nicht erforderlich, die Argumentationslinie der behandelten Texte vollständig nachzuzeichnen. Wichtiger ist es, durch Erschließen der Grundthesen das Originelle und Spezifische des Textes herauszuarbeiten. Dazu muss der Referent zu Rezeption und Kontexten Stellung nehmen können. Es wird erwartet, dass Fachtermini beherrscht werden, ebenso, dass man sich kritisch und routiniert mit den Inhalten auseinandersetzen kann. Aus der Komplexität der Gegenstände ergibt sich, dass verschiedene Auslegungen möglich sind. Der Vortragende muss sich daher auf Widerspruch seitens des Plenums oder des Dozenten einstellen. Aus diesem Grund empfiehlt es sich bei diesem Seminartyp, vorab um eine Redezeit ohne Unterbrechungen zu bitten, um dann im Anschluss Thesen und mögliche Lücken zu diskutieren. Die Verteidigung der vorgestellten

Thesen in der anschließenden Diskussion kann durchaus zugespitzt formuliert werden, dennoch sollte der Referent kritikfähig auftreten.

Referatstypen

Seminartypen entscheiden in erster Linie, welcher Referatstyp angebracht ist. Auch hier kann von drei Grundtypen ausgegangen werden, die je nach äußeren Umständen angepasst werden können. Es ist wichtig, bereits bei der Planung des Referats eine Vorstellung zu entwickeln, wie der Ablauf aussehen soll. Da jeder Art von Präsentation eine Inszenierung zugrunde liegt, ist es von Nutzen, sich über die Gestaltungsmöglichkeiten bewusst zu werden, um die richtige Auswahl zu treffen (vgl. V.3).

Kurzreferat

Kurzreferate werden oft in Grundlagenseminaren verlangt. Sie beleuchten meistens nur einen bestimmten Aspekt und sind thematisch überschaubar. Die Vermittlung von Wissen steht im Vordergrund, weniger das Einordnen in Kontexte. Die Gliederung sollte möglichst einfach gehalten werden. Dabei ist Folgendes zu beachten: Nach der Nennung des Titels wird in der Einleitung möglichst prägnant der Ablauf des Referats benannt. Falls ein Handout oder eine Folie vorliegt, sind die Gliederungspunkte mit den jeweiligen Nummerierungen zu benennen. Da sich der Sinn oder das Anliegen des Referats meist aus dem Seminarzusammenhang erklärt, muss weder auf Hintergründe hingewiesen noch künstlich ein Einstieg konstruiert werden. Der Hauptteil sollte durch gleichberechtigte Unterpunkte strukturiert werden. Um ein unkontrolliertes Ausufern zu verhindern, ist die Anzahl der Unterpunkte möglichst gering zu halten. Die Schwierigkeit besteht also darin, das Material zu ordnen und dann zu reduzieren, ohne wichtige Aspekte zu streichen. Eine Metaebene sollte bei einem Kurzreferat vermieden werden. Da es um die Vorstellung von Fakten geht, spielt es kaum eine Rolle, wie etwas herausgefunden oder warum etwas weggelassen wurde. Quellen, die nicht wörtlich zitiert werden, erscheinen auf dem Handout und müssen beim mündlichen Vortrag nicht explizit benannt werden. Abschließen lässt sich das Kurzreferat mit überleitenden Fragen an das Plenum. Die Fragen sollten unmittelbar in Zusammenhang mit den zuvor dargestellten Inhalten stehen. Eine Sonderform des Kurzreferats ist das Impulsreferat, welches eher von fortgeschrittenen Studierenden verlangt wird. Unter der weitgehenden Voraussetzung, dass Hintergrundwissen vorhanden ist, werden auch provokative Thesen knapp dargelegt, um eine anschließende Diskussion zu befeuern.

Offenes Referat

Das offene Referat stellt weit mehr als andere Formen des Präsentierens seinen Entstehungsprozess aus. Für Diskussionsseminare/Themenseminare ist es oft die richtige Form. Es besitzt einen spontanen Charakter und lässt zu jeder Zeit Interaktion mit dem Publikum zu. Das Referat hat dann Erfolg, wenn dem Plenum der Eindruck vermittelt wird, an der grundlegenden Thesenbildung und den Resultaten beteiligt zu sein. Um dem leicht auftretenden fragmentarischen Charakter entgegenzuwirken, ist vom Referenten eine gewisse Souveränität und Moderationsfähigkeit gefordert. Er muss nach Unterbrechungen und Exkursen in angrenzende Kontexte zum Thema zurückführen. Entscheidend ist die Fähigkeit, spontan Gliederungspunkte umstellen zu können.

Die offene Form wird von einem gut strukturierten Handout (vgl. V.3) begleitet, um einen Zusammenhalt der Sitzung zu gewährleisten und bei mangelnder Beteiligung des Plenums einen stringenten und nachvollziehbaren Vortrag zu ermöglichen. Außerdem sollte die Offenheit nicht zu sehr thematisiert werden; die Ankündigung, dass Zwischenfragen und Beteiligung jederzeit erlaubt sind, reicht aus. Der Eindruck, dass dem Referenten das Referat entgleitet, darf zu keinem Zeitpunkt entstehen. Da das Referat möglicherweise eine ganze Seminarstunde andauert, kann die Einführung länger dauern als beim Kurzreferat. Die Unterpunkte werden nicht nur vorgelesen, sondern bereits kurz erläutert. Seminarteilnehmer empfinden Wiederholungen als weniger störend als der Referent, der weitaus besser in die Materie eingearbeitet ist.

Inhaltlich besteht im Hauptteil einige Freiheit. Eine mögliche Gliederung wäre: 1. Einleitung, 2. Thematik und Motive, 3. Formanalyse, 4. Kontexte, 5. Fazit. Inhaltsangaben sind bei Referaten zu vermeiden, Textkenntnis ist vom Plenum in jedem Fall zu erwarten. Auch auf Autor-Biographien sollte verzichtet werden. Falls doch Informationen zum Autor relevant sind (dies ist aber nur in seltenen Fällen wirklich der Fall), sollten diese in jene Punkte integriert werden, die auf den Entstehungshintergrund eines Textes hinweisen. Keinesfalls dürfen sie isoliert stehen und zweckfrei dargeboten werden. Entstand ein Werk beispielsweise unter Einfluss eines anderen Autors oder gar als Gemeinschaftsprojekt, wie es beispielsweise bei Tieck und Wackenroder der Fall war, kann dies in einer Präsentation berücksichtigt werden, sofern die Angaben mit den Textbeobachtungen verknüpft werden.

Vortrag

Ein Vortrag zeichnet sich dadurch aus, dass Rede und Medieneinsatz genau vorgeplant sind. Grundlage ist ein Manuskript, von dem kaum abgewichen wird. Die Interaktion mit dem Plenum findet erst in einer anschließenden Diskussion statt. Bei einem Vortrag kommt es auf das Redetalent des Sprechers an. Da bei wissenschaftlichen Vorträgen nicht unbedingt erwartet wird, dass Redeteile memoriert werden, ist es von Vorteil, wenn ein mündlicher Charakter beim Vorlesen simuliert wird. Ohne dabei zu übertreiben, besteht dadurch die Möglichkeit, die Aufmerksamkeit auf sich zu lenken und Inhalte entsprechend gut zu vermitteln (vgl. V.2). Vorträge setzen Erfahrung voraus. Denkbar sind sie bei allen Seminartypen. Beispielsweise bietet ein Vortrag in einem avancierten Theorieseminar die Möglichkeit, Standpunkte und Interpretationen ohne Unterbrechung ausgefeilt darzustellen, bevor sie diskutiert werden. Da in mündlichen Abschlussprüfungen ähnliche Fähigkeiten wie bei einem Vortrag notwendig sind, sollte diese Form gerade in Seminaren geprobt werden (vgl. V.4).

Gruppenreferat

Gruppenreferate sind bei Studierenden beliebt. Es wird vermutet, dass Arbeit verteilt werden kann und die Gruppe Schutz vor Kritik bietet. Vor allem Studierende mit Lampenfieber versuchen bis in höhere Semester, der Situation zu entgehen, alleine vor einem Plenum zu stehen. In Wirklichkeit erfordern Gruppenreferate eher mehr Aufwand als weniger. Da oft der Abstimmungsprozess nur schleppend verläuft, wird dazu übergangen, die Gegenstände in verschiedene Themengebiete zu zergliedern. Anstatt ein Referat gemeinsam zu präsentieren, entstehen viele kleine Referate, die dem Thema in der Gesamtheit nicht gerecht werden können. Es ist also zwingend notwendig, dass sich alle Referenten thematisch vollständig einarbeiten und jeder zum gesamten Thema Auskunft erteilen kann.

Bei größeren Gruppen bietet es sich an, dass nicht alle Beteiligten am Pult präsentieren, sondern höchstens zwei bis drei Studierende das Referat halten. Die übrigen Beteiligten nehmen aktiv aus dem Plenum heraus an der Diskussion teil. Vor der Präsentation muss klar sein, wer zu welchen Bereichen spricht. Im Idealfall sind die Referenten im Thema so bewandert, dass jeder jeden Part übernehmen könnte. Für den Vortrag ist allerdings eine klare Trennung notwendig. Dem Plenum muss transparent gemacht werden, wer für welchen Teil verantwortlich ist. Während ein Mitglied der Gruppe redet, sollten die Mitreferenten nicht unterbrechen; erst nach Sinnabschnitten können sie ergänzend eingreifen. Es gilt die Regel, dass während einer Präsentation der andere Vortragende nicht kritisiert wird. Jeder sollte sich zum gesamten Inhalt bekennen, etwaige Meinungsverschiedenheiten müssen im Vorfeld ausdiskutiert werden. Der erste Referent des Gruppenreferats gibt zur Einführung, wie bei anderen Referaten auch, einen Überblick über die Präsentation. Nicht unbedingt notwendig, aber sinnvoll ist es, wenn dieser die Redeleitung übernimmt. Gerade bei gut besuchten Seminaren kann es sich strukturierend auswirken, dass eine Person moderierend in Erscheinung tritt.

Gruppenreferate fallen dann positiv auf, wenn sich die Meinungsfindung und Themenbearbeitung im Resultat wiederfindet und wenn verschiedene Aspekte und Sichtweisen dargestellt werden, die sich einander zumindest nicht grundlegend widersprechen. Die Gruppe erhält dadurch Anerkennung, dass sie ein gelungenes Gesamtergebnis liefert, nicht dafür, dass Eitelkeiten und Konkurrenzverhalten zur Schau gestellt werden.

Einbinden des Dozenten

Wie sich Dozenten während eines Referats einbringen, fällt sehr unterschiedlich aus. Die individualistisch geprägte Arbeitsweise in der Germanistik führt dazu, dass die Erwartungshaltungen der Dozenten gegenüber Studierenden und ihren Referaten unterschiedlich ausgeprägt sind. Seminarteilnehmer haben keine andere Wahl, als das zu akzeptieren. Da im Bereich der Präsentation nur wenige grundsätzliche Standards gelten, können in Seminar A ganz andere Richtlinien als in Seminar B vorausgesetzt werden. Studierende müssen einerseits Feinfühligkeit beweisen, wenn sie die spezifischen Anforderungen des Dozenten ergründen wollen, andererseits sollten sie dabei aber auch selbstbewusst und zielorientiert auftreten. Diese Balance ist in einer Präsentationssituation schwer zu halten. Welche Reaktion angemessen ist, wenn ein Dozent einen Vortrag unterbricht, stellt viele Studierende vor eine Herausforderung. Natürlich ist es unvorteilhaft, manchmal auch unangemessen, wenn Dozenten ins Wort fallen und bereits früh ihr Unbehagen mitteilen oder auch nur ihrem eigenen Erläuterungsbedürfnis nachkommen. Trotzdem gilt, dass Anmerkungen in keinem Fall ignoriert werden sollten. Bei Kritik kann sich der Referent durchaus verteidigen, ohne damit stoisch und uneinsichtig auf seinen Standpunkten zu beharren. Studierende sollten sich immer wieder klarmachen, dass Seminare eine kommunikative Funktion besitzen, dass Probleme gemeinsam erörtert werden und dass von der eigenen Präsentation kein Wissensmonopol ausgeht. Falls ein Dozent Punkte bereits vorwegnimmt, die in der Präsentation erst später ausgeführt werden, wird vom Referenten sachlich darauf hingewiesen. Ein Zeichen von Souveränität ist es, wenn er in der Lage ist, die Punkte vorzuziehen. Referenten sollten dabei aber vermeiden, während des Vortrags explizit den Dozenten anzusprechen oder ihn gar zu befragen. Falls Unklarheiten herrschen, sind Fragen zunächst an das Plenum zu richten, der Dozent bringt sich im Bedarfsfall ohnehin selbst ein.

Feedback

Viele Dozenten scheuen sich nach einer Präsentation, vor dem Plenum Kritik zu üben. Da Studenten oft die direkte Konfrontation nach der Seminarstunde mit dem Dozenten vermeiden (auch wenn gerade hier die Eindrücke noch frisch sind), erhalten sie nur selten ein Feedback über die erbrachte Leistung, zumal sich die Note dann meist hauptsächlich (aber nicht in jedem Fall) auf die aus dem Referat hervorgegangene Hausarbeit bezieht. Umso wichtiger ist es, sich aktiv um das Feedback zu bemühen. Am besten eignen sich dazu Sprechstunden, die zeitnah besucht werden sollten. Hier bietet sich die Gelegenheit, direkt nach der Qualität des gehaltenen Referats zu fragen. Außerdem kann erörtert werden, welche Bereiche des Referats sich für eine schriftliche Ausarbeitung eignen.

## 2. Aufmerksamkeitsstrategien bei Vorträgen

Aufmerksamkeiten aktiv lenken

Ein Vortrag an der Universität wird vor einem mehrheitlich fremden Publikum gehalten. Während die Zuhörerschaft in der Schule noch sehr überschaubar und vor allem konstant war, kann das Plenum in einem Seminar aus 40 bis 50 oder mehr Teilnehmern bestehen, die je nach Seminar wechseln. Lehrer und Schülerschaft konnten sich dagegen bereits vor einem Referat auf den Referenten einstellen; Dozenten und Kommilitonen können das eher nicht. Daher entsteht bei jedem einzelnen Vortrag für alle Beteiligten eine neue Kommunikationssituation. Für Studierende kann das zum Problem werden, wenn ihnen bei der Vorbereitung ihrer Präsentation die notwendige Orientierung fehlt. Eine häufig zu beobachtende Konsequenz ist, sofern im Seminar das erste von Studenten gehaltene Referat gut ausfällt, dass viele dem Beispiel folgen und das Seminar einen guten Verlauf annimmt. Im Umkehrschluss heißt das aber auch, wenn das erste Referat Mängel aufweist, dass diese in vielen Folgesitzungen wieder auftauchen können. Es geht in diesem Fall also darum, solche Kontinuität nicht für sich zu übernehmen und daran zu arbeiten, dass Inhalte effizient und problembewusst aufbereitet werden. Um dies leisten zu können, sollte man in der Lage sein, Aufmerksamkeiten aktiv zu lenken. Sicher gibt es Personen, denen es leichter fällt, vor einem Publikum zu stehen als anderen. Die Fähigkeit, einen Vortrag gut zu halten, lässt sich jedoch erlernen.

Eröffnung und Gliederung vorstellen

Der Einstieg entscheidet bereits maßgeblich darüber, wie der Zuhörer den gesamten Vortrag aufnehmen wird. Dennoch müssen Zuhörer und Referenten einander Zeit geben, um sich aufeinander einstellen zu können. Die ersten Sätze sollten nicht zu verdichtet, sondern eher lockerer formuliert werden. Das kleine Zeitfenster von einigen Minuten, welches den Kommunikationsteilnehmern zur Gewöhnung aneinander dient, sollte dazu genutzt werden, die Gliederung des Vortrags zu erläutern. Der Überblick über die Struktur des Vortrags ist frei zu halten, auch wenn anschließend von einem Manuskript abgelesen wird. Die Aufmerksamkeit der Studierenden richtet sich so weit mehr auf den Vortragenden. Zudem wird durch das freie Sprechen die Argumentationslinie des Vortrags deutlicher. Als Hilfe dient es, Zwischenüberschriften zu einzelnen Gliederungspunkten zu setzen, die in wenigen Sätzen kursorisch zu erläutern sind. Drei bis fünf Punkte reichen bei einem Vortrag von 20 bis 30 Minuten aus. Die Zuhörer sollten sich an die vorgestellten Gliederungspunkte erinnern können. Gerade wenn ein Vortrag ohne Medieneinsatz gehalten wird, ist die Struktur einfach zu gestalten, d.h. ein Gliederungspunkt sollte möglichst wenig weitere Unterpunkte besitzen.

Roter Faden

Vorträge können sehr individuell gestaltet werden. Die einzige maßgebliche Richtlinie ist, dass alles Gesagte immer in Bezug zum Vortragsthema stehen muss. Mehr noch: Jeder Gliederungspunkt, jeder Satz, steht im Zusammenhang zum Vorangegangenen und zum Folgenden und muss als Teilaspekt für die Argumentationsführung ein notwendiger Bestandteil sein. Nur so entsteht im Vortrag ein roter Faden. Während schriftliche Arbeiten den Vorzug genießen, zumindest über den Fußnotenapparat Informationen einarbeiten zu können, die nur am Rande das Thema betreffen, ist bei Vorträgen darauf zu achten, das Abschweifen zu vermeiden. Auch rhetorische Spielereien gehören nicht in eine wissenschaftliche Präsentation. Obgleich der Vortragende gefordert ist, seine Zuhörer durch den Vortrag zu führen und an sich zu binden, muss ein Mechanismus entstehen, durch den der Rezipient in die Lage versetzt wird, immer wieder neu einsteigen zu können. Unaufmerksamkeiten unter den Zuhörern sind nie ganz zu vermeiden. Sie entstehen z.B. durch Verständnisschwierigkeiten (etwa wenn Fachbegriffe unbekannt sind) oder aufgrund akustischer Probleme. Um die Aufmerksamkeit der Zuhörer wieder auf sich zu lenken, kann es helfen, an geeigneten Stellen die eingangs definierten Leitideen zu wiederholen und auf die Gliederungsnummer zurückzuverweisen. Werden zu Beginn des Vortrags einige Fragen benannt, die durch den Vortrag beantwortet werden, sind diese auch während des Vortrags wieder aufzugreifen. Gleichzeitig muss dabei der Gefahr entgegengetreten werden, eine weitere Ebene zu installieren, die lediglich dazu dient, herauszustellen, was kommt und was bereits gezeigt und gesagt wurde.

Exkurse

Wenn bisher erklärt wurde, dass jeder Abschnitt einer Präsentation einen unmittelbaren Bezug zum Vortragsthema herstellen muss, soll dies auch bei Exkursen noch einmal bekräftigt werden. Gleichwohl gibt es an der einen oder anderen Stelle die Notwendigkeit, vom Thema abzuschweifen. Obwohl davon auszugehen ist, dass die Mehrheit von Exkursen bei Vorträgen auch ersatzlos gestrichen werden könnte, ist die Möglichkeit einzuräumen, dass ein klar abgegrenztes Abweichen vom Thema durchaus die Aufmerksamkeit der Zuhörerschaft steigern kann. So hätte bei einem theorieaffinen Vortrag ein Exkurs in Form einer praktischen Anwendung auf ein Beispiel zwei Funktionen: Zum ersten wird die Theorie veranschaulicht und damit nachvollziehbar gemacht. Zum zweiten werden Zuhörer mit bekanntem Wissen konfrontiert, welches in einen neuen Zusammenhang gestellt wird. Exkurse können innerhalb eines Vortrages eine eigene Logik entwickeln, sowohl inhaltlich als auch argumentativ. Wichtig ist vor allem, dass Anfang und Ende klar benannt werden. Auch zeitlich ist ein Exkurs auf wenige Minuten zu begrenzen.

Resümee ziehen und Schluss

Während der Beginn einer Präsentation vergleichsweise normativ beschrieben werden kann, ist der Schluss schwieriger zu gestalten. Die besondere Herausforderung liegt darin, einen ungekünstelten Abschluss zu finden. Während der Schlussteil einer Hausarbeit einen Ausblick auf angrenzende Kontexte und Problemstellungen beinhalten kann, sollte der mündliche Vortrag einen soweit abgeschlossenen Eindruck erwecken. Am Ende des Vortrags werden keine neuen Informationen geliefert. Das geeignete Mittel für den Schluss besteht darin, ein Resümee zu ziehen. Dies kann durch die kurze Wiederholung der verschiedenen Stationen des Vortrags geschehen, um so noch einmal die wichtigsten Erkenntnisse der Präsentation hervorzuheben. Dabei sollte der Vortragende die gelieferten Informationen gewichten und, falls nötig oder sinnvoll, neu sortieren. Es geht also nicht darum, lediglich seinen Vortrag erneut zusammenzufassen, sondern die Fragestellungen und Problemstellungen, die eingangs aufgeworfen wurden, zu beantworten.

Stehen oder sitzen?

In Rhetorikkursen und Studienratgebern wird gerne darauf hingewiesen, dass Vorträge nur im Stehen gehalten werden können. Vor einem größeren Plenum ist das auch im universitären Bereich unbedingt notwendig. Die Aufmerksamkeit der Zuschauer richtet sich auf diese Weise viel intensiver auf den Vortragenden. Gestik und Mimik sind stehend ausgeprägter und helfen dabei, die Entfernung zu den Zuschauern zu verkürzen. Dennoch lässt sich der Hinweis nicht uneingeschränkt pauschalisieren. In einem kleinen Seminarraum wirkt es mitunter irritierend, wenn der Referent von oben auf das direkt vor ihm sitzende Plenum herabschaut. Außerdem kann es bei Vorträgen notwendig werden, Einwürfe aus dem Plenum aufzuschreiben oder an (Primär-)Texten zu arbeiten. Ohne Pult kann das schwierig werden. Daher ist anzuraten, sich vorher zu überlegen, welche Bedingungen während des Vortrags gegeben sind. Dazu gehört auch die richtige Einschätzung der Arbeitsatmosphäre. Wird der Vortrag in einem kleinen Theorieseminar gehalten oder sind in der gleichen Sitzung mehrere Vorträge anberaumt, ist es sogar besser, den Vortrag sitzend von seinem Platz aus zu halten.

Augenkontakt

Referenten müssen beim Vortrag mit dem Plenum Augenkontakt aufnehmen. Dabei spielt es keine Rolle, ob vom Manuskript abgelesen oder der Vortrag frei gehalten wird. Zuhörer können erst dann ihre volle Aufmerksamkeit auf die sprechende Person richten, wenn das Gefühl besteht, dass die Kommunikation in zwei Richtungen verläuft. Aber auch die Leistung des Vortragenden gewinnt an Qualität, wenn er vor einem Publikum spricht, das ihm über Blickkontakt eine Erwartungshaltung entgegenbringt oder zumindest suggeriert. Studierende, welche Probleme damit haben, während ihrer Präsentationen ins Publikum zu schauen, können sich hierbei recht schnell verbessern. Auch wenn die ersten Versuche zunächst gezwungen wirken, wird es bereits nach kurzer Zeit weniger Überwindung kosten. Augenkontakt signalisiert Souveränität. In fast jedem Berufsfeld, welches sich Germanisten nach dem Studium eröffnet, ist das sichere Auftreten vor vielen Personen ein wichtiges Kriterium.

Sprache

Es ist fast überflüssig zu erwähnen, dass bei einem Vortrag an der Universität auch sprachlich ein gewisses Niveau erwartet wird. Ein immer wieder auftretendes Phänomen ist, dass manche Studierende, die bei einer Diskussion im Seminar in der Lage sind, auf ihre Ausdrucksweise zu achten, dies im Vortrag nicht mehr können – ohne es vielleicht selbst zu bemerken. Wieder Andere haben den Eindruck, sich selbst sprechen zu hören, ohne eingreifen oder sich selbst steuern zu können. Der Vortrag wird als eine solche Extremsituation erlebt, dass die Kontrolle über die eigene Sprache entgleitet. Beruhigen kann freilich, dass bis zum Ende des Studiums der Druck bei den meisten Studierenden abnimmt. Verbessern können sich Studierende, wenn sie ihr universitäres Umfeld wahrnehmen: Wie drückt sich der Kommilitone aus, wie der Dozent? Welche Wendungen kann ich für mich übernehmen? Auch aufmerksames Lesen hilft dabei, seinen sprachlichen Ausdruck zu verbessern. Im nächsten Schritt sollte dieses neu erworbene (und zuvor aufgeschriebene) Wissen angewandt werden. Seminardiskussionen bieten sich dafür an, das Ausdrucksverhalten zu erproben. In der Vorbereitung zu einem Vortrag können schließlich die notwendigen Fachbegriffe vorher trainiert werden. Selbst Professoren werden noch dabei beobachtet, wie sie vor einer Vorlesung einige Redeteile laut einüben.

Im Gegensatz dazu gibt es auch Studierende, die sich beim Vortragen selbst überschätzen. Eine zu verkünstelte Sprache wird eher die Aufmerksamkeit vom Gegenstand ablenken als die Vermittlung fördern. Auch das gebildetste Auditorium ist, selbst wenn ein detailliertes Handout vorliegt, nicht in der Lage, über lange Strecken einer künstlich verdichteten Sprache zu folgen. Natürlich lassen sich viele vom (vermeintlichen) Sachverstand blenden, jedoch nicht alle. Die Sprache eines Vortrags muss eindeutig, klar verständlich und einfach strukturiert sein. Durch Sprache oder rhetorisches Geschick Schwächen kaschieren zu wollen, wird einem noch so begabten Studenten nicht wirklich gelingen.

Sprechen

Das Germanistik-Studium kann, sofern man es möchte, zur eigenen Sprechausbildung beitragen. Der brillanteste Vortrag, in Dialekt gehalten, verliert unvorstellbar an Qualität. Sobald man Aufmerksamkeiten auf sich lenken möchte, ist es unumgänglich, sich Gedanken zum eigenen Sprechen zu machen. Einige praktische Hinweise können konkret helfen: Eine Methode, sich über die Wirkung der eigenen Ausdrucksweise wahrzunehmen, ist das Aufnehmen der eigenen Stimme über ein Mikrophon beim Vorlesen eines Textes. Der immer wiederkehrende Effekt wird sein, dass man sich nicht wiedererkennt. Doch die Aufnahme spiegelt die Realität. Man hört die Tonlage der Stimme, die Betonung, die Lautstärke (sofern nicht an Reglern manipuliert wird) und die Artikulation. Meistens ist man erschrocken, ohne indessen im Anschluss viel an sich zu ändern. Viel lieber geht man dazu über, ein Aufnahmegerät zu meiden. Die Schwächen lassen sich wegtrainieren oder auf andere Weise beheben. Erreicht einen die Einsicht, man spräche zu leise, sollte man zu Hause selbst geschriebene und fremde Texte laut lesen. Viele vortragende Studierende schätzen die Akustik in Hörsälen falsch ein. Ist ein Mikrophon vorhanden, sollte es benutzt werden.

Um die Artikulation zu verbessern, hilft folgende Übung weiter (umgangssprachlich auch als Korkentrick bekannt): Man platziert einen Korken zwischen den Lippen und versucht dabei, einen Text laut vorzulesen. Auf diese Weise werden jene Muskeln trainiert, die für eine saubere Aussprache sorgen. Da das Deutsche eher hart prononciert wird, kommt es darauf an, dass Lippen und Zunge beim Sprechen eingesetzt werden. Nimmt man den Korken nach dem Lesen eines Abschnitts wieder aus dem Mund, verändert sich die Artikulation: Vokale und Konsonanten werden viel deutlicher gesprochen als vor der Übung.

Auch die Betonung lässt sich üben. Zunächst muss auf der Bedeutungsebene das zentrale Wort eines Satzes gefunden werden. Die Wortart spielt bei der Auswahl nur eine untergeordnete Rolle. Besteht der Satz aus einem Hauptsatz und mehreren Nebensätzen, muss das hauptsächlich zu betonende Wort in jedem Nebensatz herausgefiltert werden. Beim Vorlesen sind die Hauptworte von den übrigen Satzteilen hervorzuheben. Gleichzeitig ist es notwendig, beim Sprechen einen Rhythmus einzuhalten. Unterstreicht man in einem Manuskript die zu betonenden Stellen, kann man beim Lesen über den Tonfall auf die Betonungen zusteuern.

Eine wichtige Aufmerksamkeitsstrategie bei Vorträgen ist auch der richtige Einsatz von Geschwindigkeit und Pausen beim Sprechen. Kleine Pausen sind zum Luft holen nach zwei bis drei Sätzen notwendig (zumindest ein Satz sollte ohne Atempause gesprochen werden). Nach längeren Sinnabschnitten ist dann eine etwas längere Pause einzulegen, etwa acht bis zwölf getippte Zeilen sollten für einen Absatz veranschlagt werden, die in einem Manuskript unbedingt zu markieren sind. Geschwindigkeiten zu variieren, ergibt vor allem dann Sinn, wenn ein Vortrag verlesen wird. Der Zuhörer erhält so ein wenig die Wahrnehmung, als ob es sich um einen frei gehaltenen Vortrag handelt. Die Hauptthesen des Referats sind langsamer, vielleicht auch ein wenig lauter vorzulesen als Hintergrundinformationen oder Beispiele. Der Übergang zwischen langsamen und schnellen Passagen muss fließend gehalten werden. Ist man in der Lage, das Tempo seiner Rede unauffällig zu steuern, besitzt man bereits eine wichtige Voraussetzung für ein erfolgreiches Zeitmanagement.

Zeitmanagement

Bei vielen Studierenden stellt sich während ihrer ersten Vorträgen das Gefühl ein, dass die Zeit während des Vortrags sehr schnell vergeht. Auch geübten Rednern ergeht es nicht anders. Dieser Eindruck ist ein zu würdigendes Zeichen dafür, mit welcher Intensität der Vortrag gehalten wird. Und doch sollten Studierende ein Zeitgefühl für die Dauer ihrer Präsentation entwickeln. Erstes und unabdingbares Hilfsmittel ist eine Uhr. Wenn man noch nicht abschätzen kann, wie lange der Vortrag dauern wird, sollte man einen Probedurchlauf machen und die Zeit dabei abmessen. Dem Ergebnis sind noch ein paar Minuten hinzuzurechnen: Man muss sich unbedingt einen zeitlichen Spielraum lassen und nicht die ganze zur Verfügung stehende Zeit verplanen. Erkennt man trotzdem während des Vortrags, dass die festgelegte Zeit nicht eingehalten werden kann, ist abzuklären, ob ein Überziehen möglich ist. Falls nicht, sollte vorab bedacht worden sein, welche Teile der Präsentation im Notfall weggelassen werden können. So muss man nicht in Hektik verfallen, wenn ein Kürzen notwendig wird. Selbst wenn alle Vorsichtsmaßnahmen getroffen werden, kann es passieren, dass bei Präsentationen das eigene Zeitmanagement durcheinander gerät. Mitzuteilen, was eigentlich noch alles hätte gesagt werden können, nun aber keinen Platz mehr fände, ist dabei zu vermeiden. Vielmehr ist die verbleibende Zeit dafür zu nutzen, die fehlenden Punkte, welche für den Vortrag wichtig sind, zusammenzufassen und zu pointieren.

## 3. *PowerPoint* – muss das sein? Zum Medieneinsatz in der Germanistik

Man könnte auf die Idee kommen, dass in der Germanistik lediglich Texte analysiert werden und daher die Verwendung von Medien bei einer Präsen-

Medien und germanistisches Präsentieren

tation nicht notwendig sei. Einerseits haben sich die Gegenstände, für die sich die Germanistik zuständig fühlt, erweitert (vgl. I.2, II.1), andererseits ist Medieneinsatz auch bei der Textinterpretation sinnvoll. Die wichtigsten Medien beim Präsentieren sind das Handout und die *PowerPoint*-Präsentation; mittlerweile seltener im Einsatz sind Overheadfolien und die Tafel. Im Bereich der Medienwissenschaft werden DVD-Player und Fernseher gebraucht, auch wenn inzwischen die meisten Filmsequenzen über PC und Beamer abgespielt werden. Im Grunde ist bei einer Präsentation alles erlaubt, solange der Medieneinsatz sinnvoll ist und Mehrwert verspricht. Experimentierfreude beim Präsentieren wird von vielen Dozenten honoriert, nicht aber der bloße Fakt, die richtige Farbwahl bei Schaubildern getroffen zu haben. Der überwiegende Teil der Vorbereitung auf ein Referat sollte mit Inhalten in Zusammenhang stehen; erst wenn Klarheit darüber herrscht, was präsentiert werden soll, kann das Wie in den Vordergrund rücken. Detailversessenheit und Originalität um ihrer selbst willen haben schon viele Referate scheitern lassen.

Handout

Ohne Handout sollte kein Referat bestritten werden. Es ist vor der Eröffnung durch den Referenten auszugeben, wenn möglich bereits einige Zeit vor der Veranstaltung, damit sich Dozenten und Kommilitonen auf die Präsentation vorbereiten können. Eine weitere Möglichkeit besteht inzwischen an den meisten Universitäten darin, dass Dokumente im Internet/Intranet eingestellt werden können. Hier ist möglich, die anderen Seminarteilnehmer vorab zu informieren, indem das Handout und/oder die *PowerPoint*-Präsentation hinterlegt werden. Hier können auch relevante Textstellen aus der Primärliteratur und andere Materialien eingestellt werden. Manche Studierende geben Handouts nach der Präsentation aus. Das Argument dafür ist, dass die Kommilitonen aufgrund der schriftlichen Vorlage vom eigentlichen Vortrag abgelenkt werden. Da es in der Universität um die Vermittlung von Wissen geht und nicht um die Wirkungskraft einer Präsentation, kann das Argument nicht gelten.

Bei Handouts sind einige Richtlinien zu beachten: Die Seitenzahl liegt zwischen einer und vier Seiten. Als Beilage können zusätzliche Arbeitsmaterialien ausgegeben werden, z.B. ein bearbeitetes Gedicht oder eine Graphik. Ein Handout enthält ein Literaturverzeichnis über die verwendete Literatur (fünf bis acht Titel). Wichtig sind die korrekte Angabe der verwendeten Primärtextausgabe und die Belege, die daraus zitiert werden. Gibt es direkte Zitate aus der Sekundärliteratur, sind diese in einem Fußnotenapparat aufzuführen. Auf der ersten Seite sind außerdem Universität und Institut, Titel der Veranstaltung, Seminarleitung, Datum, Semester und Name des Referenten anzugeben. Zudem ist ein Handout grundsätzlich mit einem Titel und mit Seitenzahlen zu versehen. Empfehlenswert ist es, für sich selbst und für das Plenum Platz für Notizen zu lassen. Eine numerische Gliederung hilft dabei, dem Referat besser folgen zu können.

Ein Handout ist auch dann auszugeben, wenn eine *PowerPoint*-Präsentation gehalten wird. In diesem Fall sind Struktur und Nummerierungen identisch anzuordnen. Zwar kann der doppelte Medieneinsatz Verwirrung stiften, der große Vorteil für die Zuhörer besteht aber darin, eigene Bemerkungen oder Fragen auf das Papier notieren zu können.

Auch die Auswahl der Informationen, welche auf das Handout gehören, erfolgt meist nach individuellen Prinzipien. Einige Dozenten raten dazu, ein Handout möglichst kurz zu halten. So kann es ein Vorteil sein, wenn das Referat auf die Kernpunkte reduziert wird. Das Unnötige wird ausgesondert und das Wissen verdichtet. Dagegen spricht, dass eben viel verlorengeht, weil Studierende womöglich eine fragwürdige Auswahl treffen. Viel wichtiger ist es also, zu beachten, dass Zuhörer möglicherweise partikulare Interessen bei einem Vortrag verfolgen. Für sie kann ein Nebenaspekt relevanter erscheinen als das eigentliche Thema der Präsentation. Sind die Handouts auch einige Zeit nach dem Referat noch nachvollziehbar, gewinnen sie für Mitstudierende an Wert als Orientierung für die eigene Vorbereitung von Prüfungen oder andere Arbeitsprojekte.

Die Rolle von *PowerPoint* in der Germanistik

Im modernen Wissenschaftsbetrieb gehört *PowerPoint* zu den elementaren Präsentationstechniken. Noch immer finden sich jedoch unter Dozenten standhafte Gegner; dennoch ist eine deutliche Zunahme von *PowerPoint* bei Vorträgen von Professoren zu bemerken. Die Tendenz entwickelt sich allerdings in den verschiedenen Teilbereichen der Germanistik unterschiedlich schnell: Während Linguisten und Medienwissenschaftler das Medium als selbstverständlich erachten, erweisen sich Vertreter der Neueren deutschen Literaturwissenschaft resistenter. Altgermanisten befinden sich in diesem Spannungsfeld eher in der Mitte, zumal die Visualität etwa einer Handschrift eine größere Rolle spielt als bei einem Text der Moderne (vgl. IV.2). Insofern hat diese Entwicklung etwas mit den Gegenständen und dem Blick auf sie zu tun: Während eine hermeneutische Auslegung etwa in Bezug auf die Schuldfrage bei *Emilia Galotti* von *PowerPoint* vielleicht weniger profitiert, kann, ja muss der Medienwissenschaftler durch Filmszenen seine Analysen untermauern.

Dozenten verfügen über langjährige und profunde Präsentationserfahrung und können daher in der Regel mit *PowerPoint* umgehen. Für Studierende gilt das, trotz ihrer Erfahrung mit dem Programm aus der Schule, weniger. Referate haben zudem einen anderen Charakter als Präsentationen von Dozenten. Sie sind provisorischer angelegt (vgl. V.1). Daher muss konkret am Beispiel entschieden werden, ob die Durchführung einer *PowerPoint*-Präsentation Vorteile für das Referat bringt oder nicht.

Was *PowerPoint* kann

*PowerPoint* funktioniert ein wenig wie ein Film. Die Abfolge ist festgelegt, und es fügen sich viele verschiedene Bilder aneinander. Dies hat zur Folge, dass das Wiederfinden einer bestimmten Sequenz bei beiden Medien nicht immer leicht fällt. Diese Eigenschaft führt aber auch dazu, dass sich über *PowerPoint* Problemlösungen gut entwickeln lassen: So kann eine Argumentationskette gebildet werden, in der jedes Argument aus dem vorangehenden folgt. Daneben wird man durch *PowerPoint* in die Lage versetzt, neben Bildern und Videos, Graphiken übersichtlich und verständlich in die Präsentation zu integrieren. Ihre Funktion ist in der Germanistik nicht zu unterschätzen. Es gibt verschiedene Möglichkeiten, Texte graphisch umzusetzen: etwa bei narratologischen Analysen, bei der Darstellung von Figurenkonstellationen in Dramen, bei Formanalysen zur Lyrik etc. (vgl. IV.1). Wird festgestellt, dass es der Gegenstand hergibt, eine Graphik zu entwickeln, sollte *PowerPoint* in Betracht gezogen werden. Nicht unbedingt elegant, indessen manchmal vertretbar ist es, nur einen Teil eines Referats mit *PowerPoint* zu bestreiten. Jener Abschnitt des Referats wird projiziert, der die notwendigen Graphiken enthält. Sofern der übrige Teil der Präsentation sich intensiv mit einem Text beschäftigt, ist diese gemischte Vorgehensweise gerechtfertigt.

Folien

Da das Studium der Germanistik nicht auch noch ein Mediendesign-Studium beinhalten kann, ist lediglich darauf zu achten, dass eine gewisse Übersichtlichkeit hergestellt wird. Die Folien sollten mit einer serifenfreien Schrift (wie Arial) ausgestattet sein und nicht zu überladen werden. Zudem wird es für den Zuschauer problematisch, wenn die Anzahl an Folien ein Limit erreicht, welches den Rezipienten überfordert. So kann man grob davon ausgehen, dass ein Vortrag von 20 Minuten mit einer Anzahl von 15 bis 25 Folien auskommen sollte. An den meisten Universitäten gibt es eine standardisierte Vorlage für *PowerPoint*. Die Benutzung dieser Folien vermittelt einen professionellen Eindruck und erleichtert gleichzeitig die Arbeit.

Medieneinsatz vorbereiten

Sobald ein technisches Hilfsmittel bei einer Präsentation eingesetzt wird, muss der Einsatz vorbereitet werden. So darf die Suche nach dem Beamer nicht erst kurz vor Seminarbeginn erfolgen. Zur Vorbereitung einer *PowerPoint*-Präsentation gehört es auch, sich vorher Gedanken über das Hintergrundbild des Desktops zu machen. Ein Foto aus dem privaten Bereich wirkt, falls die *PowerPoint*-Präsentation einmal ausfallen sollte, unangebracht. Entscheidet man sich dazu, technische Hilfsmittel zu verwenden, muss man diese im Griff haben. Mit anderen Worten sollten sich gerade Studierende mit Lampenfieber genau überlegen, ob sie in der Stresssituation *PowerPoint* beherrschen werden.

Die Grenzen von *PowerPoint*

Seitdem die Schulen dazu übergangen sind, *PowerPoint* zu unterrichten, nimmt auch unter Studierenden der Drang zu, dieses Programm zu nutzen. Aus dieser Selbstverständlichkeit heraus werden selten die Grenzen von *PowerPoint* beachtet: *PowerPoint* verhindert die flexible Gestaltung eines Referats. Als dominierendes Programm mit eigenen Gesetzen muss die innere Logik der Präsentation den Möglichkeiten von *PowerPoint* angeglichen werden. Das mag vielleicht für Dozenten weniger ein Problem sein, weil sie flexibler reagieren können. Für Studierende bedeutet es freilich eine Einschränkung: Wenn sie sich mehr mit dem Medium auseinandersetzen müssen als mit dem Gegenstand, geht der Sinn des Referats verloren.

In Seminaren, in denen vorwiegend Texte besprochen werden, ist *PowerPoint* kaum zu gebrauchen. Textpassagen müssen stark verkürzt werden, da sie nur eingeschränkt auf eine Folie passen. Es ist also notwendig, den Primärtext in Buchform zusätzlich in die Präsentation zu integrieren. Da man unbedingt zulassen muss, dass nach Zitation aus dem Gegenstandstext die entsprechende Stelle genauer nachgelesen werden kann, steigt die Medienanzahl weiter an. Verwendet man ein Manuskript oder Karteikarten und gibt auch ein Thesenpapier aus, ist es fast schon vorprogrammiert, dass der Überblick während der *PowerPoint*-Präsentation verlorengeht. Ein weiterer Nachteil besteht darin, dass durch *PowerPoint* die Aufmerksamkeit der Zuschauer automatisch auf die Präsentation gerichtet wird. Dem Plenum fällt es so schwerer, eine eigene interpretatorische Leistung zu erbringen, da es auf die Projektion fixiert ist. Auch der Redner wird weniger beachtet. Hat sich z.B. auf der Präsentation ein Fehler oder eine undeutliche These eingeschlichen, so kann der Referent dann noch so viel erläutern: Die Präsentation verändert sich nicht, und die Unzulänglichkeit bleibt auf der Projektion bestehen. In einem Thesenpapier dagegen kann man sich eine Erläuterung des Referenten oder Dozenten notieren: Ein Fehler kann durchgestrichen werden und ist damit abgehakt. Hauptargument für oder gegen den Einsatz von *PowerPoint* ist letztlich nur der zu vermittelnde Gegenstand.

Manuskript und Karteikarten

Die Textgrundlage, auf welcher eine Präsentation basiert, ist für viele Studierende eine große Herausforderung. Zu einer Präsentation, die sowohl *PowerPoint* als auch ein Handout einsetzt, kommt noch die schriftliche Basis des Referenten hinzu. Manche benutzen Karteikarten, andere gebrauchen ein vorgeschriebenes Manuskript. So verpönt, wie einige Ratgeber behaupten, ist die vollständige Textgrundlage gar nicht. Es gibt einige Möglichkeiten, die Aufmerksamkeit auf sich zu lenken, indem man durch Betonung und Artikulation auch dann einen natürlichen, mündlichen Charakter bewahrt, wenn vorgelesen wird (vgl. V.2).

Als Übergangslösung helfen Karteikarten. Hier kann mehr oder weniger ausführlich der Vortrag abgebildet werden. Wie viel Information und inwiefern etwas darauf ausformuliert wird, muss individuell entschieden werden. Die sinnvollste Vorgehensweise besteht indessen darin, das ausgegebene Thesenpapier als eigene Textgrundlage zu verwenden. Das Thesenpapier kann zudem am besten handschriftlich bearbeitet werden und sollte dabei grundsätzlich genauso formatiert sein wie die Fassung, die im Plenum verteilt wird. Vorteile dieses Vorgehens sind: Die Reduktion auf nur eine schriftliche Grundlage ermöglicht es, einfacher zu sprechen. Bei Rückfragen aus dem Plenum hat der Referent das Thesenpapier sofort parat und muss sich nicht neu einarbeiten. Wenn allen Beteiligten das gleiche Material zugrunde liegt, kann dem Redner besser Aufmerksamkeit geschenkt werden. Man weiß immer genau, wo er sich befindet, man kann vorausschauen, was er sagt oder man kann Unverständliches gleich notieren. Gerade wenn ein Thesenpapier ausführlicher angelegt wird, ist es nicht notwendig, sich die Arbeit zu verdoppeln und eine eigene Version herzustellen.

Freier Vortrag

Es besteht auch die Möglichkeit, ganz ohne technische Hilfe ein Referat zu halten. Ein freier Vortrag an der Universität ist indes die Ausnahme. Gleichwohl wird er mitunter verlangt. So kann es in Kandidatenkolloquien, in welchen die Themen der BA/MA-Abschlussarbeit vorgestellt werden, durchaus vorkommen, dass diese Präsentationsform gewählt wird. Sie kann gerade als Übungsform für die Prüfung durchaus Sinn ergeben. Voraussetzung ist, dass die Studierenden sich mit dem Thema intensiv auseinandergesetzt haben. Der freie Vortrag durch Studierende ist aber nur eine Übungsform für die eigene rhetorische Ausbildung und wird von Studierenden im universitären Kontext nicht erwartet.

## 4. Mündliche Prüfung

Simulation eines wissenschaftlichen Gespräches

Dozenten bieten häufig zur Erlangung von *Credit Points* statt eines Referats eine mündliche Prüfung (auch zur Verteidigung von Hausarbeiten) an. Dieses Angebot sollte unbedingt angenommen werden, weil man damit die universitäre Prüfungssituation, die sich von der schulischen klar abgrenzt, noch ohne schwerwiegende Konsequenzen üben kann. Gerade Studierende mit Prüfungsangst haben durch solche faktischen Freiversuche die Möglichkeit, die Prüfungssituation und die Fragetechnik der Dozenten kennenzulernen. Kaum ein Lehrender aus der Germanistik prüft auf Lücken. Es geht vielmehr darum, ein wissenschaftliches Gespräch zu simulieren. Studierende sollen an beispielhaften Gegenständen nachweisen, dass sie in der Lage sind, an einer wissenschaftlichen Kommunikation auf Augenhöhe teilzunehmen.

Themenauswahl

Je nach Universität gibt es Unterschiede in Hinblick auf die Zulässigkeit und Verbindlichkeit von Themen bei der mündlichen Abschlussprüfung. Darüber hinaus bestehen Differenzen unter den Dozenten, wie Prüfungsthemen gestaltet sein müssen. Im Normalfall kann sich der Prüfling die Themen selbst aussuchen, sie müssen allerdings aus dem Fachbereich der jeweiligen Lehrkraft stammen. Welche Kombinationen an der eigenen Fakultät oder am Institut möglich sind, sollte frühzeitig in Erfahrung gebracht werden. Einige Dozenten prüfen nur Themen, zu denen sie selbst geforscht oder gelehrt haben. Nur ein persönliches Gespräch kann darüber Klarheit verschaffen, wer das Vorschlagsrecht ausüben darf.

Immer wieder stellen sich Studenten die Frage, ob es erstens besser sei, ein Prüfungsthema zu wählen, das der Dozent gut beherrscht, oder zweitens es empfehlenswert sei, ein Randthema zu wählen, welches nicht zu den Spezialgebieten des Prüfers gehört. Für die erste Vorgehensweise spricht, dass genau herausgefunden werden kann, welche Positionen der Dozent zu den Problemstellungen des Themas einnimmt: entweder durch dessen Publikationen oder durch Äußerungen in Vorlesung oder Seminar. Der Nachteil ist, dass sich der Prüfer im Thema so gut auskennt, dass sich dies nicht unbedingt positiv auf den Prüfling auswirkt. Bei der zweiten Möglichkeit kann die Rechnung aufgehen: Der Prüfer fragt weniger genau und erwartet keine zu konkreten Antworten. Das Problem ist nur, dass Studierende nicht wirklich einschätzen können, ob der Dozent sich im Thema auskennt oder nicht. Falls das Wissen des Dozenten zu einem Prüfungsthema Lücken aufweist, besteht die Gefahr, dass er nur bestimmte Sichtweisen zulässt, die ihm bekannten Details abprüft oder stark vom erwarteten Themenbereich abschweift. Im Normalfall kann aber davon ausgegangen werden, dass der Dozent die Materie, welche er prüft, beherrscht.

Viel wichtiger ist es, Prüfungsthemen zu wählen, für die sich nicht jeder entscheidet. Studierende, die sich an komplexe Texte oder etwas exotischere Themen heranwagen, fallen allein durch diese Wahl positiv auf. Wichtig ist dabei nur, dass man seine Fähigkeiten richtig einschätzen kann. Manche Prüfer verlangen weit gefasste Themen, andere lassen konkretere Themenstellungen zu. Ein Beispiel für ein weites Thema wäre *Die Prosa des bürgerlichen Realismus*, enger gefasst könnte es lauten *Der Gesellschaftsroman Theodor Fontanes*, weiter konkretisiert *Frauenfiguren im Gesellschaftsroman Fontanes*. Da es in Prüfungssituationen leichter fällt, eher induktiv als deduktiv vorzugehen, empfiehlt es sich, soweit eingeräumt, ein eng gefasstes Thema zu wählen. Übertragen auf das genannte Beispiel müsste dann die Analyse einiger Frauenfiguren Fontanes Rückschlüsse auf Epochenmerkmale des Realismus geben können. Soweit wie möglich sollten bei mündlichen Abschlussprüfungen Themen gewählt werden, die bereits während des Studiums bearbeitet wurden. Dies entbindet den Prüfling zwar nicht von der Pflicht, sich erneut detailliert und konsequent mit dem Thema auseinanderzusetzen; es hilft aber bei der Vorbereitung sehr, wenn nicht alles neu erarbeitet werden muss.

Auswahl des Prüfers

Prüfer werden oft nach Sympathie ausgewählt. Studierende, die bislang wenig in persönlichen Kontakt mit Dozenten getreten sind, schätzen diese in vielen Fällen nicht richtig ein. Nur weil ein Professor in einer Vorlesung nett wirkt, bedeutet das nicht, dass er freundlicher prüft als andere. Dozenten werden sich bei einer Prüfung jedoch auch nicht grundsätzlich ändern. Wenn Studierende im Seminar ihre Dozenten aufmerksam beobachten, können sie ihre Erfahrungen durchaus auf die Prüfung übertragen. Prüfer und Prüfling müssen einander kennen. Wenn einem Dozenten noch nicht einmal der Name des zu prüfenden Studierenden geläufig ist, wird er diesem möglicherweise skeptischer begegnen als einem, der bereits im Seminar durch gute Beiträge aufgefallen ist.

Studierende verlassen sich gerne auf Erfahrungen von frischen Absolventen. Natürlich spielen die Eindrücke anderer bei der Auswahl des Prüfers eine Rolle, sie sollten indessen nicht zu hoch bewertet werden. Eigene objektive Einschätzungen haben eine höhere Aussagekraft. Während Stimmungen bezüglich Dozenten häufig zu ernst genommen werden, versäumen es viele Studierende, wichtige Informationen zu diesen selbst einzuholen. Folgende Fragen sind bereits weit im Vorfeld hinsichtlich der Abschlussprüfung zu klären:

- Wer ist prüfungsberechtigt?
- Verlässt der Prüfer auf absehbare Zeit meinen Studienort?
- Welchen Teilbereichen gehören die Dozenten an?
- Welche methodischen Positionen vertritt der Prüfer?
- Was sind die Spezialgebiete meines Prüfers?

Es ist außerdem notwendig, sich hinsichtlich der Betreuungssituation zu informieren. Viele prüfungsberechtigte Dozenten gehen neben ihrer Tätigkeit an der Universität noch anderen Beschäftigungen nach, wenn sie dort über keine eigene Stelle verfügen. Andere Lehrende sind dermaßen überlastet, dass sie nur wenig Zeit für die Betreuung aufbringen können oder wollen. Studierende sollten also einschätzen, ob ihnen ihr Prüfer in ausreichendem Maß zur Verfügung steht.

Prüfungsablauf und Erwartungshaltungen

Die Zeit für ein Thema bei einer mündlichen Abschlussprüfung ist eng begrenzt. Studierende sollten bei ihren Antworten auf den Punkt kommen. Es geht nicht darum, das ganze erlernte Wissen zur Schau zu stellen, sondern eine Frage zu verstehen und das Gefragte konkret beantworten zu können. Auch wenn viele Fragen eine argumentative Entfaltung erfordern, sollte die Antwort nicht vom Gefragten abschweifen. Dabei kann es helfen, sich die Fragen zu notieren (falls erlaubt). Die Verschriftlichung dient insbesondere bei längeren Fragen dazu, die Intention des Prüfers besser zu begreifen. Die Einstiegsfragen zu einem Thema haben häufig direkt etwas mit der Formulierung der Themenstellung zu tun. Es ist ein Einstieg über die Definition eines Fachbegriffes möglich, auch epochenspezifische Daten oder Gattungsfragen können am Anfang stehen. Der Prüfer überprüft so, ob der Studierende über die Grundlagen des Themas informiert ist.

Die ersten Antworten entscheiden bereits über das Niveau der Prüfung. Im weiteren Verlauf folgen viele Prüfer der Interaktionslogik, d.h. die Aussagen der Studierenden geben Anlass zum Nachfragen, mit der Folge, dass Studierende selbst die Richtung der Prüfung vorgeben können. Textsicherheit, interpretatorische Fähigkeiten und Eigenleistungen, fachlich saubere Ausdrucksweise sind einige Punkte, die bei der Beurteilung eine Rolle spielen. In einer weiteren Prüfungssequenz wird möglicherweise der Forschungszusammenhang oder die eigene Methodik thematisiert. Am Ende der Prüfung können Fragen zum Kontext gestellt werden. Die Prüfungsleistung besteht in diesem Abschnitt eher darin, sich auch zu angrenzenden Bereichen positionieren zu können.

Vorbereitung

Bei der Vorbereitung auf eine mündliche Prüfung stehen folgende Arbeitsschritte im Mittelpunkt:
- Recherche von Forschungsliteratur und Quellen
- Bearbeitung von Primärtexten
- Erschließung von Kontexten (wie die literarhistorische Einordnung)
- Erlernen von Fakten und Daten

Während die ersten drei Punkte bei der Vorbereitung eines Referats oder beim Abfassen von schriftlichen Arbeiten ebenfalls relevant sind und hier nicht wiederholt werden müssen, gehört das Erlernen von Fakten und Daten zu einer spezifisch neuen Leistung. Zwar muss auch bei Klausuren in der Germanistik bisweilen auswendig gelernt werden, hier gibt es aber in der Regel vordefinierte Gegenstandsbereiche. Bei einer mündlichen Prüfung hingegen hat der Studierende selbst zu entscheiden, welche Inhalte so relevant sind, dass sie gelernt werden müssen. Auch wenn Prüfer nur selten Fakten abfragen, das Beherrschen von genauen Definitionen, wichtigen Jahreszahlen oder Autorennamen der Primär- und Forschungsliteratur ist bei der mündlichen Prüfung dennoch unabdingbar. Nur so kann der Eindruck vermittelt werden, dass genau und sorgfältig gearbeitet wurde.

Um dieser Anforderung Rechnung zu tragen, empfiehlt es sich, während aller Vorbereitungsschritte eine Faktenliste zu erstellen. Diese Liste ist indessen nur brauchbar, wenn sie überschaubar bleibt. Ist Zweck und Nutzen jedes Punktes auf der Liste verinnerlicht, kann davon ausgegangen werden, dass das Einbinden der Fakten während der Prüfung fast automatisch gelingt.

Die Vorbereitungszeit auf eine Prüfung sollte also einem detaillierten Zeitplan folgen, der dann auch strikt einzuhalten ist. Wie lange jedes Themengebiet zu bearbeiten ist, muss individuell festgelegt werden, wobei ein zu langes Vorbereiten genauso problematisch sein kann wie zu wenig Zeit. In der Regel kann von zwei bis drei Wochen je Thema ausgegangen werden. In einer heißen Phase von ca. einer Woche vor der Prüfung sollte lediglich wiederholt und die Faktenliste zur Hand genommen werden. Dabei sollten die zu erarbeitenden Themen turnusmäßig gewechselt und nicht im Block bearbeitet werden. Die Gefahr ist sonst groß, dass das letzte Thema zu kurz kommt oder sich unerwartete Schwierigkeiten in den Weg stellen, die dann so kurz vor der Prüfung nicht mehr lösbar sind (beispielsweise nicht greifbare, aber einschlägige Sekundärliteratur).

Thesenpapier

Nicht immer sind bei mündlichen Prüfungen Thesenpapiere zugelassen. Besteht jedoch die Möglichkeit, sollten Studierende unbedingt davon Gebrauch machen. Es gibt in der Prüfung, wie bei jeder mündlichen Präsentation, Sicherheit. Auch wenn sich Studierende nicht völlig darauf verlassen können, dass Dozenten das Thesenblatt als Grundlage für die Prüfung verwenden, erhöht es maßgeblich die Wahrscheinlichkeit, die Fragestellungen des Dozenten beeinflussen zu können. Da es oft keine festen Richtlinien gibt, wie ein Thesenpapier formuliert und gegliedert sein soll, fällt die Erstellung vielen Studierenden schwer. Es empfiehlt sich, je Thema ein Thesenblatt von einer Seite Umfang einzuplanen. Pro Thema reichen wenige Thesen aus, die knapp und präzise formuliert werden. Das Thesenpapier sollte drei bis fünf Titel der Sekundärliteratur beinhalten, welche bei der Vorbereitung hauptsächlich genutzt wurden.

Inhaltlich destilliert das Thesenpapier den gesamten vorbereiteten Stoff. Mit Thesen stellt man diskussionswürdige Aussagen auf, die man mit Argumenten und Textbelegen unterstützen kann. Die Formulierung ist soweit offenzuhalten, dass sich Fragen daran anschließen lassen. Ist man in der Lage, Thesen so zu formulieren, dass sich bestimmte Fragen geradezu aufdrängen, können diese umso besser beantwortet werden. Das Thesenpapier reduziert das Gesamtthema also auf einige wenige, aber aussagekräftige Sätze, welche freilich nicht zu viel verraten dürfen. Viele Studierende begehen den Fehler, ihre Papiere mit Fakten so anzureichern, dass sie bei der Prüfung kaum noch etwas Neues anführen können und damit Fragen provozieren bzw. eröffnen, die weit ab vom Gelernten angesiedelt sind. Der vermeintliche Vorteil, dass alle Inhalte, die zum Prüfungsthema zu sagen sind, auch angebracht wurden (zumindest in schriftlicher Form), verkehrt sich zum Nachteil, sobald der Prüfer gezwungen ist, tiefer nachzufragen, als es zunächst intendiert war.

Der Prüfling sollte bei einer Prüfung die Möglichkeit haben, die Grundlagen des Themas zu benennen, bevor sich das Prüfungsgespräch mit Sachverhalten beschäftigt, die weiter entfernt vom Kernthema liegen. Wird allerdings ein Thesenpapier erstellt, das bereits die einschlägigen Daten und Fakten benennt, wird ein Prüfling kaum mehr die Möglichkeit haben, diese vorzutragen. Es wird so um einiges schwieriger sein, zu zeigen, dass man in der Lage ist, mit den Grundlagen des Themas umzugehen. Die Reihenfolge der Thesen sollte aufeinander aufbauen, auch wenn sich Studierende nicht darauf verlassen sollten, dass Prüfer sich daran halten. Im Gegenteil, die Fragetechnik einiger Prüfer zielt genau darauf, ob Studierende in der Lage sind, flexibel den Zugang zum Thema zu variieren. Dennoch sollte die Reihenfolge einem logischen Ablauf folgen. Eine mögliche Strukturierung eines Handouts für ein Thema, bei welchem literarische Texte im Vordergrund stehen, wäre:

1. Epochale Einbettung der Texte
2. Gattungsspezifische Einbettung der Texte
3. Formanalyse
4. Motivik/Thematik
5. Kontextualisierung 1
6. Kontextualisierung 2
7. Forschungszusammenhang

Zu jeder These sollte der Prüfling grundsätzlich ca. fünf bis zehn Minuten frei sprechen können (ohne dass er in der Prüfung selbst dazu die Gelegenheit erhält), d.h. das Thesenpapier simuliert die Abfolge eines freien Vortrags. Absolute Grundbedingung einer guten Abschlussprüfung ist, dass Thesenpapiere fehlerfrei vorzulegen sind. Dies bezieht sich nicht nur auf Rechtschreibung, sondern insbesondere auf formale Kriterien wie korrekte Zitation etc.

Prüfungssituationen üben und simulieren

Geht man von der Annahme aus, dass ein Prüfungsthema ähnlich vorstrukturiert wird wie ein Vortrag, bedarf es etwa der gleichen Vorbereitung. Auch vor mündlichen Prüfungen kann es von Nutzen sein, die Sprechsituation zu üben. Dies kann alleine geschehen oder im Dialog mit anderen Studierenden. Werden in der Prüfung für ein Thema ca. 20 Minuten veranschlagt, sollte man in der Lage sein, mindestens die doppelte Zeit, also 40 Minuten, ohne Unterbrechungen selbständig und frei zu diesem Gegenstand sprechen zu können. Besonders vorteilhaft ist es, wenn die Möglichkeit besteht, ein Prüfungsthema mit einem Kommilitonen durchzugehen. So kommen möglicherweise Aspekte auf, die vorher nicht bedacht wurden. Unsicherheiten treten oft erst durch eine solch dialogische Simulation zutage. Selbst wenn Studierenden lediglich fachfremde Personen zum Üben zur Verfügung stehen, ist es sinnvoll, mit ihnen über das Thema zu sprechen. Eine solche Konstellation bedingt nämlich, dass der Studierende gezwungen wird, seine Thesen zu vereinfachen und zu erklären und dass die Nachfragen wegen fehlender Vorkenntnisse des Gegenübers oft zur besonderen Präzisierung führen.

Das Simulieren einer Prüfung sollte im Übrigen ernst genommen werden. Erkennt man bei sich selbst die Tendenz, ausschweifend auf eine Frage zu antworten, hilft es, sich beim Üben feste Zeitvorgaben zu setzen. Neigt man dazu, karge Antworten zu liefern, nützt es, verschiedene Antwortstrategien durchzuspielen. Eher schaden kann es dagegen, sich die konkrete Prüfungssituation vorzustellen. Absolventen zu fragen, welche Fragen auf welche Weise gestellt wurden oder wie die Prüfung empfunden wurde, ist zwar durchaus legitim, hilft indessen nur selten. Erfahrungen anderer (seien es gute oder schlechte) sind fast immer subjektiv und oft nicht übertragbar. Spekulationen darüber, wie eine Prüfung ablaufen wird, befördern eher eine Prüfungsangst, als dass sie zu einer guten Prüfungsvorbereitung beitragen.

Prüfungsangst und Blockade

Die beste Vorbereitung kann nicht verhindern, dass andere Fragen gestellt werden, als man erwartet hat. Es ist sogar die Regel, dass in einer Prüfung Inhalte und Probleme diskutiert werden, die nur schwer vorhersehbar waren. Eine Blockade entsteht oft dadurch, dass eine Frage gestellt wird, die so nicht erwartet wurde. Vielleicht hilft es, wenn sich Studierende vorher darüber klar werden, dass auch sehr gute Noten vergeben werden, obwohl nicht alle Fakten benannt werden konnten. Vielleicht hilft es zu wissen, dass in der Germanistik wahr und falsch oft gar nicht so weit auseinanderliegen, weil man es eben mit einem Fach zu tun hat, in dem die problembewusste Diskussion eines Sachverhalts im Für und Wider der Argumente wichtiger ist als die eindeutige richtige Antwort (die als solche sogar problematisch sein kann). Sofern eine gute Vorbereitung vorliegt, kann davon ausgegangen werden, dass die Prüfung gelingt. Viele Dozenten nehmen im Semester sehr viele Prüfungen ab. Sie haben dadurch ein Gespür, welches sie in die Lage versetzt, einen Prüfling einzustufen, ohne sich durch dessen

Nervosität irritieren zu lassen. Ist man sich darüber im Klaren, kommt es möglicherweise gar nicht zur Prüfungsangst, und man bleibt ruhig.

## 5. Weiterführende Ratgeberliteratur

Ansgar Nünning/Martin Zierold: Kommunikationskompetenzen. Erfolgreich kommunizieren in Studium und Berufsleben, Stuttgart 2008.
Nünning und Zierold legen einen überzeugenden Ratgeber vor, der Studierende auf den Kommunikationsort Universität vorbereitet. Checklisten und Handlungsanweisungen sind in informativer und übersichtlicher Form dargestellt. Der Band eignet sich vor allem für jene Studierenden, die sich dem Thema Präsentation sowohl praktisch als auch theoretisch nähern möchten.

Dieter-W. Allhoff/Waltraud Allhoff: Rhetorik & Kommunikation. Ein Lehr- und Übungsbuch, München 2006.
Wer das Thema Präsentation aus überdisziplinärer Sicht aufbereitet haben möchte, erhält hier einen guten Überblick. Auf originelle Weise wird die Geschichte der Rhetorik mit praktischen Anweisungen für Studierende verknüpft. Mit dem Kapitel *Gender-Kompetenz* wird ein Thema beleuchtet, welches nur in wenigen Ratgebern zum Thema Präsentieren berücksichtigt wird.

Burkhard Moennighoff/Eckhardt Meyer-Krentler: Arbeitstechniken Literaturwissenschaft, 14. Aufl., Stuttgart 2010.
Noch immer ist dieser Band ein geeigneter Ratgeber für Literaturwissenschaftler. Das Kapitel zum Referat überzeugt mit klaren Handlungsanweisungen und praktischen Hinweisen in verständlicher Sprache.

Hans-Werner Ludwig/Thomas Rommel: Studium Literaturwissenschaft. Arbeitstechniken und Neue Medien, Tübingen/Basel 2003.
Dieses Buch behandelt das Thema Präsentation unter besonderer Berücksichtigung des Medieneinsatzes. Der Ratgeber für Literaturwissenschaftler setzt seinen Schwerpunkt auf die mediale Wirkung des Referats.

# VI. Schriftliches Arbeiten

## 1. Haus- und Abschlussarbeiten – wissenschaftlich und lesenswert

Am Schreibtisch

Die meiste Zeit verbringt man beim Studium der Germanistik am Schreibtisch. Dort wartet man aber weder auf hereineilende Aufträge noch darauf, von der Muse geküsst zu werden. Die Aufträge erteilt man sich stattdessen selbständig, und auf Eingebungen ist man nur in sehr begrenztem Maße angewiesen. Gleichwohl kann die Tätigkeit an diesem Platz inspirierend sein, erlaubt sie es doch, sich über einen längeren Zeitraum intensiv mit literarischen Texten zu befassen und darüber Erkenntnisse zu gewinnen. Das Ergebnis des studentischen Schreibens sind keine literarischen Texte, sondern nach wissenschaftlichen Maßstäben verfasste Abhandlungen, die weitgehend unabhängig von der eigenen Befindlichkeit gegenüber den behandelten Themen sind. Im Studienverlauf wird der Schreibprozess durch die Erstellung zahlreicher wissenschaftlicher Hausarbeiten eingeübt, so dass gegen Ende des Studiums eine größere Abschlussarbeit erfolgreich bewältigt werden kann.

Am Bildschirm

Verfasst werden schriftliche Arbeiten heute am Computer. Kaum noch vorstellbar erscheint Studierenden, dass man vor nicht allzu langer Zeit auf Schreibmaschinen angewiesen war, wo nicht in aller Schnelle ganze Absätze verschoben und problemlos immer wieder verändert werden konnten. Auch schriftliche Notizen, Ideenskizzen und Rohfassungen werden heute zu einem großen Teil über ein Textverarbeitungsprogramm abgefasst und nicht mehr handschriftlich festgehalten (vgl. IV.1). Die Vorzüge sind offensichtlich: So erspart man sich unter anderem das Entziffern schwer leserlicher Aufzeichnungen oder kann später gezielt nach Schlagwörtern suchen. Neben solchen Vorzügen verführt das Schreiben am Bildschirm aber auch dazu, die Arbeit am Text vorschnell zu beenden, da das Geschriebene frühzeitig einen fertigen Eindruck vermittelt. Der Autor Tonio Pototsching in Ernst-Wilhelm Händlers Roman *Die Frau des Schriftstellers* gibt entsprechend zu bedenken: „Die Computerdarstellung eines Textes gaukelt uns vor, der Entwurfsvorgang sei mit dem ersten Niederschreiben bereits abgeschlossen, man müsse nur noch Korrektur lesen, höchstens ein paar Kleinigkeiten verändern“ (Händler 2006, S. 23). Daraus muss man nun nicht die gleiche Konsequenz wie Pototsching ziehen, alles ausschließlich mit der Hand zu schreiben, allerdings sollte man sich im Bewusstsein halten, dass eine gelungene Hausarbeit gerade durch das mehrfache Überarbeiten von bereits Geschriebenem entsteht.

Von der elitären Praxis zur Pflichtübung

An Universitäten war es keineswegs schon immer üblich, dass Studierende eigenständige wissenschaftliche Arbeiten anfertigen. Wie Thorsten Pohl in seiner Studie über die Entstehung der studentischen Hausarbeit gezeigt hat, wird die schriftliche Hausarbeit im 19. Jahrhundert zunächst nur einem kleinen Kreis auserwählter Studenten abverlangt, bevor sich diese Praxis im frühen 20. Jahrhundert als allgemein zu absolvierende Prüfungsform etabliert. Ursprünglich wurde die Hausarbeit also nur von wenigen talentierten Studierenden in einem exklusiven Rahmen erarbeitet. Der Bezug zu den Lehrenden war entsprechend eng und weitaus stärker als heute auf die Produktion von wissenschaftlichen Abhandlungen ausgerichtet, die dann auch grundsätzlich veröffentlicht werden konnten (vgl. Pohl 2009, S. 51 ff.). Inzwischen ist die Hausarbeit zu einer Pflichtübung für alle Studierenden geworden. Dies bedeutet aber nicht, dass die wissenschaftlich orientierte Konzeption schriftlicher Arbeiten grundlegend verändert worden ist. Nach wie vor handelt es sich bei der Hausarbeit um eine sehr spezielle und anspruchsvolle Textsorte, nur muss sie mittlerweile auch von Studienanfängern bewältigt werden.

Wissenschaftssprache

Das Verfassen schriftlicher Hausarbeiten gehört heute zu den sog. Selbstverständlichkeiten des literaturwissenschaftlichen Studiums. Das Anforderungsprofil ist jedoch alles andere als trivial: Fachterminologie, Wissenschaftlichkeit, Verständlichkeit und Nachvollziehbarkeit liegen oft im Konflikt miteinander. Gegenüber schriftlichen Arbeiten im Deutschunterricht ist im Germanistik-Studium die Fähigkeit zur selbständigen Erarbeitung und argumentativen Absicherung von Problemstellungen gefordert. Die Umstellung auf einen nicht-alltäglichen Sprachgebrauch, der sich an wissenschaftlichen Standards und Konventionen orientiert, erschwert gerade zu Beginn des Studiums die Textproduktion.

Von Alltagskommunikation grenzt sich wissenschaftliche Kommunikation vor allem durch eine elaborierte, d.h. sorgfältig ausgearbeitete Begrifflichkeit ab, die eine theoretisch koordinierte Erarbeitung, Benennung und Unterscheidung fachspezifischer Problemstellungen erlaubt. Methoden, Theorien und Fachbegriffe stellen einen Verständigungszusammenhang innerhalb des Faches her. Deshalb ist es keine Übertreibung, das Erlernen einer Wissenschaftssprache mit dem Erlernen einer Fremdsprache zu vergleichen. Studierende verschließen sich dieser Einsicht gerne, insbesondere wenn Deutsch ihre Muttersprache ist. Die Beherrschung des Deutschen ist aber nicht mehr und nicht weniger als eine Voraussetzung, die Wissenschaftssprache zu erlernen und eine schriftliche Hausarbeit anzufertigen.

Sokals Scherz

Damit soll nicht gesagt sein, dass sich solche Arbeiten durch einen möglichst komplizierten und schwer verständlichen Stil auszeichnen müssen. Im Gegenteil: Geboten ist eine sachbezogene und konzentrierte Darstellungsweise, die gewährleistet, dass die Ergebnisse nicht nur vom Verfasser selbst, sondern auch von anderen unter denselben Voraussetzungen nachvollzogen werden können. Gerade Germanisten sollten sich dessen bewusst sein, begegnet ihnen doch oft der Vorwurf, viel zu reden bzw. zu schreiben und wenig zu sagen. Der amerikanische Physiker Alan Sokal hat vorgeführt, wie man eine von Halbwahrheiten, Fehlern und Trugschlüssen durchsetzte Argumentation hinter einer scheinbar wissenschaftlichen Schreibweise verbergen kann. Sokal gelang es 1996, einen Nonsens-Aufsatz in der kulturwissenschaftlichen Zeitschrift *Social Text* zu veröffentlichen. Unter dem auf den ersten Blick beeindruckenden Titel *Transgressing the boundaries: Towards a transformative hermeneutics of quantum gravity* (dt. *Die Grenzen überschreiten: Auf dem Weg zu einer transformativen Hermeneutik der*

*Quantengravitation*) verbarg sich eine Parodie auf postmoderne Theoriebildung, die von den Herausgebern der Zeitschrift peinlicherweise ernstgenommen wurde. Nach der Publikation enthüllte Sokal selbst den Beitrag als Scherz, mit dem auf elegante Weise Unsinn verbreitet wurde (vgl. Sokal/Bricmont 1999, S. 262–318). Wer also selbst nicht das Vorurteil der fachspezifischen ‚Geschwätzigkeit' bedienen will, sollte seine schriftlichen Arbeiten nicht durch schwammige Formulierungen und unbelegte Spekulationen belasten. Ein gewandter Schreibstil ist zwar auch in der Wissenschaft wünschenswert, der ‚gute Klang' darf aber keine argumentativen Haltlosigkeiten kaschieren.

Übungs- und Prüfungsform

Im Studium ist immer zu berücksichtigen, dass eine schriftliche Arbeit in den wissenschaftlichen Kontext eingebettet ist. In diesem Rahmen nimmt die germanistische Hausarbeit eine recht problematische Stellung ein, die besonders für Anfänger nur schwer zu durchschauen ist. Sie dient nämlich einerseits als Übungsform für einen eigenständigen wissenschaftlichen Text nach dem Studium (etwa als Artikel in einer Fachzeitschrift oder als Beitrag zu einem Sammelband), andererseits dient sie aber auch als Prüfungsform, bei der Fachkenntnis und Argumentationsfähigkeit bewertet werden. Als Übungsform muss die studentische Hausarbeit also so tun, als wäre sie ein wissenschaftlicher Beitrag, obwohl ihr dieser Status tatsächlich nicht zukommt. Dieser Widerspruch wird in der „Fiktion eines Rollentauschs" überwunden, „bei dem der Übende die Rolle des Belehrenden, der Prüfende die Rolle des zu Belehrenden einnimmt" (Pohl 2009, S. 12). Vereinfacht gesagt: Auch wenn Studierende keine Wissenschaftler sind, übernehmen sie in Hausarbeiten die Rolle eines Wissenschaftlers. Erwartet wird selbstverständlich nicht, dass diese Rolle perfekt ausgefüllt wird, sondern dass die formalen und inhaltlichen Fachkenntnisse im Laufe des Studiums vertieft und verbessert werden. Die Aneignung und Verbesserung geschieht weitgehend nach dem Prinzip des *Learning by Doing*. Das hat auch damit zu tun, dass die systematische Vorbereitung und Einübung in das wissenschaftliche Schreiben an deutschen Universitäten keine Tradition hat. In letzter Zeit entstehen zwar immer mehr Lehrangebote, um dies zu kompensieren, nach wie vor gilt aber, dass Studierende sich das wissenschaftliche Schreiben weitgehend über die selbsttätige Praxis aneignen.

Berufliche Anwendungsbereiche

Trotz der wissenschaftlichen Ausrichtung erwirbt man im Germanistik-Studium Fähigkeiten, die auch jenseits des Faches von Nutzen sind (vgl. I.2, II.5). Neben der Auseinandersetzung mit fachlichen Inhalten fördert die Verfertigung einer Hausarbeit die allgemeine Schreibkompetenz. Weil der Umgang mit dem Material in einer Hausarbeit nicht beliebig ist, sondern sich nach wissenschaftlichen Kriterien bemisst, leitet das studentische Schreiben dazu an, Texte nach bestimmten Anforderungen herzustellen. Die Fähigkeit, beim Verfassen von Texten bestimmte Spielregeln einzuhalten, bietet in der Berufswelt einen nicht zu unterschätzenden Vorteil (zu den Möglichkeiten, das Schreiben zum Beruf zu machen, vgl. Sommer 2006, S. 127–136). Konrad Ehlich weist deshalb zu Recht auf den Zusammenhang zwischen wissenschaftlichem Schreiben und beruflichen Anwendungsbereichen hin: „Die Befähigung, über aus Texten entnommenes Wissen präzise, knapp und unter Konzentration auf die für den jeweiligen Zweck wesentlichen Wissenselemente schriftlich zu berichten, wird in einer Bank, einer Agentur, in einer Verwaltung nicht weniger verlangt und geschätzt als in der Universität" (Ehlich 2000, S. 7).

Erkenntnisgewinn

Darüber hinaus übt man beim germanistischen Schreiben aber auch, kritisch mit anderen und eigenen Positionen umzugehen, indem die Stichhaltigkeit von Argumentationen beständig überprüft und gegebenenfalls modifiziert wird. Die Form der wissenschaftlich orientierten Arbeit verlangt, die eigenen Gedanken in eine nachvollziehbare, von persönlichen Bekenntnissen freie Form zu bringen. So mancher Gedanke, der einem zunächst plausibel erscheint, muss in diesem Prozess möglicherweise verändert oder gar verworfen werden, andere hingegen werden sich bewähren. Dies ist eine teils mühsame, manchmal riskante Prozedur. Sie ist aber auch reich an Erkenntnisgewinn und bildet ein kritisch-analytisches Urteilsvermögen aus. Der Schreibvorgang ist, wenngleich das selbst eine triviale Erkenntnis sein mag, immer auch ein Denkvorgang.

Orientierung an anderen Studierenden

Die Unsicherheit, die entsteht, wenn es als Anfänger darum geht, Wissenschaftlichkeit schwarz auf weiß herzustellen, weckt den Bedarf nach Orientierung. Gesucht werden Vorbilder und Anhaltspunkte, die vor allem die argumentative Struktur betreffen. Naheliegende Hilfe erwarten Studierende naturgemäß von ihren Kommilitonen. Manchmal findet sich jemand aus einem höheren Semester, der eine sehr gut benotete Arbeit geschrieben hat, die man sich ansehen kann. Über das Internet steht zudem eine Vielzahl von Seminararbeiten gegen Bezahlung zur Verfügung. Letztere Möglichkeit wird vor allem dann genutzt, wenn man eine spezielle Themenstellung sucht, die einem selbst Schwierigkeiten bereitet (etwa um zu sehen, ob und wie andere Seminararbeiten sich mit der Rolle von Schopenhauers Philosophie in Thomas Manns *Buddenbrooks* befasst haben). Hausarbeiten anderer Studierender können von Fall zu Fall durchaus eine Hilfe darstellen, insofern sie als Anwendungsbeispiele ein mögliches Ergebnis veranschaulichen. Als Vorbilder sind sie indes nur bedingt tauglich, da sie selbst noch Übungen im wissenschaftlichen Schreiben sind. Hier schreiben keine Experten, die sich über einen längeren Zeitraum mit einem Thema beschäftigt haben und die deshalb den Forschungsstand überblicken, sondern Studierende, die in kurzer Zeit eine Seminararbeit verfasst haben. Nicht zuletzt kann jeder seine Arbeit ohne Selektionskriterien ins Netz stellen, wobei die erlangte Note nicht unbedingt ein Ausweis ihrer Qualität sein muss, weil diese wiederum von den individuellen Erwartungshorizonten eines Dozenten abhängig ist.

Vorbild Zeitschriftenaufsatz

Wonach kann man sich aber dann richten? Insofern die Orientierungsgröße einer Hausarbeit immer der veröffentlichte wissenschaftliche Aufsatz ist, sollten Artikel in germanistischen Fachzeitschriften aufmerksam gelesen werden (vgl. III.1). Gegenüber (käuflichen) Hausarbeiten verfügen diese Arbeiten in der Regel über einen breiteren Wissenshorizont und haben den Vorteil, von mehr als einem Gutachter geprüft worden zu sein. Gegenüber Monographien zeichnen sich Zeitschriftenbeiträge durch ihren überschaubaren Umfang aus, der meist im Bereich einer Hauptseminararbeit liegt. Diese Begrenzung zwingt zu einer Schreibweise, die ohne größere Exkurse auf den Punkt kommt, indem man – analog zu studentischen Arbeiten – eine zentrale Fragestellung verfolgt. Selbstverständlich gibt es auch in diesem Bereich mehr oder weniger gelungene Beispiele wissenschaftlichen

Schreibens. Den meisten Studienanfängern wird zudem eine Einschätzung solcher Artikel schwer fallen. Durch die regelmäßige Kenntnisnahme entwickeln sich aber im Lauf der Zeit eigene Bewertungskriterien für schriftliche Arbeiten. Vor allem sollten ‚professionelle' Aufsätze in Zeitschriften hinsichtlich ihrer Machart und Argumentationsstruktur zur Kenntnis genommen werden. So lernen Studierende, mit verschiedenen Mustern wissenschaftlicher Texte umzugehen und diese gegebenenfalls selbst anzuwenden. Gleichzeitig informiert man sich damit über ein breites Themenspektrum und aktuelle Debatten der Literaturwissenschaft.

Textsortenkompetenz

Generell erwirbt man während des Studiums eine ausgeprägte Textsortenkompetenz, die es einem ermöglicht, Texte aufgrund bestimmter Merkmale in verschiedene Kategorien einzuteilen. Textsortenkompetenz als grundlegendes Unterscheidungsvermögen begegnet im Germanistik-Studium vor allem auf der Ebene literarischer Texte. Ob ein Text zur Lyrik, Dramatik oder Erzählprosa gehört und wie sich diese Gattungszugehörigkeit weiter differenzieren lässt, gehört recht schnell zum Basiswissen von Studierenden. Schwieriger gestaltet sich hingegen die Textsortenkompetenz im Bereich wissenschaftlicher Texte, weil die Analyse der Machart von Zeitschriftenaufsätzen, Dissertationen oder Habilitationsschriften oft nur eine nachgeordnete Bedeutung im Vorlesungs- und Seminarbetrieb hat. Die Sekundärliteratur wird von Studierenden deshalb vorwiegend inhaltlich zur Kenntnis genommen. Für die Verbesserung der Schreibfähigkeit ist es aber nützlich, immer auch auf den sprachlichen Stil, den argumentativen Aufbau und die äußere Form wissenschaftlicher Arbeiten zu achten. Eine solche Aufmerksamkeit schult den Blick für die verschiedenen Gestaltungsmöglichkeiten bei der Textproduktion.

Zeit einteilen

Die für die Germanistik wichtigsten Tätigkeiten, Lesen und Schreiben, erfordern und verbrauchen viel Zeit. Muss dazu noch ein fester Abgabetermin eingehalten werden, geraten Studierende schnell in Zeitnot. Kann man beim Lesen mitunter durch geschicktes Querlesen Zeit einsparen (was man aber, vor allem bei literarischen Texten, tunlichst vermeiden sollte), gestaltet sich das wissenschaftliche Schreiben meist ungleich aufwendiger. Eine Hausarbeit schreiben nur wenige schnell herunter, und den allerwenigsten gelingt dabei eine gute Arbeit. So wird das Schreiben einer Proseminararbeit von 15 Seiten Umfang mindestens zwei Wochen in Anspruch nehmen, realistischer dürften eher vier Wochen sein. Derartige Angaben sind aber nur als Richtwert zu begreifen, letztlich wird die Qualität bewertet. Wie viel Zeit in ein studentisches ‚Werk' investiert wird, bleibt eine individuelle Entscheidung.

Je nachdem, welche Eigenheiten den Schreibprozess prägen, kann die Zeiteinteilung recht unterschiedlich gestaltet sein. Walter Delabar differenziert zwei Schreibertypen: Die Gruppe der ‚stillen Brüter' und diejenigen, die ‚beim Schreiben denken' (Delabar 2009, S. 51). Bei Ersteren geht dem Schreiben ein intensiver Denkprozess voraus, die Niederschrift beginnt erst nach dem Durchdenken des Themas. Bei Letzteren ergibt sich die Endfassung in ständiger Revision und Abgleichung der Formulierungen; sie beginnen mit dem Schreiben früher, revidieren dafür aber umso mehr. In der Praxis lässt sich jedoch auch der ungünstige Fall beobachten, dass jemand sehr lange brütet und dazu noch beim Schreiben langsam vorankommt, da er ständig an seinen Formulierungen feilt. Andere wiederum können sehr schnell viele Seiten produzieren, die aber meist voller Nachlässigkeiten und Wiederholungen sind. Die rasante Texterstellung wird dann mit einem aufwendigen Kürzungs- und Korrekturbedarf bezahlt. Solche ‚Extremfälle' müssen, so banal es klingt, an sich arbeiten und ihrer Neigung bis zu einem gewissen Grad entgegenwirken. Abschaffen kann man sie ohnehin nicht.

Gleich welchem Schreibtypus man zuneigt: Die Zeit, die gebraucht wird, bis eine schriftliche Arbeit abgabefertig vorliegt, sollte man nicht unterschätzen. Themenfindung, Formulierung einer Fragestellung, Sichtung und Eingrenzung von Forschungsliteratur sowie die Niederschrift ergeben einen beträchtlichen Aufwand. Die Erstellung von Zeitplänen zur Einteilung der einzelnen Arbeitsschritte ist nur dann sinnvoll, wenn man seinen persönlichen Arbeitsstil kennt und die Zeiteinteilung daran anpasst.

Kontinuierliches Arbeiten

Die Idealform studentischen Arbeitens ist ein gleichmäßiger Arbeitsfortschritt. Was für das Studium im Allgemeinen gilt, wird beim Schreiben von Hausarbeiten im Besonderen sichtbar. Wenn nichts gelingen will, ist das Nicht-Vorwärtskommen eben an leeren oder unbrauchbaren Seiten ‚ablesbar'. Das Ideal des kontinuierlichen Arbeitens wird im Schreibprozess auf eine besonders harte Probe gestellt. Arbeitet man über einen längeren Zeitraum auf sich allein gestellt an einem Text, lassen sich Unterbrechungen, Stockungen und Revisionen nicht vermeiden. Bereits die Anknüpfung an das Geschriebene vom Vortag fällt manchmal schwer, was oft zu Aufschub oder Zerfaserung der Textproduktion führt (vgl. VII). Begegnen lässt sich diesem Problem, zumindest in der vorlesungsfreien Zeit, durch die Einhaltung fester Arbeits- und Pausenzeiten. Wer es schafft, an fünf Tagen in der Woche von 9–13 Uhr und von 14–17 Uhr ungestört an seiner Arbeit zu sitzen, kann klar zwischen Arbeit und freier Zeit trennen, hat also nicht ständig das Gefühl, dass er jetzt eigentlich etwas anderes zu tun hätte. Zusätzlich macht man sich damit weniger abhängig von seiner eigenen Stimmungslage, überlegt also nicht jeden Morgen, ob man heute Lust aufs Arbeiten hat, sondern kann auch an ‚schlechten Tagen' weitermachen.

Nützliche Unterbrechungen

Unterbrechungen sind auch für disziplinierte Studierende Bestandteil des Schreibprozesses. Entscheidend ist, dass aus Unterbrechungen keine Blockaden entstehen. Steckt man dennoch im schreibtechnischen Stau, muss man sich zu behelfen wissen, beispielsweise indem die Stauung gleichsam umfahren wird: Kommt man also bei der Fortführung eines Kapitels nicht voran, schreibt man besser an einem anderen Teil weiter oder widmet sich einem anderen Arbeitsschritt. Kommt man später wieder auf das unterbrochene Kapitel zurück, haben sich die Formulierungsschwierigkeiten oft aufgelöst. Besteht das Problem dagegen eher darin, dass es einem immer wieder schwer fällt, mit dem Schreiben zu beginnen, kann man sich durch die Schaffung von Übergängen behelfen: etwa indem man absichtlich mitten im Abschnitt oder Satz zu schreiben aufhört. Am nächsten Tag fällt es dann leichter, den Text fortzusetzen, als wenn man mit einem neuen Abschnitt beginnt.

Das Phänomen der nützlichen Unterbrechung wurde bereits 1927 von der russischen Psychologin Bluma Zeigarnik erkannt. Sie konnte experimentell zeigen, dass unerledigte Handlungen besser im Gedächtnis bleiben. Zurückgeführt wird der sog. ‚Zeigarnik-Effekt' darauf, dass abgeschlossene Handlungen entspannend wirken, während bei Unerledigtem Restspannungen verbleiben. Solch eine positive Form der Anspannung lässt sich allerdings nur dann nutzen, wenn sie innerhalb eines ordentlichen Rahmens stattfindet. Die erfolgreiche Organisation der Schreibarbeit hängt also entscheidend davon ab, inwieweit es Studierenden gelingt, eine produktive Balance zwischen Anspannung und Entspannung zu finden.

Arbeiten im Bachelor-Studium

Im Bachelor-Studium wird zwischen Pro- und Hauptseminararbeiten unterschieden. Proseminararbeiten haben einen Umfang von 10–15 Seiten, während eine Hauptseminararbeit etwa 20–25 Seiten umfasst. Die formalen Vorgaben sind an vielen Universitäten nach den Richtlinien der jeweiligen Institute geregelt. Ist dem nicht so, kann man sich stattdessen an die einführende Literatur zu literaturwissenschaftlichen Arbeitstechniken halten (z.B. Moennighoff/Meyer-Krentler 2005, Delabar 2009). In jedem Fall sollte man sich diese Vorgaben frühzeitig beschaffen und nicht damit warten, bis die erste Arbeit vor der Tür steht. Die Lektüre eines solchen Hausarbeits-Leitfadens zeigt schnell die wichtigsten Regeln auf und erlaubt es zudem von Studienbeginn an, den Angaben in der Forschungsliteratur bei Bedarf nachzugehen, weil man die Systematik hinter den teilweise kryptisch anmutenden Hinweisen versteht. Als Einstieg ins wissenschaftliche Schreiben wird in Proseminararbeiten ein besonderes Augenmerk auf das Bibliographieren gelegt. Das korrekte Zitieren und die Erstellung eines Literaturverzeichnisses gehören zum Handwerkszeug der Germanistik. Prinzipiell ist alles nachweispflichtig, was nicht vom Studierenden selbst stammt. Die Formvorgaben gewährleisten die Nachprüfbarkeit der verwendeten Zitate, und die Angabe der verwendeten Forschungsliteratur gibt Auskunft über die Rechercheleistung. Verlangt wird hierbei nicht, möglichst viel Literatur anzugeben, sondern je nach Niveau der Arbeit die wichtigste Sekundärliteratur zu berücksichtigen (ungefährer Richtwert für Proseminararbeiten sind 10 bis 15, bei Hauptseminararbeiten 15 bis 25 Titel).

Fragestellung

Am Beginn jeder Arbeit steht die Entwicklung einer Fragestellung. Dies ist der erste Schritt zur Eingrenzung des Themas. Behandelt man einen literarischen Text, etwa Irmgard Keuns *Das kunstseidene Mädchen*, so kommt es bei der Formulierung einer Fragestellung darauf an, den Text unter einer bestimmten Perspektive zu untersuchen, die verdeutlicht, warum man diesen Text bearbeitet und was einen an diesem Text interessiert: Man kann sich im gegebenen Fall für die Rolle der Neuen Frau in der Weimarer Republik interessieren, aber auch untersuchen, in welcher Weise die neue Populärkultur dieser Zeit (wie das Kino) sich stilistisch in diesem Roman niederschlägt. Nicht zuletzt wäre eine Fragestellung denkbar, warum diese neuartige Literatur junger Frauen in einer urbanen Lebenswelt erst vergleichsweise spät in der Literaturwissenschaft und im Schulunterricht Aufmerksamkeit fand.

Mit Themenstellungen dieser Art wirkt man der Neigung entgegen, Themen möglichst allgemein anzugeben. In Gesprächen von Studierenden ist immer wieder zu hören, dass sie gerade eine Arbeit zu einer Epoche, zu einem Autor oder zu einem Text schreiben. Was letztlich genau im Zentrum der Hausarbeit stehen soll und wie dabei vorgegangen wird, werde sich dann noch ergeben. Ein solch loses Abstecken des Themas hat zwei gravierende Nachteile: Erstens ergibt sich ein Thema genauso wenig von selbst wie eine Fragestellung, sondern erst durch die selbständige Konstruktionsleistung des Studierenden. Zweitens ist die Hoffnung trügerisch, dass sich ein Gegenstand, zumal im Umfang von Pro- und Hauptseminararbeiten, annähernd erschöpfend bearbeiten lässt. Selbst bei einem relativ kurzen Roman wie *Das kunstseidene Mädchen* wird dies nicht gelingen. Die Sorge, dass man bei einem zu eng gewählten Thema nicht genug zu schreiben hat, ist übrigens völlig unbegründet, denn aus jedem noch so kleinen Problem ergeben sich Folgeprobleme und Anschlussmöglichkeiten an weitere Aspekte. Entscheidend für den Erfolg ist es also, sich selbst auf das eigene Erkenntnisinteresse seiner Hausarbeit zu befragen: Was will ich selbst wissen oder aufgrund meiner bisherigen Kenntnisse vom Gegenstand herausbekommen? Warum ist diese Fragestellung bei diesem Gegenstand relevant? In welcher Hinsicht ist sie relevant: in eher methodischer oder eher literaturgeschichtlicher Hinsicht oder doch eher im sozial- und medienkulturgeschichtlichen Kontext?

## 2. Der Aufbau einer Hausarbeit

Orientierungspunkte

Eine Haus- oder Abschlussarbeit folgt in ihrem Aufbau einem gleichbleibenden Schema. Dies bietet den Vorteil, dass man sich über die formale Struktur nicht unnötig den Kopf zerbrechen muss und sich stattdessen auf die begründete Entfaltung seines Themas konzentrieren kann. Im Grundstudium sollen Studierende zunächst zeigen, dass sie die äußere Form beherrschen und mit ihr umgehen können. Mit einer reinen Schemaerfüllung ist es freilich nicht getan, denn die Formalien geben lediglich Orientierungspunkte oder ‚Wegmarkierungen' für eine zielgerichtete Begründung der eigenen Arbeit vor. Um im Bild zu bleiben: Ähnlich wie bei einem Orientierungslauf dienen solche Vorgaben als Kontrollpunkte, die bei ansonst freier Routenwahl angelaufen werden müssen. Das Einhalten solcher Spielregeln mag Studierenden zuweilen lästig erscheinen, letztlich wird dadurch aber ein zielloses Umherirren im germanistischen Gelände verhindert. Zu den festen Bestandteilen einer Arbeit gehören deshalb:

- Titelblatt
- Inhaltsverzeichnis
- Einleitung
- Hauptteil mit Unterkapiteln
- Schluss
- Literaturverzeichnis

Titelblatt

Der Titel ist Bestandteil eines Deckblatts, das außerdem Angaben zur Institution, zum Semester, zu Seminar und Seminarleitung sowie zum Verfasser der Arbeit enthält. Unterschieden wird ein Haupt- und ein Untertitel. Mit dieser Zweiteilung kann man Thema und Fragestellung differenziert darstellen. Hausarbeiten können jedoch auch mit einem Titel auskommen, der dann notwendig thematisch begrenzt ist. Erkennbar sollte durch den Titel in jedem Fall werden, welche Fragestellung man verfolgt. Wichtig ist, dass man sich zunächst einen Arbeitstitel wählt, der über das Thema bzw. den Gegenstand der Untersuchung informiert. Ein Arbeitstitel sollte zwar aussagekräftig, aber nicht zu eng gewählt werden, da während des Schreibens häufig Umstellungen und/oder Konkretisierungen vorgenommen werden. So erlaubt etwa der Titel *Die Rolle des Katholizismus in Ludwig Tiecks Dramen* problemlos nachträgliche Anpassungen: sei es, weil sich herausstellt, dass die Arbeit gar nicht so sehr auf den Katholizismus, sondern eher auf überkonfessionelle religiöse Aspekte Bezug nimmt (dann besser *Die Rolle der Religion in Ludwig Tiecks Dramen*); sei es, weil eben nicht das gesamte dramatische Werk behandelt wird, sondern hauptsächlich nur ein Text, beispielsweise das Legendendrama *Leben und Tod der heiligen Genoveva* (dann besser *Die Rolle des Katholizismus in Ludwig Tiecks ‚Leben und Tod der heiligen Genoveva'*). Bei der endgültigen Festlegung des Gesamttitels kann der sachbezogene Arbeitstitel dann als Untertitel verwendet werden. Der Haupttitel darf dann eher spielerisch ausfallen, wenngleich er auf die Fragestellung beziehbar bleiben muss. Mit einem Haupttitel wie *Zwischen Andacht und Spiel* verweist man dann auf die Problematik, dass Tiecks *Genoveva* in der Forschung kontrovers diskutiert wird. Einerseits kann man das Drama als katholische Propaganda mit den Mitteln der Literatur profilieren, andererseits gibt es Gründe dafür, dass es sich hierbei ‚nur' um die Darstellung einer glorreichen, aber eben nicht mehr realgeschichtlich wiederherstellbaren Vergangenheit handelt. Wie auch immer man sich entscheidet, der endgültige Titel sollte in engem Bezug zum Inhalt der Arbeit stehen und nur das ankündigen, was die Ausführungen dann auch maßgebend bestimmt.

Inhaltsverzeichnis

Das Inhaltsverzeichnis führt alle Überschriften der fertigen Arbeit mit der jeweiligen Seitenangabe auf. Es soll autonom lesbar sein, d.h. das schrittweise Vorgehen sollte bereits aus der Gliederung heraus transparent werden. Einem routinierten Leser (sprich dem Dozenten, der den Text begutachtet) dient die Gliederung als erster Zugang zur Struktur einer schriftlichen Arbeit. Aus ihr wird zudem ersichtlich, welche Texte in welchem Teil behandelt werden. Wie beim Titel ist es auch hier angeraten, mit einer vorläufigen Variante zu arbeiten, die nach und nach angepasst wird. Die Überschriften werden über eine Dezimalgliederung (1; 1.1; 1.2; 1.2.1 usw.) in sinnvoll abgestufte Über- und Unterkapitel sortiert (was auch heißt, dass auf 1.1 wenigstens 1.2 folgen muss). Bei einer Arbeitsgliederung sollte die Einteilung nicht zu grob gewählt werden. Eine eher kleinteilige Struktur hat den Vorteil, dass ‚Umbauten' leichter vorgenommen werden können, ohne das Gesamtkonzept komplett zu verändern. Besteht die Gliederung dagegen nur aus drei gleichrangigen Hauptpunkten, hat man deutlich weniger Spielraum für Modifikationen.

Eine Gliederung in Form eines möglichen Inhaltsverzeichnisses ist übrigens eine konstruktive Grundlage für eine Vorbesprechung der Arbeit mit dem jeweiligen Dozenten. Etwaige Skrupel ob der Skizzenhaftigkeit müssen dazu selbstverständlich zurückgestellt werden. In diesem Stadium, also in der Regel nach einem bereits gehaltenen Referat und gegen Ende des Semesters, ist man erfahrungsgemäß in das Seminarthema so weit eingearbeitet, dass man anhand einer verhältnismäßig abstrakten Form wie der Gliederung bereits das konkrete Vorgehen diskutieren kann.

Einleitung

Während man ein mündliches Referat gerne mit einem Beispiel beginnt, um davon ausgehend zu allgemeineren Befunden überzuleiten, ist die Einleitung einer schriftlichen Arbeit gewöhnlich genau umgekehrt angelegt: Statt über ein induktives Vorgehen vom Besonderen aufs Allgemeine zu schließen, wird am Beginn der Arbeit meist deduktiv verfahren, also vom Allgemeinen aufs Besondere geschlossen (Moennighoff/Meyer-Krentler 2005, S. 13). Die abstrakte Anlage der Einleitung ermöglicht einen übersichtlichen Aufbau der Arbeit. Angebracht sind an dieser Stelle knappe und präzise Formulierungen. Ausführliche Erläuterungen gehören in den Hauptteil. Es geht hier auch nicht darum, Andeutungen und vage Hinweise auf das Kommende einzustreuen, um beim Leser Spannung zu erzeugen. Die Einleitung zeichnet sich vielmehr durch ihren hinführenden Charakter aus. In ihr wird die Fragestellung der Arbeit erläutert und keine Inhaltsangabe gegeben. Verkürzt gesagt legt die Einleitung dar, was unter welcher Fragestellung wie behandelt wird. Dazu gilt es zu klären:

- womit sich die Arbeit beschäftigt (Gegenstandsbezug)
- welche Ziele sie inwieweit verfolgt (Zielsetzung/Reichweite)
- welches Instrumentarium angewandt wird (Methodik)
- wie dabei schrittweise vorgegangen wird (Aufbau)

Um diese Punkte sinnvoll erläutern zu können, muss die Arbeit eigentlich schon größtenteils abgeschlossen sein. Die ganze Einleitung erst am Schluss zu schreiben, ist aber nur bedingt sinnvoll, da die Gesamtanlage der Arbeit über diese Fragen ja ganz entscheidend erschlossen und strukturiert wird. Auch hier empfiehlt es sich, mit einer vorläufigen Fassung zu arbeiten, die revidiert und angepasst werden kann.

Hauptteil mit Unterkapiteln

Im Hauptteil wird die eingangs skizzierte Problemstellung entfaltet. Wichtig ist, dass man seine Ausführungen immer wieder an die Ausgangsfragestellung anbinden kann. Während man sich also gewissermaßen in die Tiefe des Themas hinab lässt, beispielsweise bei der detaillierten Analyse einer bestimmten Textstelle, sollte man sich über den Weg, der bereits zurückgelegt wurde, stets im Klaren sein. Für die Absicherung der Argumentation ist zunächst eine sinnvolle Untergliederung in Haupt- und Unterpunkte mit aussagekräftigen Überschriften nötig. Dadurch wird sichtbar, auf welcher Ebene der Arbeit man sich jeweils befindet. Zudem wird die Anbindung an die Fragestellung durch die Formulierung von Zwischenergebnissen erleichtert. Dafür können an den Kapitelenden Details zusammengefasst und auf die Fragestellung zurückbezogen werden. Mit Vorsicht zu genießen ist allerdings der Gebrauch von Verweisen. Bemerkungen, die darauf hinweisen, wo etwas bereits behandelt wurde oder noch behandelt werden soll, sollten in kürzeren Arbeiten, wie sie im Studium vor einer größeren Abschlussarbeit verlangt werden, allenfalls sparsam eingesetzt werden („Das Problem wurde bereits im ersten Teil der Arbeit erläutert" / „Wie im folgenden Kapitel zu sehen sein wird"/„Genauer wird dieser Frage in 3.1.2 nachgegangen"). Vor allem der ‚Ankündigungsstil' deutet auf einen undurchdachten Aufbau der Arbeit hin. Argumentative Problemstellungen, die sich im Text ergeben, sollten möglichst dort geklärt werden, wo sie auftauchen und nicht auf kommende Abschnitte verschoben werden. Für die kurze Erläuterung des Vorgehens ist die Einleitung ohnehin der geeignetere Ort.

Neben diesen wegweisenden Markierungen muss die Argumentation auch in sich strukturiert und folgerichtig sein. Deutlich sollte sein, welche Abschnitte welchen Zweck verfolgen, ob es sich also um einen beschreibenden, erklärenden oder die Forschung bewertenden Abschnitt handelt. Dabei muss das Verhältnis von Fremd- und Eigenanteilen erkennbar bleiben: zum einen dadurch, dass kenntlich gemacht wird, wo übernommene Anteile beginnen und enden, zum anderen durch das Herausarbeiten des eigenen Gedankengangs.

Schluss

Der Schlussteil nimmt eine Kontrollfunktion für die Hausarbeit ein. Hier werden die Ergebnisse der Arbeit in Bezug zur ausgehenden Fragestellung präsentiert, indem gezeigt wird, was geklärt wurde (Zusammenfassung), welche Schlussfolgerungen daraus zu ziehen sind (Fazit/Ergebnis) und wo eventuell eine weiterführende Perspektive eingenommen werden kann (Ausblick). In erster Linie kommt es darauf an, ein Fazit der gesamten Arbeit zu ziehen, das erkennen lässt, inwieweit sich die Voraussetzungen der Arbeit (Fragestellung/Thesen) bestätigt haben. Dagegen wird ein Ausblick, der die eigene Studie in einen größeren Zusammenhang stellt, im Schlussteil nicht zwingend erwartet. Ein Ausblick bietet jedoch die Gelegenheit, weitergehende Bearbeitungsmöglichkeiten des Themas anzudeuten, die im begrenzten Rahmen einer Hausarbeit nicht ausgeführt werden konnten.

Literaturverzeichnis

Das Literaturverzeichnis enthält alle in der Arbeit direkt und indirekt zitierten Werke in alphabetischer Reihenfolge. Getrennt wird prinzipiell nach Primär- und Sekundärliteratur, gegebenenfalls noch unterschieden zwischen genuin literarischen Texten und weiteren Quellen (wie etwa Briefen, poetologischen Texten u.a.). Nachzuweisen sind dabei nur Beiträge, die auch tatsächlich in die Argumentation eingegangen sind. Studierende neigen gelegentlich dazu, den Wert ihrer Arbeit durch ausführliche Literaturlisten anzuheben. Wenn sich dabei aber herausstellt, dass ein Großteil der aufgeführten Literatur nicht wirklich in die Argumentation eingegangen ist, wird der Dozent den Eindruck gewinnen, dass man eben nur Eindruck schinden wollte. Selbst wenn Dozenten tatsächlich nicht alle Forschungsbeiträge zum Thema kennen sollten (was durchaus die Regel ist), so können sie doch einschätzen, was es mit der aufgeführten Literatur auf sich hat und ob diese Eingang in die Argumentation der Arbeit gefunden hat. Wer dann wiederum bei seiner Arbeit den Eindruck hat, er habe zu wenig Literatur anzugeben, hat möglicherweise den Fehler begangen, die tatsächlich vorhandene Forschung nicht vollständig recherchiert zu haben (vgl. III.2). Auch das wäre ein Kritikpunkt, der in die Beurteilung der Arbeit eingeht.

Korrekturen

Wenn die Rohfassung der Hausarbeit fertig ist, macht sich Zufriedenheit breit. Die Korrektur erscheint als mehr oder weniger formaler Akt, bei dem nur noch Kleinigkeiten verändert und Fehler in Rechtschreibung und Zeichensetzung behoben werden. Dies ist auch insofern verständlich, als die aufwendigsten Teile der Textproduktion bewältigt sind, man also der Redensart nach ‚über den Berg' ist. Bei der Endredaktion kann allerdings noch eine erhebliche Verfeinerung des Rohzustandes erreicht werden. Dazu ist genügend Zeit vor etwaigen Abgabeterminen einzuplanen. Redigiert man seine Texte selbst, ist es ratsam, die Texte einige Tage ruhen zu lassen, bevor man sich an die Überarbeitung macht. Noch besser ist es, die Texte zudem von anderen korrigieren zu lassen, die einen unbefangeneren Blick haben und mit deren Kritik man konstruktiv umgehen kann. Übernimmt man wiederum selbst für andere das Korrekturlesen, verbessert man seine eigene Aufmerksamkeit für Fehler und Fehlerquellen.

In jedem Fall ist zwischen einer inhaltlichen und einer formalen Korrektur zu unterscheiden. Das Lesen nach Sinn und das Lesen auf orthographische Richtigkeit sind möglichst voneinander zu trennen. Verschreibungen und falsche Zeichensetzung treten deutlicher hervor, wenn nicht gleichzeitig der inhaltliche Zusammenhang eines Satzes erfasst werden muss. Ob die Korrekturen auf einem Ausdruck oder über die Änderungs- und Kommentarfunktion des Textverarbeitungsprogramms vorgenommen werden, hängt von den eigenen Sehgewohnheiten ab. Die Korrektur auf Papier empfiehlt sich jedoch als erster Schritt. Da die Arbeit am Computer erstellt wird, hat ein Ausdruck den Vorteil, einen ‚neuen Blick' auf den Text zu erzeugen, außerdem ist die Textseite besser zu übersehen als am Bildschirm. Erst nachdem der Text mindestens einmal auf einem Ausdruck überarbeitet worden ist, sollte man dazu übergehen, weitere Veränderungen nur noch am Bildschirm vorzunehmen. Die Korrekturfunktion innerhalb einer Textverarbeitung hat den Vorteil, dass es leichter ist, mehrere Bearbeiter zu unterscheiden. Zudem können neben formalen Änderungen auch ausführliche Kommentare angebracht werden, ohne dass dazu Extrablätter notwendig werden.

Konzeption einer Abschlussarbeit

Im Studienverlauf wächst auch der Umfang schriftlicher Arbeiten. Der Unterschied zwischen einer recht überschaubaren Seminararbeit von 10–25 Seiten und einer BA-Abschlussarbeit von bis zu 40 Seiten ist in der Regel noch gut zu bewältigen. (Die geforderten Umfänge können je nach Studien- und Prüfungsordnung variieren.) Spätestens eine Masterarbeit von etwa 80 Seiten ist aber nicht nur mit einem quantitativen, sondern auch mit einem qualitativen Sprung verbunden. Hier geht es nicht darum, einfach alles ausführlicher als bisher zu behandeln oder die Aufgabe durch das ‚Zusammenkleistern' mehrerer Seminararbeiten zu bewältigen. Vielmehr muss nun die Konzeption der Themenstellung so verändert werden, dass sich der größere Umfang auch in einer komplexeren bzw. vielschichtigen Organisation des Textes niederschlägt.

Variable Disposition

Das Erstellen einer vorläufigen Gliederung erlaubt die variable Strukturierung eines Themas. Dieser Arbeitsplan muss zu Beginn keinesfalls perfekt sein. Sein Zweck besteht schließlich darin, ständige Veränderungen zuzulassen und die angepeilte Gesamtkonstruktion kritisch zu diskutieren. In seiner endgültigen Form bildet die Gliederung das Inhaltsverzeichnis der Arbeit. Ein Inhaltsverzeichnis soll darüber informieren, wie die Arbeit aufgebaut ist, welche Punkte welchen Raum beanspruchen und welche Gegenstände (Werke, Autoren, Theorien) wie und wo behandelt werden. Das Vorgliedern als Strukturierungsmethode lässt sich schon bei Seminararbeiten anwenden. Erfahrungsgemäß kann man umso besser ‚ins Blaue' hineinplanen, wenn man einschätzen kann, wie sich die eigene Vorausplanung in der Umsetzung bewährt hat. Aus den Erfahrungswerten, die man im Studium erworben hat, lassen sich einigermaßen zuverlässige Einschätzungen für die Realisierbarkeit einer Gliederung abgegeben. Um diese Erfahrungswerte zu präzisieren, empfiehlt es sich, die Gliederungsentwürfe der eigenen Seminararbeiten im Laufe des Studiums auf dem Computer oder auf Papier zu archivieren. Im Abgleich mit den endgültigen Inhaltsverzeichnissen kann so leichter festgestellt werden, wo die Planung aufgegangen ist und wo wiederkehrende Probleme auftreten.

Exposé

Der Nutzen einer Planung, die sich – sonst wäre sie ja keine Planung – durch ihren Entwurfscharakter auszeichnet, ist für Studierende nicht immer einsichtig. Es erscheint paradox, die schrittweise Entwicklung einer schriftlichen Arbeit anzugeben, bevor man sie durchgeführt hat. Ohne Vorausplanung ist jedoch eine sinnvolle Einteilung kaum möglich. Erst dadurch wird der Aufbau des eigenen argumentativen Gerüsts deutlich. Für die Konzeption einer Abschlussarbeit ist darum die Erstellung eines Exposés hilfreich, in dem die eigene Planung ausgeführt wird. Damit übt man sich übrigens auch in eine Textsorte ein, die bei Anträgen auf Stipendien relevant ist. Hierzu kann man sich bereits bei einer Magisterarbeit an Ulrich von Alemanns Vorschlag zur Erstellung eines Dissertationsexposés orientieren (Alemann 2006). Sieben wichtige Punkte sollte ein Exposé demnach umfassen:
- Problembereich
- Forschungsstand
- Fragestellungen
- Methoden
- Materialzugang
- Arbeitsplan
- ausgewählte Literatur

Sich dazu zu zwingen, ein Exposé zu schreiben, hat den Vorteil, sich über Aufbau und Struktur der eigenen Argumentation klar zu werden, weil damit im Grunde genommen die ganze Arbeit in knapper Form konzipiert wird (ohne dass man sich gezwungen fühlen müsste, jeden Aspekt dann auch tatsächlich so einzuhalten). Ein Exposé gliedert die eigenen Gedanken; man erkennt dabei schnell Lücken in der Argumentation, aber auch, was man sinnvollerweise weglassen könnte. Nicht zuletzt stellt sich nach der Fertigstellung der Eindruck ein, das Thema nun doch besser bewältigen zu können, weil man sich Klarheit über die Architektur der eigenen Arbeit verschafft hat.

## 3. Meinung und Objektivität: Das Problem der Positionierung

Eigenständige Argumentation

Für das studentische Schreiben hat die Erfüllung der formalen Anforderungen oberste Priorität. Richtiges Zitieren und die korrekte Darstellung eines Literaturverzeichnisses zeigen bei einer Hausarbeit an, ob sie wissenschaftlichen Standards entspricht. Die eigene Meinung und die Originalität der Aussagen hingegen treten in den Hintergrund. In Hausarbeiten geht es schließlich zuerst um die Einübung der wissenschaftlichen Form. Streng genommen wird erst bei einer Doktorarbeit ein Beitrag zur Weiterentwicklung der Wissenschaft erwartet. Dennoch sind Studienarbeiten keine reine Wiederholung von bereits vorliegenden Fakten, Theorien und Interpretationen. Eine eigenständige Argumentation wird auch dort immer verlangt. Die von

Dozenten und Prüfern eingeforderte Originalität ist allerdings, wie Roy Sommer richtig bemerkt, „ein äußerst vages Kriterium, über das sich Studierende zu Recht oft den Kopf zerbrechen" (Sommer 2006, S. 22).

Der Grad an Eigenständigkeit ist also tatsächlich schwer zu bestimmen. Er hängt z.B. stark davon ab, welches Erkenntnisinteresse mit einer Arbeit verfolgt wird. Wird etwa eine literaturgeschichtliche oder wissenschaftliche Debatte behandelt, kommt es zunächst darauf an, diese auch in ihrem Verlauf präzise aufzubereiten. Als Verfasser solch einer Arbeit wird von einem aber nicht verlangt, sich einer Position dezidiert anzuschließen. Unangebracht sind deshalb auch persönliche Schluss-Statements, wie sie noch in Schulaufsätzen vorkommen („Ich bin persönlich dafür / dagegen, dass…"). Demgegenüber bietet die Interpretation literarischer Texte größeren (aber nicht beliebigen) Freiraum, um einen eigenständigen Ansatz zu entwickeln. Die Eigenständigkeit wird zudem davon abhängen, wie stark der behandelte Gegenstand bereits erforscht ist. Wer sich zu Lessings *Minna von Barnhelm* oder Goethes *Die Wahlverwandtschaften* äußert, muss erst einmal berücksichtigen, dass es zu diesen Texten eine große Zahl an Forschungsliteratur gibt. Wer dagegen ein Seminar zur Gegenwartsliteratur besucht und anschließend über Uwe Tellkamps *Der Turm* aus dem Jahr 2008 schreiben will, muss zwangsläufig stärker eigenständig (wenn auch nicht frei) argumentieren, weil momentan nur sehr wenig Forschung zu Text und Werk vorliegt. Dieser relative Freiraum kann sich ebenso gut als Vorteil wie als Nachteil erweisen. Entscheidend für die Bewertung ist aber nicht, ob ein kanonischer Text oder neueste Literatur behandelt wird, von Belang ist vielmehr der angemessene Umgang mit diesem Umstand selbst.

Differenzierung

Die Eigenständigkeit der Argumentation beginnt recht unspektakulär bereits beim differenzierten Umgang mit dem Fachwissen. Das Differenzierungsvermögen wird erkennbar, wenn die Arbeit selbst Rechenschaft über die Verwendungsweise ihrer Begriffe ablegt. Diese Erläuterungen müssen nicht ständig und in jedem Fall erfolgen. Ist aber beispielsweise der Begriff der Intertextualität, also der Bezug zwischen einem Text und einem anderen Text, für die Fragestellung zentral, stellt man seine literaturwissenschaftliche Zuständigkeit auch dadurch unter Beweis, dass man aufzeigt, welches Begriffsverständnis in der Arbeit verfolgt wird. Um sich selbst Klarheit über die Definition und Dimension eines Begriffes zu verschaffen, konsultiert man Fachlexika wie das dreibändige *Reallexikon der deutschen Literaturwissenschaft*, die einen Begriff auf mehreren Ebenen erläutern (vgl. III.1, IV.3).

Im Falle der Intertextualität gibt es – wie auch in anderen Fällen – unterschiedliche, teils sogar gegensätzliche Auffassungen. Vereinfacht sieht dieser Gegensatz so aus: Die poststrukturalistisch geprägte Position geht davon aus, dass jeder Text, ob nun literarisch oder nicht, grundsätzlich intertextuell verfasst ist und somit immer auf andere Texte verweist oder ‚Spuren' anderer Texte enthält. Diesem globalen Verständnis steht eine engere Auffassung von Intertextualität entgegen, die den Begriff nur dann verwendet, wenn ein Bezug relativ eindeutig nachweisbar ist und auf einen konkreten anderen Text oder eine andere Textgattung bezogen werden kann. Wer sich in seiner Arbeit einer einzelnen Romananalyse widmet, wird sich wohl eher für den engeren Intertextualitätsbegriff entscheiden. Im Grunde übernimmt man dann nur eine vorliegende Definition. Eine Positionierung ergibt sich also allein dadurch, dass man sich zwischen mehreren Möglichkeiten entscheidet. Indem man begründet, warum man gerade diese Begriffsbestimmung und nicht die konkurrierende Variante wählt, klärt und präzisiert man die Voraussetzungen des eigenen Vorgehens.

Gemeinsamkeiten erkennen

In enger Beziehung dazu steht die Darstellung aufeinander bezogener Forschungsmeinungen in einer Hausarbeit. Studierende kommen häufig nicht damit zurecht, dass gerade in den Literatur- und Kulturwissenschaften ein ausgeprägter Methoden- und Meinungspluralismus die Regel und nicht die Ausnahme ist. Nicht immer lassen sich Positionen derart klar wie im obigen Beispiel auseinanderhalten. Generell ist es darum nötig, dass die in Frage stehenden Positionen zuerst möglichst neutral und korrekt zusammengefasst werden, bevor man dazu Stellung bezieht. Eine überzeugende Positionierung bedeutet nicht, sich einer Meinung rückhaltlos anzuschließen, sondern eine begründete Abwägung vorzunehmen. In vielen Fällen ist es daher ratsam, den gemeinsamen Bezugspunkt verschiedener Meinungen zu verdeutlichen und auf dieser Basis selbst zu einer Entscheidung zu gelangen. Diese sollte nicht bloß subjektiv sein, sondern anhand der diskutierten Argumente so untermauert werden, dass die Entscheidung für andere nachvollziehbar wird.

Methodenbewusstsein demonstrieren

Methoden dienen dem wissenschaftlichen Vorgehen, indem sie ein Instrumentarium anbieten, über das Texte und Gegenstände erschlossen werden. Wer über ein reflektiertes Methodenbewusstsein verfügt, kann sich leichter im wissenschaftlichen Feld verorten. Wie Wolfgang Binder bemerkt hat, ist eine Methode als „ein geregelter und seiner Regel bewußt folgender Weg" zu verstehen. „Die doppelte Formulierung ist nötig; denn eine Billardkugel geht auch einen geregelten Weg, aber sie weiß nichts von der Regel ihres Weges" (Binder 1972, S. 254). Wer nicht zum bewusstlosen Spielball werden will, muss also erst einmal einen Überblick über die Methoden der Germanistik und ihre Regeln gewinnen. Eine gute Zusammenfassung liegt beispielsweise in der von Jost Schneider herausgegebenen *Methodengeschichte der Germanistik* (2009) vor. Anwendungsorientierter sind hingegen Aufsatzsammlungen, die anhand eines literarischen Textes demonstrieren, wie dieser Text nach Maßgabe einer Methode, also etwa der Hermeneutik, der Psychoanalyse oder des Strukturalismus interpretiert bzw. analysiert werden kann. So kann in einem von Oliver Jahraus und Stefan Neuhaus verantworteten Band exemplarisch gezeigt werden, wie Franz Kafkas Erzählung *Das Urteil* nach zehn verschiedenen Methoden untersucht werden kann und worauf dabei jeweils zu achten ist (Jahraus/Neuhaus 2002). Auf diese Weise hat man neben einer Einführung in die Methode zugleich eine konkrete Anwendung vorliegen.

Wie auch immer die eigene Positionierung bei der Wahl der Methodik letztlich gelöst wird, entscheidend ist jedenfalls nicht, dass man auf das sprichwörtlich richtige Pferd setzt, sondern dass die Methodik in Bezug auf den Gegenstand begründet wird. Es muss auch für diejenigen, die der angewandten Methode skeptisch gegenüberstehen, erkennbar und transparent bleiben, unter welchen Voraussetzungen gearbeitet wird.

Fußnoten nutzen

Nicht jedes Für und Wider muss im Haupttext ausführlich erläutert werden. Handelt es sich um einen Nebenaspekt der Argumentation oder um ein im Haupttext nicht weiter verfolgtes Detail, lässt sich die Diskussion darüber auch in den Anmerkungsteil verlegen. Fußnoten dienen keineswegs nur dem Stellennachweis von Zitaten oder Paraphrasen, sie bieten darüber hinaus auch Gelegenheit zur knappen Auseinandersetzung mit der Forschung. Vor allem lässt sich dadurch vermeiden, dass der Haupttext mit zu vielen Einschüben und Nebenbemerkungen überfrachtet wird, wodurch letztlich seine Verständlichkeit leiden würde und der rote Faden der Arbeit nur schwer im Auge bliebe. Wer also zur Sache, aber nicht zur Hauptsache gehörendes Material einarbeiten und kurz kommentieren will, kann den Fußnotentext dazu nutzen. Zur wissenschaftlichen Selbstverortung eignet sich dieses Mittel etwa dann, wenn konträre Forschungspositionen voneinander abgegrenzt werden sollen. Anschließend an das obige Beispiel der Intertextualität könnte eine Fußnote in einer Seminararbeit lauten:

> [1]Hierbei sei auf die These von Matias Martinez verwiesen, nach der eine hochgradige Intertextualität die Autorposition nicht zum Verschwinden bringt, sondern im Gegenteil Autorschaft als Differenzkriterium hervorhebt. Vgl. Matias Martinez: Autorschaft und Intertextualität. In: Rückkehr des Autors. Zur Erneuerung eines umstrittenen Begriffs, hg. von Fotis Jannidis, Gerhard Lauer, Matias Martinez, Simone Winko, Tübingen 1999, S. 465–479. Im Sinne eines weitgefassten Intertextualitätsbegriffs argumentiert dagegen Moritz Baßler: Die kulturpoetische Funktion und das Archiv. Eine literaturwissenschaftliche Text-Kontext-Theorie, Tübingen 2005, S. 79–85.

Selbstverständlich ist auch der umgekehrte Positionsbezug möglich. Wie so oft ist auch bei den Anmerkungen Maßhalten angesagt: Der Fußnotenteil darf nicht zu einer Art Abfallhalde verkommen, auf der einfach alles, was im Rechercheprozess an Notizen angefallen ist, wieder abgeladen wird.

Thematische Abgrenzung

Wie für die Anmerkungen gilt auch für die gesamte schriftliche Arbeit, dass sie nicht mit Informationen überladen werden sollte, die allenfalls am Rande mit der Fragestellung zu tun haben. Wer lediglich sein thematisches Wissen ausbreitet, wird den Anforderungen an wissenschaftliches Arbeiten nicht gerecht, denn die ‚Kunst' besteht darin, das recherchierte Material mit der Fragestellung zu verbinden und es auf diese zuzuschneiden. Dazu ist es nötig, sein Thema entsprechend abzugrenzen, Wichtiges von weniger Wichtigem zu trennen und den Umfang der jeweiligen Arbeit im Blick zu behalten. Die Konturen der eigenen Arbeit werden dadurch geschärft, und man schützt sich selbst vor überzogenen Ansprüchen, die nicht eingelöst werden können.

Starke Lektüren

Im Unterschied zur Wissenschaftlichkeit naturwissenschaftlicher Disziplinen (vgl. I.2) sind die Deutungsspielräume in der Germanistik größer. Zumal wenn es um die Interpretation eines literarischen Werks geht, kann nicht mehr von objektiven Wahrheiten die Rede sein. Eine Interpretation präsentiert keine definitiv gültige Lesart eines Textes, sondern nur möglichst plausible Lektüren, genauer gesagt: ‚starke' Lektüren (Wegmann 1995), die sich für eine bestimmte Lesart einsetzen, aber eben nicht wahllos, sondern mit Argumenten. Dieses begründete Starkmachen gehört zu den Positionierungen, die bereits dem Studierenden abverlangt werden, wenn er sich interpretierend mit Literatur befasst. Die Interpretation ist dann ‚richtig', wenn sie begrifflich konsistent arbeitet, ihre Einsicht an die Struktur des Textes zurückbindet und sich insofern als intersubjektiv nachvollziehbar erweist.

## 4. Weiterführende Ratgeberliteratur

Walter Delabar: Literaturwissenschaftliche Arbeitstechniken. Eine Einführung, Darmstadt 2009.
Delabars Einführung stellt den Produktionsprozess einer literaturwissenschaftlichen Hausarbeit detailliert dar. Von der Einrichtung des eigenen Arbeitsplatzes über die Materialbearbeitung bis zu Formfragen werden alle wesentlichen Aspekte des wissenschaftlichen Schreibens beleuchtet. Der leserfreundliche Stil und zahlreiche Beispiele sorgen dafür, dass die Ausführungen stets verständlich bleiben. Durch das Register eignet sich der Band auch zum gezielten Nachschlagen.

Thorsten Pohl: Die studentische Hausarbeit: Rekonstruktion ihrer ideen- und institutionsgeschichtlichen Entstehung, Heidelberg 2009.
Kein Ratgeber, sondern eine wissenschaftliche Arbeit. Die Dissertation von Thorsten Pohl bietet, trotz ihres etwas umständlichen Aufbaus, erhellende Einsichten über die Entstehung der bis heute wirksamen universitären Schreibpraxis, insbesondere in den Literaturwissenschaften. Pohls Arbeit verbindet die historische Analyse mit schreibdidaktischen Schlussfolgerungen und leistet damit auch einen wichtigen Beitrag zur aktuellen Diskussion.

Roy Sommer: Schreibkompetenzen. Erfolgreich wissenschaftlich schreiben, Stuttgart 2006.
Sommers praktikabler Ratgeber vermittelt anschaulich, wie wissenschaftliche Texte aufgebaut sind. Er stellt verschiedene Argumentationsmodelle vor, die sowohl für die Analyse als auch für das Verfassen solcher Texte verwertbar sind. Der Schreibprozess wird übersichtlich dargestellt. Mehrere Checklisten verdeutlichen, worauf es besonders ankommt. Dazu geht Sommer auf Schreibblockaden ein und bietet einen kurzen Überblick über das Schreiben als Beruf.

*Zitierte Literatur:*

Alemann, Ulrich von: Exposé „Ja, mach nur einen Plan…". In: GEW-Handbuch Promovieren mit Perspektive. Ein Ratgeber von und für DoktorandInnen, hg. von Claudia Koepernik, Johannes Moes und Sandra Tiefel, Bielefeld 2006, S. 64–76.

Binder, Wolfgang: Literatur als Denkschule. Eine Vorlesung, mit zwei Kapiteln von Klaus Weimar, Zürich/München 1972.

Delabar, Walter: Literaturwissenschaftliche Arbeitstechniken. Eine Einführung, Darmstadt 2009.

Ehlich, Konrad u.a.: Schreiben für die Hochschule. Eine annotierte Bibliographie, Frankfurt am Main u.a. 2000.

Händler, Ernst-Wilhelm: Die Frau des Schriftstellers. Roman, Frankfurt am Main 2006.

Jahraus, Oliver/Neuhaus, Stefan (Hg.): Kafkas *Urteil* und die Literaturtheorie. Zehn Modellanalysen, Stuttgart 2002.

Moennighoff, Burkhard/Meyer-Krentler, Eckhardt: Arbeitstechniken Literaturwissenschaft. 12., korrigierte und überarb. Aufl., München 2005.

Pohl, Thorsten: Die studentische Hausarbeit: Rekonstruktion ihrer ideen- und institutionsgeschichtlichen Entstehung, Heidelberg 2009.

Schneider, Jost (Hg.): Methodengeschichte der Germanistik, Berlin/New York 2009.

Sokal, Alan/Bricmont, Jean: Eleganter Unsinn. Wie die Denker der Postmoderne die Wissenschaften missbrauchen, München 1999.

Sommer, Roy: Schreibkompetenzen. Erfolgreich wissenschaftlich schreiben, Stuttgart 2006.

Wegmann, Nikolaus: Vor der LITERATUR. Über Text(e), Entscheidungen und starke Lektüren. In: Literaturwissenschaft, hg. von Jürgen Fohrmann und Harro Müller, München 1995, S. 77–101.

# VII. Das Ende vom Anfang – Aufschieben

## 1. Krankheit Aufschieben?

Neue Grenzen, alte Probleme

Den fachlichen Herausforderungen sind in den Bachelor- und Master-Studiengängen mehr Fristen als im alten Magisterstudium gesetzt. Im Blick auf das Zeitmanagement scheint die stärkere Regulierung begrüßenswert, war es doch vor der Studienreform möglich, mit relativ wenigen Leistungsnachweisen sehr lange Germanistik zu studieren. Lange Studienzeiten in den Geistes- und Sozialwissenschaften gaben zwar Anlass zu manch spöttischer Bemerkung, außergewöhnlich erschien es aber weiter nicht, wenn der erfolgreiche Studienabschluss bis zum dreißigsten Lebensjahr oder gar darüber hinaus auf sich warten ließ. Dem großen und kleinen Aufschub wurde, obwohl vielfach praktiziert, keine besondere Aufmerksamkeit zuteil. Er wurde einfach nicht als bedeutendes Problem wahrgenommen. Wer, wie Johnsons Romanfigur Gesine im einführenden Zitat dieses Buches, das Studieren aller Ecken und Kanten einer Sache, das Arbeiten mit dem Kopf ernst nahm, dessen größte Sorge war es nicht, das Studium möglichst schnell zu bewältigen. Spätestens seit Ende der 1990er Jahre hat sich in dieser Hinsicht ein Mentalitätswechsel angekündigt. Das Langzeitstudium wurde zunehmend als Verschwendung von Lebenszeit und Steuermitteln betrachtet, die so nicht mehr hinnehmbar erschien. Eine stärkere Verschulung des Studiums war darum nicht zuletzt als probates Mittel zur Verringerung der studentischen Verweildauer an den Universitäten gedacht.

Was als zeitliche Begrenzung die Bewältigung von Aufgaben befördert, ist jedoch zugleich der Grund dafür, dass Aufschieben überhaupt erst als drängendes Problem wahrgenommen wird. Diese problematische Wahrnehmung hat sich inzwischen bei vielen Studierenden durchgesetzt, wenn sie sich beispielsweise besorgt darüber äußern, ob sie ‚den Bachelor' in den dafür vorgesehenen drei Jahren schaffen werden. Einigen scheint schon das ‚Anhängen' auch nur eines weiteren Semesters höchst bedenklich, auch wenn dies weder für ihre Prüfungsberechtigung noch für ihre Berufsaussichten negative Auswirkungen hat. Dennoch macht diese übertriebene Bedenklichkeit nicht alle zu Musterstudenten. Selbstredend wird weiterhin aufgeschoben, aber, so darf man vermuten, im Durchschnitt mit einem deutlich schlechteren Gewissen als vor der Bologna-Reform. Wenn dann die Erledigung studienrelevanter Arbeiten stetig hinausgezögert wird, bis entweder der Abgabetermin bedrohlich nahe rückt oder das Vorhaben ganz aufgegeben wird, verstärken sich Zweifel am eigenen Können zwangsläufig, auch wenn diese oft gar nicht angebracht sind.

Prokrastination

Mit der gefühlten Überforderung steigt die Zahl von Ratgebern, die versuchen, dem Handlungsaufschub mit gut gemeinten Anregungen zum persönlichen Zeit- und Arbeitsmanagement entgegenzutreten. Das Aufschieben ist aus dieser Sicht ein tendenziell pathologisches und damit therapiebedürftiges Verhalten, was auch durch die umgangssprachliche Bezeichnung der

'Aufschieberitis' deutlich wird. Als 'Modekrankheit' (vgl. Hörisch 2006) ist das Aufschieben unter dem merkwürdigen Namen der Prokrastination bekannt geworden. Das ominöse Wort leitet sich aus dem lateinischen *pro* (für) und *crastinus* (zum morgigen Tag gehörend) ab, heißt also: etwas auf morgen vertagen. Der Begriff bezeichnet nach dem Satiriker Max Goldt „ein nicht zeitmangelbedingtes, aber umso qualvolleres Aufschieben dringlicher Arbeiten in Verbindung mit manischer Selbstablenkung, und zwar unter Inkaufnahme absehbarer und gewichtiger Nachteile" (Goldt 2007, S. 79). An der Beschreibung des Phänomens ist zweierlei bemerkenswert: zum einen, dass Satiriker zu treffenden Definitionen in der Lage sind und zum anderen, dass Prokrastination nicht ohne Weiteres mit Faulheit gleichzusetzen ist. Denn statt die Arbeit einfach liegen zu lassen, beschäftigt sich der Prokrastinierer vorwiegend mit Tätigkeiten, die ihn von dem abhalten, was er eigentlich tun sollte; also etwa, um ein Klischee zu bemühen, die Wohnung aufzuräumen, anstatt zu lernen, an einer Hausarbeit zu schreiben oder sich auf eine Seminarsitzung vorzubereiten. Ob nun gerade die saubere Wohnung während Lernphasen wirklich weit verbreitet ist, kann dahingestellt bleiben. Das Beispiel illustriert recht gut, was den Ablenkungsmanövern gemeinsam ist, nämlich, dass sie meistens recht naheliegen. Wer aufschiebt, fährt nicht seelenruhig für zwei Wochen in den Urlaub, wer aufschiebt, geht lieber ständig in die nächstgelegene Cafeteria. Die Möglichkeit, dass man sich gleich doch noch mit dem Lernstoff beschäftigt, wird zumindest räumlich aufrechterhalten, indem man sich tunlichst nicht allzu weit vom Schreibtisch entfernt.

WWW

Da heute so gut wie kein Studierender noch ohne einen Computer auskommt, liegt es besonders nahe, im *World Wide Web* auf Möglichkeiten zur Selbstablenkung zu stoßen. Für Germanistik-Studierende, die ihre zahlreichen Seminararbeiten an einem Computer mit Internetanschluss verfassen, ist ihr Arbeitsgerät zugleich auch ein potenzielles Medium der Ablenkung. Erschwerend kommt der Umstand hinzu, dass sich in der Germanistik mittlerweile elektronische Informationsressourcen verbreitet und durchgesetzt haben (vgl. Gantert 2010). Einige dieser Dienste sind dem herkömmlichen Nachschlagen sogar so überlegen, dass es manchmal regelrecht unprofessionell wäre, den Weg in die Bibliothek auf sich zu nehmen. Anders gesagt: Man kann sich inzwischen auch fachnah von zu erledigenden Aufgaben abhalten, wobei fatalerweise damit zu rechnen ist, auf solchen 'Umgehungsstraßen' hin und wieder auch verwertbare Informationen für die eigene Arbeit zu finden, auf die man sonst gar nicht gekommen wäre.

Zeitlast

Neue Untersuchungen zum studentischen Arbeitsalltag kommen zu dem Ergebnis, dass der Eindruck der Überlastung mit solchen naheliegenden Nebentätigkeiten zu tun hat. Wie sich im Rahmen des ZEITLast-Forschungsprojekts an der Uni Hamburg gezeigt hat, schätzen Studenten den Aufwand, den sie für das Studium betreiben, fächerübergreifend gern viel höher ein, als er tatsächlich ist (Schulmeister/Metzger 2011). Der Eindruck der Überlastung besteht dennoch, weil das Studium (aus guten Gründen) nicht *en bloc* organisiert ist. In den Zeiten zwischen Seminaren, Vorlesungen und Heimarbeit verzetteln sich Studierende jedoch häufig. Obwohl sie in dieser Zeit mehrere Themen bearbeiten könnten, beschäftigen sie sich gerne anderweitig, weil sie oft nicht wissen, wo sie anfangen sollen. Statt sich in kleinen Schritten vorzuarbeiten, wird lieber auf den arbeitstechnischen Durchbruch gewartet. Das Aufschiebeverhalten scheint somit der größte Feind effektiven Lernens. Bildungsforscher und Studierende setzen ihre Hoffnung darum bevorzugt in die erfolgreiche Bekämpfung der Prokrastination.

Produktivität

Das Aufschieben muss aber nicht zwangsläufig zum Misserfolg führen. Selbst ein Autor wie Ludwig Tieck, der ein recht umfangreiches Werk hinterlassen hat, neigte immer wieder zur Verzögerung. In einem Brief vom 9. Mai 1819 erklärt er sich aus diesem Grund gegenüber seinem Freund Karl Wilhelm Solger: „Warum habe ich nicht längst und recht weitläuftig geschrieben? Weil ich ein schlechter Mensch bin, der niemals Ordnung lernen wird, und dem das Laster des Aufschiebens (besonders wenn mir so unwohl ist, wie bisher) längst in Blut und Seele verwachsen ist" (Matenko 1933, S. 541). Wie es sich für einen aufrichtigen Briefwechsel gehört, versucht Tieck gar nicht erst, auf ungünstige Umstände zu verweisen, sondern weist sich lieber selbst die Schuld zu. Er stellt den Aufschub als besonders tadelnswerte Charaktereigenschaft dar, als äußerliche wie innerliche, organisatorische wie organische Unordnung, die sich zu einem leidigen Persönlichkeitsmerkmal entwickelt hat. Besserung ist darum nicht zu erwarten. Ist das Aufschieben erst einmal „in Blut und Seele verwachsen", kommt man nicht mehr dagegen an. Muss man aber überhaupt dagegen ankommen? Dass Tieck erst nach diesem Brief sein gesamtes Novellenwerk schreiben wird, ist zumindest ein Zeichen dafür, dass sich Prokrastination und Produktivität letztlich nicht ausschließen.

Positiver Druck

Gegen das Prokrastinieren anzukämpfen, setzt voraus, dass es sich dabei in jedem Fall um einen schädlichen und behebbaren Vorgang handelt. Als probates Gegenmittel gelten vorzugsweise einschränkende Maßnahmen. Auf das Studium bezogen heißt das leider, dass Freiheiten und Spielräume nicht ausgenutzt werden sollten. Für viele ist die rigorose Selbsteinschränkung sicherlich der wirksamste Weg zur Bewältigung der Aufgaben. Die Einhaltung fester Arbeitszeiten beim Verfassen von Hausarbeiten (vgl. VI.1) kann dabei ebenso hilfreich sein wie das Verlegen des Arbeitsplatzes von privaten Räumlichkeiten in den Lesesaal der Bibliothek. Fraglich bleibt dennoch, ob das Aufschieben unter allen Umständen verhindert werden muss. Selbst die psychologische Forschung zum Thema gesteht mittlerweile ein, dass sich Aufschiebende nicht prinzipiell selbst im Weg stehen. Bei bestimmten Personen ist eine Phase des Aufschubs vielmehr sogar die notwendige Voraussetzung für eine erfolgreiche Aufgabenbewältigung. Das Arbeiten funktioniert bei ihnen unter Zeitdruck deutlich besser als sonst, da sie in der Lage sind, auf Anspannung produktiv zu reagieren, statt sich davon lähmen zu lassen.

## 2. Akademische Prokrastination

Orientierung im Dschungel

An diesem Punkt setzt auch die aktuelle Diskussion über das Aufschieben an. Statt dem prekären Zustand mit aller Entschiedenheit entgegenzutreten, werden nun vermehrt die Vorzüge des Prokrastinierens aufgezeigt. Wenn im Folgenden vor allem auf Positionen eingegangen wird, die sich um eine Rehabilitation des Aufschiebens bemühen, geschieht dies in der Annahme, dass diese positiven Aspekte von Studierenden allenfalls am Rande wahrgenommen werden. Damit soll nicht verkannt werden, dass es in manchen Fällen ratsam ist, die psychologische Beratungsstelle an der Uni aufzusuchen (vgl. II.2). Ebenso sollen die Vorteile eines disziplinierten Vorgehens nicht bestritten werden. Wer aber lediglich die Tugenden von Fleiß und Disziplin betont, blendet auch frühzeitig die faszinierenden Gesichtspunkte eines Germanistik-Studiums aus, die von der eigenständigen und eigenwilligen Beschäftigung auch mit exotisch anmutenden Gegenständen und Fragen geprägt ist. Wer seinen Interessen nachgeht, gelangt unausweichlich auf Abwege, wird in (Verständnis-)Schwierigkeiten verwickelt und muss sich daraus auch wieder befreien. Dass man in diesem ‚Dschungel' auch Zeit braucht, weil man nicht immer geradlinig vorankommen kann oder weil der Weg nicht immer gleich erkennbar ist, hat darum nicht zwangsläufig etwas mit persönlichem Unvermögen, sondern eher mit der Vielfalt des Faches Germanistik zu tun.

Selbstinteresse statt Selbstdisziplin

Dass diese verschlungene Beschreibung nicht unbedingt im Trend liegt, betonen Kathrin Passig und Sascha Lobo in ihrem Anti-Ratgeber *Dinge geregelt kriegen – ohne einen Funken Selbstdisziplin*. Statt auf sog. traditionelle Werte setzen Passig und Lobo darauf, das Aufschiebeverhalten als Problemlösungsstrategie zu kultivieren. Davon ausgehend, dass Prokrastination kein besonderes, sondern ein regelrecht übliches Verhalten ist, rücken die Autoren besonders die Vorzüge des Liegenlassens, Zauderns und Spätanfangens in den Vordergrund. Sie beklagen in diesem Zusammenhang die Wiederbelebung der Selbstdisziplinierung als positiven Wert, wie er etwa vom ehemaligen Salemer Schulleiter Bernhard Bueb in seinem Bestseller *Lob der Disziplin* propagiert wird. Stattdessen betrachten sie die innere Überwindung als ernstzunehmendes Zeichen eines inneren Widerwillens: „Selbstdisziplin ist keine Tugend, sondern zunächst die Negation der eigenen Bedürfnisse. Es lohnt sich fast immer, hier die Frage zu stellen: Warum versuche ich überhaupt, Selbstdisziplin einzusetzen? Selbstdisziplin wird oft dort angewandt, wo man Schwächen hat. Wo die eigenen Stärken liegen, ist von ihr selten die Rede. […] Mit großer Mühe wird man schwach ausgeprägte Fähigkeiten um ein paar Prozentpunkte steigern können. Konzentriert man sich dagegen auf seine Stärken, kommt man ohne Selbstdisziplin aus und erreicht mehr" (Passig/Lobo 2010, S. 67).

Ambivalente Motivation

Wer von der Germanistik begeistert ist, müsste demnach deutlich besser arbeiten als jemand, der das Fach nur aus Verlegenheit studiert. So einfach sich dieser Zusammenhang darstellt, so schwer ist er in die Praxis zu überführen. Eine starke intrinsische Motivation kann zwar dazu führen, dass man sich durch Problemstellungen im Studium eher herausgefordert als überfordert fühlt, sie kann aber genauso gut dazu führen, dass man sehr hohe Ansprüche an sich selbst stellt, denen man nur schwerlich genügen kann. Motivation kann zu einem perfektionistischen Verhalten mit nicht zu unterschätzenden Aufschiebeeffekten führen. Wer von sich und seiner Arbeit Perfektion erwartet, gibt seine Texte nur ungern vorzeitig aus der Hand und wendet große Energie für Nebensächlichkeiten auf. Wenn dann noch kein definitiver Abgabetermin für die jeweilige Aufgabe existiert, wird man dazu neigen, so spät wie möglich abzugeben und noch möglichst viel Feinschliff zu betreiben. Der idealtypische Verlegenheitsstudent hingegen wird unter Umständen effektiver als der Hochmotivierte studieren, weil er pragmatischer vorgeht, seinen Aufwand möglichst minimal hält und sich keinen Illusionen über seine intellektuelle Kapazität hingibt.

Perfektionistische Phantasie

Den psychologischen Zusammenhang zwischen Prokrastination und Perfektionismus hat John Perry, Professor für Philosophie in Stanford, in einem lesenswerten kleinen Essay beleuchtet (*Procrastination and Perfectionism*, abrufbar über www.structuredprocrastination.com). Viele Aufschiebende sind laut Perry Perfektionisten, ohne dass sie es wissen. Perfektionistisch veranlagt kann man nämlich auch dann sein, wenn man selbst noch nie eine Sache auch nur annähernd perfekt erledigt hat. Der Perfektionismus, um den es hier geht, spielt sich in den Vorstellungen ab, die man sich vor der praktischen Umsetzung einer Aufgabe macht. In dem Moment, in dem man die (womöglich unspektakuläre) Aufgabe übernimmt, setzen unwillkürlich großartige Gedanken ein. Die Bedeutsamkeit der Angelegenheit spielt dabei eine untergeordnete Rolle. Es kann sich auch um verhältnismäßig überschaubare Aufgaben wie ein Protokoll, ein Referat oder eine Hausarbeit handeln. Wenn Perry sich beispielsweise dazu bereit erklärt, ein Gutachten (*referee report*) über ein eingereichtes Manuskript anzufertigen, läuft das so ab: „Immediately my fantasy life kicks in. I imagine myself writing the most wonderful referees report. I imagine giving the manuscript an incredibly thorough read, and writing a report that helps the author to greatly improve their efforts. I imagine the publisher getting my report and saying, ‚Wow, that is the best referee report I have ever read.' I imagine my report being completely accurate, completely fair, incredibly helpful to author and publisher."

Es geht also nicht um angewandten Perfektionismus, wie Perry betont, sondern darum, Aufgabenstellungen als Nahrung für die eigene Phantasie zu benutzen. Wird das Projekt unter diesen Voraussetzungen in Angriff genommen, ist Prokrastination recht wahrscheinlich, da sich im Angesicht der überzogenen Erwartungen schnell Frustration einstellt, woraufhin sich der Aufschiebende lieber anderen Dingen zuwendet. Die Hoffnung auf den ‚perfekten Job' bleibt gleichwohl bestehen. Erst wenn die Abgabefrist näher rückt, ändert sich die Gedankenstruktur. Plötzlich geht es nur noch darum, es irgendwie hinzukriegen. Womöglich beschäftigt man sich mit grauenhaften Vorstellungen von den Konsequenzen des eigenen Scheiterns oder malt sich die Enttäuschung des Dozenten aus. In jedem Fall wird der Handlungsdruck deutlich spürbar, man setzt sich hin und erledigt die liegengebliebene Arbeit doch noch – nicht perfekt, aber meist in akzeptabler und angemessener Form. Wenn das Referat dann gehalten oder die Arbeit abgegeben ist, fragt man sich, wozu das emotionale Auf und Ab nötig war und warum man es sich nicht von Anfang an einfacher gemacht hat. Warum kann man die Aufgabe nicht auch ohne Zeitdruck erledigen? John Perrys Antwort lautet: Prokrastinieren war ein Weg, sich selbst die Erlaubnis zu erteilen, eine Aufgabe ‚unperfekt' abzuliefern. Die Pointe dabei ist: Wer die Aufgabe trotz des Aufschubs angemessen erledigt, merkt meist, dass auch gar keine Perfektion im strengen Sinn erforderlich war, sondern nur eine ‚ordentliche Arbeit'. Perry erlaubt sich deshalb auch den Scherz, darauf hinzuweisen, dass er offensichtliche Schreibfehler seines Essays nicht mehr korrigiert hat. Er könne eben mittlerweile seine Imperfektion akzeptieren.

Zeitdruck als Ausrede

Der höchst ironische Umgang Perrys mit dem Aufschub blendet die negativen Aspekte des Phänomens naturgemäß aus. Die Zeitnot kann ja auch als Ausrede benutzt werden, indem man vorhandene Unsauberkeiten und Fehler immer auf die ungünstigen äußeren Umstände schiebt, anstatt sich und seine Fähigkeiten zu hinterfragen. Eine Ausrede geht in etwa so: Wenn man genug Zeit gehabt hätte, wäre dieser oder jener Fehler sicherlich noch behebbar gewesen. Hat ein prokrastinierender Student etwa Schwierigkeiten mit der Zeichensetzung und mal wieder seine mit Kommafehlern gespickte Arbeit ‚in letzter Minute' fertiggestellt, wird er sich gerne mit dem Gedanken anfreunden, dass ihm nur die Zeit für eine sorgfältige Korrektur gefehlt hat. So muss er nicht an seiner Schwäche arbeiten. Der Zeitdruck wird zur Entschuldigung für Fehler, die auch ohne ihn passiert wären. So gesehen kann das Lob des Unperfekten also durchaus Schwächen verdecken. Solange sich diese aber nicht zu erheblichen Mängeln auswachsen, ist ein dosierter Non-Perfektionismus für Prokrastinierende durchaus förderlich, erlernt man doch so immerhin (wenn auch auf sehr umständliche Weise) ein pragmatischeres Vorgehen.

Aufgabenbewältigung

Die Aufgabenbewältigung im Studium ist ohnehin ständig mit dem Problem konfrontiert, dass die Wichtigkeit der Aufgaben sich recht gleichmäßig darstellt. Alles, was man tut, scheint irgendwie zum Studium zu gehören, jede Studienleistung ist für das Punktekonto wichtig und jede Lektüre erweitert den fachlichen Horizont. Natürlich gibt es irgendwann dann doch eine letzte und sozusagen alles entscheidende Prüfung. Aber während des Studiums wird man das Gefühl nicht los, dass es in der Germanistik üblich ist, an mehreren Projekten gleichzeitig zu arbeiten. Dieser Eindruck verstärkt sich vor allem dann, wenn in der vorlesungsfreien Zeit (den sog. Semesterferien) mindestens zwei Hausarbeiten geschrieben werden. Statt die Aufgaben nacheinander und nach bestimmten Prioritäten in Angriff zu nehmen, wird dann oft lange gewartet, vielleicht viel Material gesammelt, immer weiter überlegt, wieder verworfen und dann abermals gewartet – bis dann plötzlich panisch anmutende Parallelaktionen betrieben werden, die gar nicht erst den Verdacht aufkommen lassen, dass man die Situation im Griff haben könnte. In diesem Stadium verflucht man sich gerne wegen seiner vermeintlichen Planlosigkeit. Merkwürdigerweise gelingt es meist dennoch, ein zumindest akzeptables Ergebnis vorzulegen, so dass man sich hinterher fragen muss, ob der Aufschub nicht doch ein funktionales Verhalten war.

Dafür spricht der Umstand, dass die akademische Prokrastination auch bei fortgeschrittenen Studierenden und sogar bei Lehrenden keine Seltenheit ist. Einigen Studien zufolge „nehmen die prokrastinatorischen Tendenzen in der akademischen Laufbahn sogar zu" (Kauß 2008, S. 109) und scheinen den wissenschaftlichen Erfolg nicht ernsthaft zu behindern. Mit anderen Worten: Solange der Aufschub nicht zum tatsächlichen Scheitern führt, solange es also trotz der chaotischen Zustände doch gelingt, gute wissenschaftliche Arbeiten zu produzieren und fristgerecht einzureichen, darf das Aufschiebeverhalten als funktional gelten (vgl. ebd., S. 108). Prokrastination, die letztlich zu ‚produktiver Panik' führt, ist in diesem Sinn ein Arrangement zur Bewältigung unstrukturierter Prioritäten, ein Programm, um dann noch voranzukommen, wenn bereits jeder Arbeitsplan hinfällig geworden ist. Es ist eine Möglichkeit, jenen Punkt zu erreichen, wo die Vorüberlegungen, Planungen und Bedenklichkeiten aufhören, jenen Punkt, wo man mit dem Anfangen ein Ende macht.

*Zitierte Literatur:*

Gantert, Klaus: Elektronische Informationsressourcen für Germanisten. Berlin/New York 2010.

Goldt, Max: QQ, Berlin 2007.

Hörisch, Jochen: Epochen/Krankheiten. Das pathognostische Wissen der Literatur. In: Epochen/Krankheiten. Konstellationen von Literatur und Pathologie, hg. von Frank Degler und Christian Kohlroß, St. Ingbert 2006, S. 21–44.

Kauß, Anja: Der diskrete Charme der Prokrastination. Aufschub als literarisches Motiv und narrative Strategie (insbesondere im Werk von Jean-Philippe Toussaint), München 2008.

Matenko, Percy (Hg.): Tieck and Solger. The complete Correspondence, New York/Berlin 1933.

Passig, Kathrin/Lobo Sascha: Dinge geregelt kriegen – ohne einen Funken Selbstdisziplin, Reinbek bei Hamburg 2010.

Perry, John: Procrastination and Perfectionism. URL: <http://www.structuredprocrastination.com/light/perfectionism.php>, Datum des Zugriffs: 1.3.2011.

Schulmeister, Rolf/Metzger, Christiane (Hg.): Die Workload im Bachelor: Zeitbudget und Studierverhalten. Eine empirische Studie, Münster u.a. 2011.

# Register

Buchtitel und Internetseiten sind *kursiv* gedruckt.